清华时间简史

自动化系

王桂增　王　雄　张　佐
张　涛　古　槿　石宗英

编著

清华大学出版社
北京

版权所有，侵权必究。举报：010-62782989，beiqinquan@tup.tsinghua.edu.cn。

图书在版编目（CIP）数据

清华时间简史. 自动化系 / 王桂增等编著. -- 北京：清华大学出版社，2025. 4. -- ISBN 978-7-302-69037-5

Ⅰ. G649.281

中国国家版本馆 CIP 数据核字第 20252G13M7 号

责任编辑：樊　婧
封面设计：曲晓华
责任校对：王淑云
责任印制：丛怀宇

出版发行：清华大学出版社
　　　　　网　　址：https://www.tup.com.cn，https://www.wqxuetang.com
　　　　　地　　址：北京清华大学学研大厦 A 座　　邮　　编：100084
　　　　　社　总　机：010-83470000　　　　　　　　邮　　购：010-62786544
　　　　　投稿与读者服务：010-62776969，c-service@tup.tsinghua.edu.cn
　　　　　质量反馈：010-62772015，zhiliang@tup.tsinghua.edu.cn
印　装　者：三河市东方印刷有限公司
经　　　销：全国新华书店
开　　　本：155mm×230mm　　　印　张：18.25　　　字　数：278 千字
版　　　次：2025 年 4 月第 1 版　　　　　　　　印　次：2025 年 4 月第 1 次印刷
定　　　价：78.00 元

产品编号：111359-01

清华大学校史编辑委员会

主　　任：邱　勇
副 主 任：向波涛　方惠坚　贺美英　张再兴　庄丽君　胡显章
　　　　　叶宏开　孙道祥　胡东成　韩景阳　史宗恺　范宝龙
　　　　　覃　川
委　　员（按姓氏笔画排序）：
　　　　　马　赛　马栩泉　王　岩　王有强　王孙禺　王赞基
　　　　　方惠坚　邓丽曼　邓景康　卢小兵　叶宏开　叶富贵
　　　　　田　芊　史宗恺　白本锋　白永毅　丛振涛　朱育和
　　　　　朱俊鹏　向波涛　庄丽君　刘桂生　许庆红　孙海涛
　　　　　孙道祥　杜鹏飞　李　越　杨殿阁　邱　勇　邱显清
　　　　　余蒲潇　张　佐　张　婷　张再兴　陈　刚　陈克金
　　　　　范宝龙　欧阳军喜　金富军　宗俊峰　赵　伟　赵　岑
　　　　　赵　鑫　赵庆刚　胡东成　胡显章　贺美英　袁　桅
　　　　　顾良飞　钱锡康　徐振明　唐　杰　曹海翔　韩景阳
　　　　　覃　川　裴兆宏

"清华时间简史"丛书
总　序

清华大学走过了110多年的沧桑历程。从一所留美预备学校,到独立培养人才的国立高等学府;从抗战烽火中的西南联大,到新中国成立回到人民的怀抱;从院系调整后的多科性工业大学,到改革开放后逐步发展成综合性、研究型、开放式的世界一流大学,清华见证了中国高等教育的发展壮大,也成为世界高等教育发展的重要组成部分。

在一所大学的历史中,学科与院系的建立、变迁与发展是十分重要的方面。1911年清华学堂建立,1912年更名为清华学校;1925年设立大学部,1926年设立了首批17个学系;1928年更名为国立清华大学,此后相继设立文、理、法、工4个学院,下设16个学系;1937年南迁长沙,与北京大学、南开大学合组长沙临时大学,1938年西迁昆明,成立国立西南联合大学,联大共设有5个学院26个学系;1946年复员后,清华大学设有文、理、法、工、农5个学院26个学系,1948年底清华园解放;20世纪50年代的高校院系调整后,清华大学成为多科性工业大学,设有8个系,至"文革"前发展成12个系;改革开放以来,大力加强学科建设,恢复和新设了许多院系,目前共有按学科设置的20多个二级学院,近60个系,以及承担人才培养和学术研究任务的若干研究院、中心等,覆盖理学、工学、文学、艺术学、历史学、哲学、经济学、管理学、法学、教育学和医学等11大学科门类。

清华大学始终非常重视校史研究和编纂,早在1959年就成立了校史编辑委员会,下设校史编写组,现已发展成校史研究室、党史研究室、校史馆"三位一体"从事校史研究和教育的专门机构。几十年来,先后编纂出版了《清华大学校史稿》《清华大学史料选编》《清华人物志》《清华大学志》《清华大学图史》《清华大学一百年》等一系列学校层面的校史系列图书。同时,许多院系和部门也结合院系庆等契机,组织编写了纪念文集、校友访谈录、大事记、人物名录及宣传画册等图书资料,多形式、多侧面、多角度地反映了自身历史的发展。但长期以来,全面系统的院系史研究、编写和出版,还是校史研究编纂工作中的空白。

2015年前后,校史编委会委员、教育研究所原所长王孙禺教授和校史研究室研究人员李珍博士,与相关院系合作,对电机系、人文社会科学学院、教育研究院等院系的历史进行了深入研究,相继编写出版了《清华时间简史:电机工程系》《清华时间简史:人文社会科学学院》《清华时间简史:教育研究院》等图书。这是推进院系史研究的一种有效形式,也是深化校史研究的一个重要途径。经过认真调研和周密筹划,我们提出在全校启动实施"学科院系部门发展史编纂工程"。

这一工程得到学校的充分肯定和大力支持。由校史研究室组织协调,实施"学科院系部门发展史编纂工程",编写出版"清华时间简史"系列丛书,与档案馆牵头、校史馆参与的"清华史料和名人档案征集工程",一同被写入清华大学党委颁布的《关于进一步加强和改进新形势下宣传思想工作的实施意见》和学校文化建设等发展规划,2018年还被列为清华大学工作要点的重点工作之一。从2017年起,学校每年拨付专门经费进行资助。先后担任校党委书记的陈旭、邱勇和先后担任校党委副书记分管校史工作的邓卫、向波涛等领导,对这一工作给予了亲切关心和具体指导。

这一工程更是得到各院系、各部门的热烈响应和踊跃参与。2017年工程正式启动,就有40多个院系等单位首批申报。经研究决定,采取"同步启动、滚动支持、校系结合、协力推进"的方式逐步实施。校史编委会多次召开专家会议,对各院系的编纂工作进展情况和经费预算进行评审,校史研究室通过年度检查和专家讲座等加强组织协调和学术指导。许多院系党委书记、院长主任等亲自负责,很多老领导、老同志热情参与,各院系单位都明确了主笔和联络人,成立了编写工作组等,落实编纂任务。档案馆在档案史料查阅等方面提供了积极帮助,出版社对本丛书的编辑出版给予了全力支持。

在大家的共同努力下,"学科院系部门发展史编纂工程"取得初步成效。按计划,首辑"清华时间简史"系列丛书于110周年校庆之际出版发行。现在,丛书第二辑也陆续交付出版。丛书在翔实、系统地搜集和梳理历史资料的基础上,全面、生动地回顾和总结各院系、学科、部门的发展历程,全方位、多样化地展示了清华的育人成果和办学经验,不仅有助于了解各院系的历史传承,结合各学科专业特点开展优良传统教育,促进各学科院系的长远发展,而且对更好地编纂"清华大学史"有重要帮助,也可为教育工作者和历史工作者研究高等教育史、学科发展史等,提供鲜活、细化的资料。

习近平总书记指出:"重视历史、研究历史、借鉴历史,可以给人类带来很多了解昨天、把握今天、开创明天的智慧。"学科院系部门发展史的研究与编纂是一项浩大的学术工程,意义重大、任务艰巨,需要持之以恒、不懈努力。我们要进一步加强组织协调、抓紧落实推进,确保"清华时间简史"丛书分批次、高质量地出版,力争"学科院系部门发展史编纂工程"不断取得新的成果,为清华新百年的发展积累宝贵的历史资源、提供有益的历史借鉴,为建设世界一流大学作出独特的贡献。

范宝龙

2022 年 4 月

(作者系清华大学校史研究室主任、研究员)

序　言

自动化是指在没有人干预的情况下机器能自主完成特定任务的技术,从古代的简单机械装置到现代的无人工厂和智能机器人,自动化科技的不断革新深刻地改变着人类的生产和生活方式,自动化不仅是人类社会进步的标志,更是人类对更高效、更便捷生活不懈追求的体现。

为满足国家工业发展的需要,1970 年,清华大学将相关专业合并组建了自动化系。建系 55 年以来,自动化系始终以服务国家的现代化建设和产出国际水准的原创性学术研究成果为使命,爱国奉献、追求卓越,为我国多个行业的信息化、数字化、智能化培养了万余名高层次人才、完成了一系列原创性科技成果,引领我国的自动化专业教育和控制科学与工程学科的持续创新,正在向建设世界一流大学前列学科的目标不断迈进。

55 年前,清华大学将新中国成立初期建设的工业企业电气化自动化、热工量测及自动控制等几个专业从相关院系抽出,合并成立了自动化系(最初名为工业自动化系)。建系之初的自动化系以控制论为基础,培养能设计、运行自动控制系统的专门技术人才。20 世纪 70 年代末,以四大教授常迥、方崇智、童诗白、郑维敏为代表的老一代自动化人将控制论、信息论和系统论"三论"确定为自动化系的学科基础。1981 年,国务院学位委员会设立首批硕士博士点,自动控制、自动化仪表与装置、系统工程、模式识别与智能控制 4 个二级学科均获批准,在全校 31 个博士点中占据了 4 个席位,为自动化系的学科布局绘制了最初的蓝图。在此后一段时间里,自动化系从四个二级学科开展人才培养与科学研究。1989 年常迥、童诗白分别牵头同时获得首届国家级教学成果特等奖(清华大学当年仅此 2 项),李衍达教授因信号处理理论及地震勘探数据处理方面的贡献于 1991 年当选中国科学院院士,吴澄教授因主持建成我国第一个计算机集成制造系统实验工程于 1995 年当选中国工程院院士。

1993 年,学校提出到 2011 年,即建校 100 周年时,争取把清华大学建成世界一流的有中国特色的社会主义大学。1994年,学校形成了建设世界一流大学"三个九年,分三步走"的总体发展战略。自动化系的发展与学校的发展战略紧密结合,从20世纪90年代中期进入了向研究型大学转型的重要阶段,科学研究与开放交流水平得到了显著提升,宽口径、厚基础、高层次、多样化、创新性专业人才培养改革持续发力。2001年,自动化系成立了全校首个讲席讲授组,美国工程院院士、哈佛大学教授何毓琦担任首席科学家。在李衍达院士的大力倡导下,自动化系在2003年自设了具有交叉学科特色的二级学科生物信息学,并在2008年成立了以美国科学院院士、生物信息学奠基人之一麦克·沃特曼教授担任首席科学家的生物信息学与系统生物学讲席教授组,开启了自动化系进行交叉研究与人才培养的序幕。在清华百年校庆以后,自动化系进入了发展的快车道,在2012年、2017年两次教育部学科评估中均获A+且排名全国第一。2012年,周东华教授牵头获得自动化系首个国家自然科学二等奖;2013年,戴琼海教授牵头获得国家发明一等奖(当年全国仅3项);2017年,戴琼海教授、管晓宏教授(双聘)分别当选中国工程院院士与中国科学院院士。

面对新一轮全球科技革命和产业革命的挑战,在建系50周年前夕,自动化系制定了新一轮中长期学科发展规划,提出了"三论一智"新的学科基础,重点突出"智能"与"系统"。2020年,结合学科规划自动化系对研究所的学科方向及其名称进行了调整,自动化系发展迈入新阶段。近五年来,自动化系牢牢抓住智能化发展新机遇,在学术交叉前沿、重大装备研制等领域进一步取得了许多高水平发展。戴琼海院士团队发明了世界首台多维多尺度高分辨率计算摄像显微仪器,突破活体成像极限,持续在国际顶级学术期刊 *Nature*、*Science* 和 *Cell* 上发表原创性研究成果;宋士吉教授团队开发了我国首台深海可控式可视化采样机器人,实现了6000米深海精准作业;李梢教授团队原创性提出了中医药网络药理学理论,为中医药现代化发展开辟了一条新路。

55年来,清华大学自动化系始终秉承"自强不息,厚德载物"的校训和"行胜于言"的校风,形成了"自觉、自律、自强"的系风,也孕育出了独具特色的"紫冬"文化。"紫"是清华的底色,而"冬"是自动化人坚韧、拼搏与自省的特质。55年来,清华大学自动化系培养了一大批学术大师、兴业英才和治国栋梁,他们在各自的岗位上践行"爱国奉献,追求卓越"的清华精神,也将自动化人的特质写在祖国大地上。

当今世界正经历百年未有之大变局,自动化系的发展也迎来守正创新的关键机遇期。在原有的控制科学与工程一级学科的基础上,自动化系牵头联合校内十余个院系建立新的智能科学与技术一级交叉学科,标志着自动化系正式进入"控制"与"智能"双轮驱动的新发展阶段。在人才培养方面,自动化系大力推动教学改革,实施"紫冬学生因材施教计划",探索高层次人才培养的新模式。

校庆110周年前夕,习近平总书记在清华大学成像与智能技术实验室考察时指出,"中国教育是能够培养出大师来的,我们要有这个自信"。清华大学自动化系一定要牢记习近平总书记的嘱托,坚持立德树人根本任务、坚持科技创新"四个面向",为把我国建设成为世界科技强国作出新的更大的贡献!

最后,特别感谢自动化系原主任、本书主编王桂增大量细致、认真的工作,感谢王雄、张佐、石宗英、陈峰等老师参与本书的编写,感谢各研究所及广大校友提供的丰富的资料与素材。

2025 年 2 月
清华大学自动化系主任 张涛
清华大学自动化系党委书记 古槿

目 录

第1章 历史沿革 ………………………………………………… 1

第2章 本科教育 ………………………………………………… 19

第3章 学科发展与研究生培养 ………………………………… 57

第4章 教师队伍建设 …………………………………………… 100

第5章 教学实验基地建设 ……………………………………… 115

第6章 科学研究 ………………………………………………… 128

第7章 学术交流 ………………………………………………… 151

附录1 自动化系历届党政领导班子、各专业委员会成员名单 … 165

附录2 曾在自动化系工作过的教职工名录 …………………… 168

附录3 自动化系教师出版的教材、专著和译著一览表 ……… 172

附录4 自动化系历届本科和大专生名单 ……………………… 183

附录5 自动化系历届博士研究生、硕士研究生名单 ………… 235

附录6 自动化系历届博士后名单 ……………………………… 267

附录7 自动化系历届留学生名单 ……………………………… 270

第 1 章 历史沿革

清华大学与控制有关的学术活动可追溯到20世纪30年代。1935年9月—1936年6月,美国数学家、美国科学院院士、控制论的创始人、麻省理工学院教授诺伯特·维纳(Norbert Wiener,1894—1964)受数学系和电机系合聘来清华大学任客座教授,讲授傅里叶级数和傅里叶积分的理论,开设数学专题讲座,并与电机系合作研究滤波问题。1948年,维纳出版《控制论》一书。他在1954年出版的《我是一个数学家》一书中自述,他宁愿选择把在清华大学的1935年作为创立控制论的起点。图1.1所示为维纳来访清华大学的合影。

图 1.1 维纳来访清华大学的合影

1952年下半年,根据国务院院系政策调整的要求,清华大学文学院、理学院、法学院和航空学院调出,北京大学工学院、燕京大学机械系及化工组的一部分合并到清华,清华大学设置电机工程系、动力机械系、机械制造系、土木工程系、水利工程系、建筑系、无线电工程系和石油工程系8个系。

一、自动化类专业的发展与自动化系的建立（1956—1970）

为适应经济建设和技术发展的需要，1955 年电机工程系设立工业企业电气化专业，钟士模①任主任（图 1.2），1956 年改为工业企业电气化与自动化专业，郑维敏任教研组主任。同年，电机工程系新设置自动学与远动学专业，主要面向我国原子能事业和航天事业，钟士模任教研组主任。

图 1.2　钟士模（1911—1971）

1957 年，受中国自动化学会筹备组的委托，钟士模组织和主持了全国自动化进修班，培养出一批从事自动控制教育和技术的高级专门人才，为我国自动控制学科的发展和人才培养作出了重要贡献。1958 年 6 月，经教育部批准，以自动学与远动学专业为基础设立自动控制系，钟士模任系主任，设立自动控制（原名自动学与远动学）与计算机两个专业。其中自动控制专业包含自动控制理论与自动控制系统两个方向，吴麒任自动控制理论教研组主任。

在同一时期，动力机械系于 1956 年在热能动力装置专业下设立热

---

① 钟士模（1911—1971），1947 年获美国麻省理工学院电机系博士学位，后回到清华大学电机系任副教授。曾任工业企业电气化、自动学与远动学教研组主任、自动控制系主任，是清华大学自动控制学科的主要奠基人，我国自动控制学科的开拓者和中国自动化学会的创始人之一，中国自动化学会副理事长（钱学森任理事长），国际自动控制联合会（International Federation of Automatic Control, IFAC）理论委员会委员。

力设备自动化专门化方向,并设立热能动力自动化教研组,方崇智任教研组主任。在此期间,动力机械系聘请了苏联专家、莫斯科动力学院的齐斯加科夫来系里指导专业的建设。1960年,基于对各工业部门的调研,动力机械系决定将专业的服务面从热能动力领域扩大到炼油、化工、钢铁等生产过程,将热力设备自动化专门化改为热工量测及自动控制专业,相应地,教研组更名为热工量测及自动控制教研组,方崇智任主任。

1970年,自动控制系与原无线电系(大部分专业此时迁至四川绵阳分校)的部分专业组建成电子工程系。

1970年8月26日,学校正式下文,决定组建自动化系,体制调整落实方案如图1.3所示。方案将电机工程系的工业企业电气化与自动化专业、动力机械系的热工量测及自动控制专业和相应的教研组(包括电机工程系的工业企业电气化与自动化教研组、电子学教研组和动力机械系的热工量测及自动控制教研组)合并建立工业自动化系(后改名为自动化系),并设立工业自动化教研组、工业电子学教研组、热工量测及自动控制

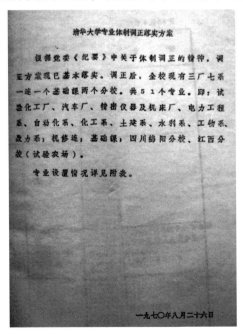

图1.3　1970年专业体制调整落实方案

教研组。在原电机系电子工段的基础上,组建的可控硅元件及自动化装置车间,归入自动化系。

建系之初,自动化系有教职工261人(不含1979年从计算机系调入的控制理论教研组的12位教师),其中教授2人(方崇智、童诗白),副教授5人(郑维敏、蔡宣三、顾廉楚、孙家炘、吴白纯),讲师34人,助教43人,1970年毕业留校的新教师(时称"新工人")87人。张思敬为自动化系首位系领导。

1970年10月,工业企业电气化与自动化教研组、电子学教研组从西主楼搬到中央主楼7楼,热工量测及自动控制教研组从原汽车楼(现新清华学堂大台阶位置)一楼搬迁到中央主楼4楼,新组建的自动化系机关设在中央主楼4楼西侧,可控硅元件及自动化装置车间暂留在西主楼,后迁入中央主楼6楼。

二、建系之初(1970—1976)

自动化系建系时正值"文化大革命"后期,大批教师在江西鲤鱼洲农村劳动锻炼,留在学校的教师在工宣队和军宣队的领导下进行"教育革命"。自1970年起,自动化系开始了为期6年的工农兵学员招生阶段。

1970年,自动化系第一届工农兵学员140人于10月入学,分属工业自动化专业和热工量测及自动化两个专业,学制3年(1975级、1976级学制延长1年)。工农兵学员由工厂、农村和部队推荐而来,没有经过文化课考试。入学后,各专业工农兵学员以专业小分队的形式到有关工厂开门办学,半天劳动半天上课。小分队教师由基础课教师(包括政治、数学、物理、外语、化学和机械制图等课程的教师)和专业课教师组成,与学生同吃同住同劳动(下车间)。图1.4为1970级学员在教师指导下在工厂调试控制系统。

同时,应当时技术发展的需要,自动化系招收了为期一年的可控硅元件进修班、数控进修班和射流技术进修班。1971年,射流技术研发小组连同进修班学员一起调整到工程力学系,学员毕业后原自动化系的教师回到本系。

1971年10月7日,埃塞俄比亚海尔·塞拉西一世皇帝在中共中央军

图 1.4　自动化系 1970 级学员在教师指导下调试煤矿机械厂的制氧机程序控制系统

委副主席叶剑英的陪同下在清华大学精密仪器系大楼参观了劈锥数控铣床,该机床的数控系统部分是自动化系教师研制的 kj-102。1974 年 9 月,清华大学研制的 kxz-2132 数控系统在日本国际机床展览会上参展,1976 年 1 月在德国国际机床展览会上参展。

1975 年,常迥从电子工程系调入自动化系。

三、恢复和调整(1977—1993)

1977 年,全国高校招生统一考试恢复。自动化系招收第一批统考本科生 4 个班,共 137 人(学制 5 年),于 1978 年初入学(史称"77 级")[①]。图 1.5 所示为 1977 级本科生的毕业合影。

1977 年恢复高考时,自动化系设有两个本科专业:工业自动化专业、热工量测及自动化专业。为适应国民经济和科学技术发展的需要,自动化系及时进行了信号处理、系统仿真和系统科学等方面的布局。1978 年,自动化系在常迥的主持下建立了信息处理与模式识别教研组(后改名为模式识别与智能系统教研组),常迥任主任。同年设立系统模拟实验室(后改名为系统仿真实验室、系统仿真研究室),熊光楞任主任。1979

---

① 为培养实验技术人员需要,自动化系分别于 1978 年、1988 年、1991 年、1992 年、1993 年、1994 年、1995 年和 1996 年招收大专班,学制 3 年。

图 1.5　1977 级本科生毕业合影(1982 年)

年,在郑维敏的主持下,自动化系建立了系统工程研究室,郑维敏任主任。

1979 年 9 月,学校统筹进行专业布局调整,将计算机系(原自动控制系)从事自动控制理论教学与研究的吴麒、郑大钟等 12 位教师调入自动化系,成立了控制理论教研组,吴麒任主任,加强了自动化学科的理论基础。1981 年,原热工量测及自动控制教研组分为两个教研组:过程控制教研组(方崇智任主任)和自动检测及仪表教研组(师克宽任主任)。

1981—1984 年,自动化系本科专业改为工业自动化专业和工业仪表及自动化专业,学制仍为 5 年,相应的学生班号改为自××和自仪××。这一时期的本科专业由教研组主导,教学计划的制订、课程安排和教学组织均由专业教研组负责。1985—1987 年,自动化系本科专业由 2 个变为 3 个:自动控制、生产过程自动化和工业自动化仪表专业,1988—1992 年又改为 2 个:自动控制和过程自动化与自动检测专业。信息方向的本科生一直包含在自动控制专业内。从 1985 年开始,学生班号统一为自××。

1981年经国务院批准,由国务院学位委员会下达清华大学首批可授予博士学位的学科、专业共31个(工科28个,理科3个),博士生导师39位,可授予硕士学位的学科专业60个(工科55个,理科5个)。自动化系首批可授予博士、硕士学位的学科、专业分别为模式识别与智能控制、自动控制、自动化仪表与装置和系统工程,首批被批准的博士生导师为常迵、方崇智、童诗白和郑维敏,同年开始招收博士研究生。首批博士生徐向东(清华大学热能工程系教师)和周小川(曾任中国人民银行行长)分别师从方崇智和郑维敏,二人于1985年获得博士学位。1992年,硕士生和博士生的培养调整为按自动控制理论及应用、系统工程、模式识别与智能控制、自动化仪表及装置4个二级学科分别进行,并制订了完善的培养方案。

1986年经国家教委批准,自动化系建立控制科学与工程(一级学科)博士后流动站,来自哈尔滨工业大学的张大鹏和美国斯坦福大学的哈雷成为第一批博士后,合作导师为常迵。

1987年,作为我国高技术计划("863"计划)自动化领域的一个重点项目,计算机集成制造系统(computer integrated manufacturing systems,CIMS)实验工程开始建设。CIMS实验工程项目以自动化系为主,清华大学精密仪器系、机械工程系和计算机系等单位的部分教师参加,联合校外6所大学和5个工业部门共同实施,自动化系承担了方案论证、总体设计及实施、系统设计方法及辅助软件、仿真、递阶调度及控制等环节的研究与开发,吴澄教授任实验工程项目负责人。CIMS实验工程建设历时5年,于1992年完成并通过国家验收。1994年,国家计算机集成制造系统工程技术研究中心正式成立,吴澄任主任,由国家科委挂牌,主题办公室挂靠在清华大学自动化系。图1.6~图1.9所示分别为CIMS获奖、接受参观的照片。

1987年7月,电子系、计算机系和自动化系联合筹建"智能技术与系统国家重点实验室"并分别设立分室。自动化系分室于1990年正式运行,荣钢任自动化系分室主任,主要从事地震信号处理和指纹识别的研究。

1987年,郑维敏等6名教师调往清华大学经济管理学院。

图 1.6　1994 年 11 月时任国务委员、国家科委主任宋健向 CIMS 颁发突出贡献奖

图 1.7　1995 年时任中共中央政治局常委、全国人民代表大会常务委员会委员长乔石来学校 CIMS 中心视察

图 1.8　时任国务院副总理邹家华参观 CIMS 工程中心

图 1.9　1995 年,英国首相撒切尔夫人参观自动化系 CIMS 工程研究中心

这一阶段,自动化系在对外科研合作和科研成果产业化方面进行了探索。1981 年作为自动化系综合科研力量的对外载体,自动化科学与技术研究所成立,常逈担任首任所长(1994 年该研究所撤销)。1987 年,中国仪器仪表进出口公司和香港华润公司出资,与清华大学自动化系共同成立了华仪软件系统工程有限公司,自动化系金国芬任总经理(1997 年,中国仪器仪表进出口公司和香港华润公司退出,公司独立经营,2010 年被其他公司收购)。1992 年,自动化系与香港中旅(集团)公司合作经营的北京

华康自动化技术有限公司成立,自动化系占股55%,主要业务为变电站的数据采集与控制。公司由自动化仪器厂和有关教研组抽调的教师和职工组成,首任总经理为董登武。

四、创新与发展(1994—2011)

为了拓宽专业面,1993年自动化系专业设置改为全系一个专业——自动化专业,学制5年。

1994年,清华大学信息科学技术学院成立,学院由三系一所、三个国家实验室和三个工程研究中心组成,包括电子工程系、计算机系、自动化系、微电子学研究所、智能技术与系统国家实验室、集成光电子学国家重点联合实验室清华大学实验区、微波与数字通信国家重点实验室、信息网络工程研究中心、计算机集成制造系统国家工程研究中心和国家CAD支撑软件工程研究中心,李衍达任首任院长。

1995年,为适应国家建设和发展的需要,自动化系本科专业——自动化专业本科专业的学制由5年改为4年。为加强本科实验教学,1996年,自动化系教学实验中心成立,阳宪惠任主任。

1996年,自动化系作为试点,开始招收第一批控制工程领域非全日制专业的工程硕士研究生,通过入学考试(graduate candidate test,GCT)从在职人员中选拔。2000年开始招收全日制工程硕士,掀开了工程硕士培养的新篇章。

1997年,自动化系控制科学与工程学科获国内首批一级学科博士学位授予权,其下设的所有二级学科(包括导航、制导与控制和自主设置的二级学科)无须单独申请,均获得博士学位授予权。

1999年10月,自动化系进行机构改革,撤销原有的工业自动化教研组、过程控制教研组、控制理论教研组、电子学教研组、信息处理与模式识别教研组、自动检测及仪表教研组、系统工程研究室和系统仿真实验室建制,成立了6个研究所:系统集成研究所(肖田元任所长)、信息处理研究所(张学工任所长)、过程控制工程研究所(阳宪惠任所长)、控制理论与技术研究所(徐文立任所长)、检测与电子技术研究所(杨士元任所长)和系统工程研究所(王书宁任所长),保留CIMS工程研究中心和自动化系教学实验中心。

1999年,在学校的统一部署下,自动化系开始实施人事制度的改革和相应的岗位聘任制度,建立相应的激励机制(设立岗位津贴)。新的聘任制度明确了各专业岗位的职责和任务,能胜任并完成相应岗位职责的教师将继续聘任并获得相应的岗位津贴,不能胜任岗位职责的教师不予聘任。

这一阶段,自动化系加强了专业实验室建设。1999年3月,自动化系基金会现场总线(filtration fraction,FF)系统集成实验室成立;1999年4月,自动化系与美国罗克韦尔(Rock Well)自动化公司签订协议,在自动化系建立联合实验室;2001年5月,清华—德国P+F(Pepperl+Fuchs)传感器与ASI总线技术实验室成立。

进入21世纪后,以实施"通识教育基础上的宽口径专业教育"、培养"高素质、高层次、多样化、创造性"创新人才为总体目标,自动化系进行了一系列改革,开出了一批反映新技术、新方向的课程,推动教学从"以教为主"向"以学为主"转变,提升学生成长的自主性、自信心和创新性。2005年,自动化系实验教学中心正式成立,杨耕任主任。2008年,自动化专业入选教育部高等学校第一类特色专业建设点。2015年11月,自动化系教学委员会成立,杨耕任系主任委员。

为迎接清华大学90周年校庆,学校对中央主楼进行了加固和改造。1999年底,自动化系临时迁至旧电机馆、同方部东侧的振动小楼和西主楼等地办公,2001年8月全部迁回主楼。

2001年,在全国重点学科评估中,控制理论与控制工程、模式识别与智能系统排名全国第一,2002年被确认为全国高校重点二级学科。2003年,经国务院学位办备案,自动化系自主设置具有明显交叉学科特点的企业信息化系统与工程、生物信息学2个二级学科。至此,包括1998年从一级学科博士学位授予权获得的二级学科导航、制导与控制在内(该方向实质性工作始于2005年),自动化系的一级学科控制科学与工程下设的二级学科达7个,是全国高校自动化系中二级学科最多的系。在2006年国务院学位办组织的全国一级学科的评估中,自动化系的一级学科控制科学与工程名列全国第一,并于2007年被教育部首批定为国家一级学科重点学科。2007年,控制理论与工程、模式识别与智能系统学科确认为二级重点学科。

2000年,学校酝酿建立讲席教授制度,清华大学自动化系客座教授何毓琦成为自动化系讲席教授的首要考虑对象。同年10月,王大中校长在清华会见何毓琦,介绍了学校的想法。何毓琦在肯定设立讲席教授的想法的同时,提出了设立讲席教授组的建议,即以讲席教授领衔的国际知名学者组成教授组代替单个的讲席教授。一是考虑采用讲席教授组模式,成员来校时间短一些,选择的余地更大一些;二是讲席教授组成员虽同在一个大的学科领域,但各有自己的研究方向,有利于学科的发展。何毓琦的建议得到了王大中校长的肯定和采纳,从此开启了清华大学讲席教授组的发展之路。

2001年10月15日,何毓琦讲席教授组聘任仪式举行,成员包括:美国康涅狄格大学教授陆宝森、香港科技大学教授曹希仁、美国马萨诸塞大学阿默斯特分校(University of Massachusetts Amherst,UMass Amherst)教授龚维博、西安交通大学教授管晓宏、香港中文大学教授严厚民。图1.10为时任校长王大中为何毓琦颁发聘书。

图1.10　2001年10月时任校长王大中为何毓琦颁发聘书

2002年6月,清华大学生物信息学教育部重点实验室成立,清华大学教育部生物信息重点实验室自动化系分室同时成立。图1.11所示为2003年12月,时任中共中央政治局常委、校友吴官正参观自动化系实验室。

2003年,自动化系参与经营的北京华康自动化技术有限公司合同到期后,公司撤销,原自动化系的教师回系,成立生态环境与能源控制研究室,朱善君任主任。

图1.11 2003年12月时任中共中央政治局常委、校友吴官正参观自动化系实验室

2004年,清华大学筹建信息科学与技术国家实验室,清华大学教育部生物信息重点实验室成为新筹建的国家实验室的自动化系分室(张学工为首任室主任)。自动化系联合相关力量,组建了自动化科学与技术部,肖田元任主任。后筹建了量子研究中心,自动化系客座教授谈自忠任主任。

2005年4月15—16日,由自动化系承办的首届全国高校自动化系主任(院长)论坛在清华大学召开,图1.12为论坛现场。全国高校自动化系主任(院长)论坛由高等学校自动化专业教学指导分委员会、中国自动化学会教育工作委员会联合倡议,自动化系和其他近20所重点高校自动化系(院)共同发起,其目的是促进国内高校自动化系(院)之间的相互交流,进一步加强自动化学科建设,共同探讨自动化学科多层次人才培养新模式。

2007年5月,自动化系成立导航与控制研究中心,宋靖雁任主任。该中心与中国航空工业飞行自动控制研究所联合成立导航与智能控制联合实验室,2016年正式成立导航与控制研究所。

2008年5月,自动化系的第二个讲席教授组、我国第一个生物信息学与系统生物学方面的讲席教授组——Michael Waterman生物信息学和系统生物学讲席教授组聘任仪式暨学术报告会在清华大学隆重举行。讲席教授组由美国科学院院士、生物信息学奠基人之一、美国南加州大学教授Michael Waterman担任首席。

图1.12　2005年4月15日，首届全国高校自动化系主任(院长)论坛在清华大学召开

2010年4月28日，李森能捐资助学授牌仪式在清华大学中央主楼举行，以感谢1960届校友、香港合荣实业有限公司董事长李森能捐资支持自动化系学科建设。图1.13为捐赠授牌仪式照片。

图1.13　李森能捐资助学授牌仪式

2011年4月23日，清华大学百年校庆之际，在第54届马约翰杯学生田径运动会上，自动化系时隔13年后再次夺得马约翰杯，并且成功卫冕马约翰杯田径运动会甲组冠军与男子团体冠军，见图1.14。

图1.14 清华大学百年校庆之际,自动化系学生在第54届学生运动会上再次夺得马约翰杯

五、发展新阶段(2012—2020)

2012年,在全国一级学科评估中,自动化系控制科学与工程一级学科在师资队伍、科学研究、人才培养、学术声誉4个方面均为全国第一名,其中高层次人才数、国家级大项目数、国家级项目数、人均国家级项目数、国家级科研项目总经费数、国家级优秀教学成果奖数、百优博士学位论文数7个方面均处于领先地位。

2012年2月,周东华、叶昊等完成的"控制系统实时故障检测,分离与估计理论和方法"获得2011年度国家自然科学奖二等奖(全国41项),填补了自动化系的空白。2013年1月,戴琼海、季向阳、刘烨斌等完成的"立体视频获取与重建技术及装置"获2012年度国家技术发明奖一等奖(全国3项),填补了信息学院的空白。获奖现场照片见图1.15。

2014年3月14日,清华大学自动化系成都军区在职工程硕士研究生班开班。

2014年12月,自动化系人事制度改革启动。系人事制度改革的重点是建立教师队伍分系列管理制度,建立科学合理的聘任、考核和薪酬体系。此次人事制度改革对进一步优化师资队伍,培养一批具有国际影响

图 1.15　2013 年，戴琼海等获得国家技术发明奖一等奖

力的学术带头人和重大项目团队领军人才，建设世界一流自动化学科和教师队伍具有重要意义。

2015 年，自动化系对口支援新疆大学电气工程与自动化学院，选派教授范文慧担任新疆大学电气工程与自动化学院院长，任期 3 年。

2015 年 11 月，清华大学校友会自动化系分会成立，如图 1.16 所示，同时创立自动化系"系友导师计划"。2016 年 10 月，北美清华大学校友会自动化系分会成立，如图 1.17 所示。

图 1.16　2015 年清华大学校友会自动化系分会成立

图 1.17　2016 年北美清华大学校友会自动化系分会成立

2016 年 1 月,智能与网络化系统研究中心正式与系统工程研究所合并。

2016 年 5 月 6 日,清华大学和波士顿大学两校全面合作签约,并签署了清华大学自动化系和波士顿大学系统工程学院"4+X"联合培养研究生项目。"4+X"是自动化系提出的本研贯通、国际化、开放式人才培养模式,学生经过本项目的培养可以同时获得清华大学与波士顿大学的研究生学位。

2017 年,自动化系本科开始实行大类招生、大类培养,与工业工程系工业工程专业、经济与管理学院信息管理与信息系统专业组成"自动化与工业工程"大类。2017 年,自动化与工业工程类共接收 234 人,其中自动化系代管 146 人,工业工程系代管 62 人,经管学院管理科学与工程系代管 26 人。

2017 年国务院学科评估中,自动化系控制科学与工程一级学科获 A+,蝉联全国第一名。

2017 年 11 月,自动化系教授戴琼海当选为中国工程院信息与电子工程学部院士。1977 级系友、原系主任、自动化系双聘教授管晓宏当选为中国科学院信息技术科学部院士。

2018 年,根据国务院学位委员会通过的《工程类博士专业学位研究生培养模式改革方案》,自动化系首次设置创新领军工程博士项目,招收攻读工程类博士专业学位研究生,首批共 10 名。

2018 年 9 月,自动化系聘任麻省理工学院教授詹姆士·科特莱为清华大学荣誉教授。科特莱是美国电气领域知名专家、美国工程院院士,是自动化系智能与网络化系统研究中心访问教授、"111"创新引智基地智能与网络化系统海外成员。

2018年12月,教育部高等学校自动化类专业教学指导委员会第一次主任会议召开,清华大学自动化系周杰任主任委员。

2019年2月23日,清华—贵州大数据研究生实践教育基地启动。清华大学2018级大数据全日制专业学位30名硕士作为基地第一批学员正式入驻。

这一阶段,自动化系相继建立了国家工程实验室、北京市重点实验室和多个联合研究中心。2013年,自动化系电子商务交易技术国家工程实验室的建设获国家发展和改革委员会批准,柴跃庭任实验室主任,于2015年7月与新加坡南洋理工大学NTU-UBC百合卓越联合研究中心(LILY)签署了合作谅解备忘录。2013年,节能增效智能优化技术与装备教育部工程研究中心建立,刘明任研究中心主任。2013年,多维多尺度计算摄像北京市重点实验室建立,戴琼海任实验室主任。2014年8月17日,清华大学—华瑞(邯郸)铸管有限公司绿色制造自动化技术联合研究中心成立,张毅任联合研究中心管委会主任。2017年,由自动化系牵头,吴澄担任主任,计算机系、机械工程系、汽车系、医学院、化工系等单位联合发起成立了智能无人系统交叉研究中心。中心目标是整合多学科力量,承担国家重大项目,促进交叉融合。2018年9月,清华大学(自动化系)—苹果公司智能移动技术联合研究中心成立。

2020年2月,IEEE专业委员会下属的教育协会批准成立IEEE教育协会北京分专业委员会(IEEE Education Society Beijing Section Chapter)。该专业委员会是IEEE教育协会在中国建立的第一个分专业委员会,由清华大学自动化系系主任张涛牵头。

面对新一轮全球科技革命和产业革命的挑战,在系学术委员会的支持下,自动化系制订了新一轮学科战略规划,突出"智能""系统"等重点方向。2020年,自动化系对研究所的名称和学科方向进行调整,调整后的研究所名称分别为:工业智能研究所(原系统集成研究所)、信息处理研究所、控制与决策研究所(对应控制理论与控制工程二级学科方向)、系统工程研究所、检测与电子研究所、导航与控制研究所、脑与认知科学研究所(新开辟的研究方向)。自动化系学科发展迈入新阶段。

第2章 本科教育

一、建系前自动化专业历史回顾

清华大学早在20世纪50年代就设置了与自动化学科有关的一批专业,包括1955年在电机工程系设置的自动学与远动学专业(1958年6月以自动学与远动学专业为基础成立自动控制系)和工业企业电气化与自动化专业,1956年动力机械系在热能动力装置专业中设置了热力设备自动化专门化专业,1960年改为热工量测及自动控制专业。

1967年之前,工业企业电气化与自动化专业、热工量测及自动控制专业的教学计划中均有很完善的四种类型的课程设置:

(1) 公共课程

公共课程主要包括马克思主义政治理论(哲学、中国革命史、马克思主义基础、政治经济学)、体育、外语等。

马克思主义政治理论课对学生进行系统的中国革命史和马克思主义理论教育。

体育课要使学生掌握体育锻炼的基本知识和技能,学会体育锻炼的基本方法,培养经常锻炼身体的习惯。

外语课的主要目标是使学生精通一门外语。

(2) 基础理论课程

基础理论课程使学生获得自然科学基本规律的知识,受到自然科学基本研究方法训练,树立正确的世界观和方法论,为学生今后的发展打好基础。

基础理论课程主要包括高等数学、普通物理、普通化学、理论力学、材料力学等。

(3) 技术基础课程

技术基础课程使学生学习与本门学科有关的(包括临近学科的)技术科学理论,掌握处理有关工程实际问题的基本概念、基本方法和基本技能。这类课程和基础理论课一起构成了学生发展能力的基础,也是决定专业面宽窄的关键因素。

技术基础课程主要有:画法几何与工程画、机械制图、机械原理与机械零件、电工基础、电子学等。

(4) 专业课程

专业课程使学生学会应用基础理论解决本专业的工程问题的具体方法,使学生掌握本专业的入门知识和技能,了解本专业最新技术成就和发展趋势。

1956年,以上两个专业的学制为5年,1957年改为5年半,1958年开始改为6年。1964年,毛泽东主席在春节座谈会上作了关于"学制要缩短"的指示。次年3月27日,清华大学党委扩大会议原则通过《关于教学改革的原则规定(讨论稿)》,其中规定,除个别专业5年半及4年以外,其余专业均为5年制。1965年,工业企业电气化与自动化专业、热工量测及自动控制专业学制均改为5年,所以1964年和1965年入学的学生均于1970年毕业,仅以0字班和00字班相区别。

1965年,电机工程系的工业企业电气化与自动化专业,动力机械系的热工量测、自动控制专业的教学计划见表2.1~表2.4。

表2.1 1965年制订(修订)的工业企业电气化与自动化专业
五年制教学计划(企00班教学周数分配) 单位:周数

学年	理论教学	考试	公益劳动	生产实习	金工实习	毕业设计	军训	农业劳动	假期	机动	合计
一	35	3	2				4		7	1	52
二	32	3	1		8				7	1	52
三	32	3					2	7	7	1	52
四	26	2	1	15					7	1	52
五	13	1	1			22		6	2	1	46
总计	138	12	5	15	8	22	6	13	30	5	254

表 2.2　1965 年制订(修订)的工业企业电气化与自动化专业五年制教学计划[企 00 班教学进程计划(课程学时分配)][1]

序号	课程	学时数				各学期课内学时数(学时/周)								
		总计	讲课	实验	练习与讨论	设计	1/19周	2/16周	3/12.5周	4/19.5周	5/16.5周	6/15.5周	7/14周	8/12周	9/13周
1	马列主义基础理论	192	192				2	1.5			2	2	4	1	
2	思想政治教育报告	138	138				1	1	1	1	1	1	1	1	1
3	外国语	268			268		4	4	4	4					
4	体育	157			157		2	1	1	1	1		1	1	1
5	高等数学	365	239		126		7	6	7				3.5		
6	普通物理	224	139	28	57			3.5	8	3.5					
7	普通化学	57	19	38			3								
8	画法几何与工程画	149	38		102		4	4							
9	金学工程	16	16					1							
10	理论力学	107	58		49					5.5					
11	材料力学	82	50	8	24						5				
12	机械原理与机械零件	98	46	8	16	28					4.5	2			
13	电工基础	218	118	46	54						6.5	5.5			
14	电工量计	56	28	28									4		
15	电机学	199	128	39	32							6	6.5		
16	工业电子学	177	83	38	14	42							6	3	3.5
17	电器	35	21	14									2.5		
18	电力拖动及自动控制(一)	126	66	24	6	30								10.5	
19	自动调节原理	78	52	20	6										6
20	工厂供电	48	42		6									4	
21	自动检测	52	33	19											4
22	电力拖动及自动控制(二)	52	26	26											4
23	计算机控制	52	39	13											4
24	保安及防火技术						(用课外学时安排"保安及防火技术"训练)								
	周学时数						23	21	22	21.5	20.5	21	21	21	20
	总学时数	2937	1571	349	917	100									

---

① 资料来源:清华大学档案馆。

表 2.3　1965 年制订（修订）的热工量测及自动控制专业五年制教学计划[量 00 班教学学历表（总周数分配）]　单位：周数

学年	理论教学	考试	教学实习	生产实习及专业劳动	金工实习	毕业设计	军训及民兵检阅	四清及农业劳动	假期	公益劳动	机动	合计
一	35	3					4		7	2	1	52
二	32	3			8				7	1	1	52
三	32	3					2	7	7		1	52
四	37	3	3						7	1	1	52
五				13		24		6	7	1	1	46
总计	136	12	3	13	8	24	6	13	35	5	5	260

表 2.4　1965 年制订（修订）的热工量测及自动控制专业五年制教学计划[量 00 班教学进程计划（课程学时分配）][1]

序号	课程	学时数				各学期课内学时数（学时/周）							
		总计	讲课	实验	练习与讨论	设计	1/19周	2/16周	3/14周	4/18周	5/17.5周	6/14.5周	7/17周	8/20周	9
1	形势与任务	136	136				1	1	1	1	1	1	1	1	
2	马列主义基础理论	177	177				2	1.5			2	1.5	2	1.5	1
3	外国语	268			268		4	4	4	4					
4	体育	151			151		2	2	1	1	1	1	1	1	
5	高等数学	366	231		135		7	6	6	3					
6	普通物理	256	136	100	20			5.5	5.5	3.5			1.5		
7	普通化学	57	21	36			3								
8	画法几何机械制图	160	38		122		4	3		2					
9	金学材料	16	16							1					
10	理论力学	104	70		34				4	3					
11	材料力学	52	30	4	18						3				
12	机械原理仪表零件	186	100		26	60						4	4	3	
13	工程热力学	50	30	16	4						3				
14	流体力学	50	40	6	4						3.5				
15	传热学	72	50	14	8						5				
16	电工学	141	90	21	30					3	5				

[1] 资料来源：清华大学档案馆。

续表

序号	课程	学时数				各学期课内学时数(学时/周)								
		总计	讲课	实验	练习与讨论	设计	1/19周	2/16周	3/14周	4/18周	5/17.5周	6/14.5周	7/17周	8/20周	9
17	电子技术基础	208	100	37	20	51					6.5	3	3		
18	计算机技术	40	26	10	4								2.5		
19	自动调节原理	103	85	12	6							3	3.5		6
20	热工仪表	76	52	20	4								4.5		
21	温度量测学	80	50	30										4	
22	压力流量量测学	80	55	25										4	
23	热工过程自动化	110	80	30										5.5	
24	化工生产过程	(40)					(在生产实习中进行现场教学,学时不计入理论教学时间内)								
	周学时数						20	20	19.5	19.5	19.5	20	19.5	19.5	
	总学时数	2939	1619	361	848	111									

1970年8月,清华大学为适应国家建设和发展的需要,将电机工程系的工业企业电气化与自动化专业、动力机械系的热工量测及自动控制专业,以及电机工程系的相关教研组,如电器(自动装置)教研组、电子学教研组等合并组建了工业自动化系(后改名自动化系)。1979年,计算机系自动控制专业的部分教师加入自动化系,组建自动化系的控制理论教研组。

自1970年建系以来,自动化系的本科教育大致可分为三个阶段:工农兵学员阶段(1970—1976)、恢复调整阶段(1977—1992)、提高发展阶段(1993—1999),培养宽口径、高素质创新人才阶段(2000—2016)和按大类招生阶段(2017年至今),不同阶段的学制、教学思想和教学计划均有所不同。

二、工农兵学员阶段(1970—1976)

1970—1976年,自动化系先后招收6届工农兵学员,学制3年(75级、

76级两级延长1年毕业),分属工业自动化专业和热工量测及自动化两个专业。这个时期学生除在学校课堂教学外,相当一部分时间是以教学小分队的形式到工厂"开门办学"。所谓小分队,就是由基础课教师(包括政治、数学、物理、化学、外语和机械制图)、技术基础课教师(电工原理、电子学)和专业课教师组成教学小分队到有关的工厂开门办学,半天上课、半天下厂跟班劳动。教学工作打破了原有的教学体系,课程设置与教学内容以实用为主,强调结合典型工程、典型产品,急用先学、在干中学,并根据具体情况,聘请一些有经验的技术人员给学生上课,教学内容缺乏系统性和完整性。这个时期办学的另一个特点是学生的文化程度参差不齐,给教学带来一定的困难。因此,教师注意教学方法,合理安排教学内容和教学进度,加强辅导,对文化程度低的学员进行集中补习。1970—1976年,自动化系共培养1264人。

这一时期两个专业典型的教学计划见表2.5、表2.6。

表2.5 工业自动化专业教学计划(1972年,3年制)[①]

序号	课程名称	总学时	学期分配						
			1	2	3	4	5	6	7
1	政治课	1001	√	√	√	√	√	√	√
2	体育课	286	√	√	√	√	√		
3	专业概论	90	√						
4	英语	400		√	√	√	√		
5	化学	100	√						
6	物理	340	√	√					
7	初等数学	440	√						
8	高等数学	270		√					
9	金工劳动	150	√						
10	制图	100	√						
11	电工基础	400			√	√			
12	电工劳动	370				√			
13	工业电子学	400				√	√		
14	电机及应用	260					√	√	
15	电力拖动自动控制系统	350						√	√
16	数控技术	300					√	√	
17	自动控制理论	200					√	√	
18	专业实践	160					√		

① 资料来源:清华大学档案馆。

续表

序号	课程名称	总学时	学期分配						
			1	2	3	4	5	6	7
19	专题	250							√
20	综合实践	860							√
21	总计	5440	（包括业务机动学时在内）						

表 2.6 热工量测及自动化专业教学计划（1972 年，三年制）[①]

序号	课程名称	总学时	学期分配						
			1	2	3	4	5	6	7
1	政治课	1001	√	√	√	√	√	√	√
2	体育课	286	√	√	√	√			
3	专业概论	92	√						
4	英语	300		√	√	√			
5	化学	100	√						
6	物理	240	√	√					
7	数学	400	√						
8	机械制图	150	√						
9	电工学	450		√					
10	电工学学工	2 周			√				
11	电子学	525			√				
12	电子学学工	3 周				√			
13	热工量测及仪表	450						√	
14	热工过程自动调节	525						√	
15	工业数字控制机原理	100						√	
16	认识实习	10 周		√					
17	专业实践	7 周					√		
18	毕业设计	19 周							√
19	总计	5440	（包括业务机动学时在内）						

三、恢复调整阶段（1977—1992）

1977 年，国家恢复高考招生。1978 年初，自动化系迎来 1977 年恢复高考后的第一批学生，其中 4 个本科生班共 137 人，1 个大专班 33 人（电专 81，学制 2 年）。经过高考的选拔，1978 年入学的学生虽然经历和年龄差别比较大，但实际的文化水平比较接近，正常的教学活动开始恢复。

---

① 资料来源：清华大学档案馆。

1977—1984年自动化系设置2个专业：工业自动化专业、工业仪表及自动化专业，学制为5年。

1982年2—4月，学校召开了已中断17年的第16次教学讨论会，强调要在总结1966年前17年主要经验的基础上健全和改善教学管理，稳步进行教学改革，努力提高教学质量。自动化系按照学校的统一要求逐步更新课程结构，将课程分为必修课、限（指）定性选修课和任选课。1984年，学校召开第17次教学讨论会，强调扩大选修课比例。为便于各系之间互相选课和加强实践教学环节，学校将传统的"一学年两学期"改为"一学年三学期"，除秋季和春季学期外增加了夏季学期，主要安排集中实践教学环节。自动化系按照学校统一要求修订教学计划，实行有计划指导的学分制，选修课比例逐年增大。学生可以在教学计划的指导下根据自己的业务基础、能力和爱好选修课程，完成学业。

1985年，自动化系专业设置由原来2个（工业自动化专业、工业仪表及自动化专业）改为3个（自动控制专业、生产过程自动化专业、工业自动化仪表专业），1988年又改为2个专业（自动控制专业、过程自动化与自动检测专业），直至1993年。

这个时期的典型教学计划（1982年）见表2.7、表2.8。

表2.7　自动化系工业自动化专业教学计划（1982年，5年制）[①]

专业方向及培养目标： 　　在我国的物质、能源、信息的生产中，工业自动化技术用于提高产品质量，节约能源，提高劳动生产率，改善劳动条件及改进管理等方面。 　　工业自动化技术可为机械制造、冶金、轻工、化工、热工、电力、交通运输、国防等各个工业企业部门服务。其主要技术内容是控制系统信息的获取、处理及控制（决策）以及有关的自动装置技术。控制系统可以是单机的电气自动化系统，也可以是较为复杂的过程控制系统或管理系统。控制方法可以是连续控制（如可控硅，电机控制的电力拖动自动化系统），也可以是数字控制（如计算机控制系统）。 　　工业自动化专业是为我国培养电气自动化方面的德智体全面发展的工程师。他们应掌握有关自动控制的理论及分析方法并需具备有关自动控制系统的设计、实现、实验、维修等实践能力。他们应了解电子计算机控制的较为先进的系统，同时也应掌握目前在我国企业中正在有效运行的电气自动化系统。 　　毕业学生可以在有关电气自动化企业或科研部门工作。

---

① 资料来源：清华大学自动化系教务办公室。

续表

1. 教学进程计划

课程性质	序号	课程	学分数	学期分配		课内学时					课外学时
				考试	考查	总计	讲课	实验	讨论辅导	设计作业	
校定必修课	1	中国革命史	8	2	1						
	2	政治经济学	8	6	5						
	3	哲　学	6	8	7	48	48				48
	4	体　育	12		1~6						
	5	大学英语	29	2,4	1,3						
	6	科技英语选读	8		5,6						
	7	专业英语选读	8		7,8	32	32				96
	8	数学分析	28								
	9	常微分方程	6								
	10	空间解析几何及线性代数	12		1						
	11	复变函数	7								
	12	概率及数理统计	7.5			40	40				80
系定必修课	13	计算方法	9	8		48	48				
	14	普通物理	24	2,3,4							
	15	普通物理实验	10.5		3,4,5						
	16	普通化学	8	1							
	17	工程制图	10	1	2						
	18	理论力学	8	3							
	19	电路原理	23	4,5							
	20	模拟电子技术基础	14	5							
	21	数字电子技术基础	14	6							
	22	电子电路设计	6		7	48		48			48
	23	自动控制理论(一)	14	6							
	24	算法语言及程序设计	5		3						
	25	计算机原理	12	7		80	64	12	4		112
	26	电机及电力拖动基础	16	5,6							
	27	反馈控制系统	10	7		64	64				96
	28	数字信号分析	9.5	8		56	48	6	2		96
	29	经济管理概论	3		9	24	24				24
选修课	30	限定性选修课	43.5			264	264				423
	31	任选课	27			144	144				288
		总　　计	406								

总学分：479(包括上表总计学分 406 及毕业设计 40 学分、夏季学期 21 学分、金工实习 12 学分)

注：1. 夏季学期包括 FORTRAN 语言(4 周、9 学分)、生产实习(5 周、10 学分)、社会调查(1 周、2 学分)

2. 每学期上课均为 16 周，另加 2 周考试

续表

2. 教学年历表(略)
3. 夏季学期安排(每学年平均6周,共24周左右)
4. 限定性选修课

分组	序号	课程号	课　　程	课内学时					总课外学时	学期分配	周学时 课内/外	学分数
				总计	讲课	实验	讨论辅导	设计作业				
自动化	1		自动控制理论(二)							7	3/6	9
	2		数字控制系统							8	3.5/6	9.5
	3		自动控制系统设计及实验							8	2/4	6
	4		最优化技术基础							9	2.5/4	6.5
	5		估值滤波与系统辨识							9	2.5/4	6.5
	6		热工过程自动化及检测							9	3/3	6
信息	1		自动控制理论(二)							7	3/6	9
	2		模式识别(一)							8	3/6	3
	3		计算机应用专题							8	2.5/3	5.5
	4		信号分析与处理(二)							9	3/5	8
	5		模式识别(二)							9	1.5/1.5	9
	6		图像处理							9	3/5	8
电子	1		自动控制理论(二)							7	3/6	9
	2		微机应用及实践							8	3/4	7
	3		电子测量技术							8	3/5	8
	4		电子电路的计算机辅助分析及设计							9	3/6	9
	5		数字系统专题							9	2.5/2.5	5
	6		电子器件							9	2.5/2.5	5
陀螺	1		陀螺仪理论及应用							7	4/4.5	8.5
	2		小功率控制系统设计及实验							8	4.5/4.5	9
	3		计算机在控制系统设计中的应用							8	2.5/3	5.5
	4		线性控制理论基础							9	3/5	8
	5		控制元件与线路							9	3/5	8
	6		惯性导航系统							9	1.5/1.5	3
理论	1		自动控制理论(二)							7	3/6	9
	2		最优控制							8	2.5/5	7.5
	3		控制系统的CAD							8	3/4	7
	4		随机控制							9	2.5/5	7.5
	5		最优化方法							9	2.5/3	5.5
	6		文选阅读与综述							9	2/5	7

表 2.8　自动化系工业仪表及自动化专业教学计划(1982 年,5 年制)[①]

专业方向及培养目标：

　　培养从事工业部门(包括轻工、纺织、石油、化工、电力等)及国防有关部门自动控制及自动检测方面(包括以电子计算机为核心的自动控制系统和自动检测系统)的设计、研究人才。

　　培养目标要求有较好的数学、计算机原理、电子技术、信息论、自动控制理论方面的基础，在学习期间还要着重在实验、设计、研究能力方面的培养。

　　主要专业课有自动控制原理、电子计算机原理、近代物理、过程控制系统、自动化检测及仪表、系统辨识、过程动态学、计算机控制系统等。

1. 教学进程计划

课程性质	序号	课　　程	学分数	学期分配		课 内 学 时					课外学时
				考试	考查	总计	讲课	实验	讨论辅导	设计作业	
校定必修课	1	中国革命史	8	2	1						
	2	政治经济学	8	6	5						
	3	哲学	6	8	7	48	48				48
	4	体育	12		1~6						
	5	大学英语	29	2,4	1,3						
	6	科技英语选读	8		5,6						
	7	专业英语选读	8		7,8	32	32				96
	8	数学分析	28								
	9	常微分方程	6								
	10	空间解析几何及线性代数	12		1						
	11	复变函数	7								
	12	概率及数理统计	7.5			40	40				80
	13	计算方法	9	8		48	48				
	14	普通物理	24	2,3,4							
系定必修课	15	普通物理实验	10.5		3,4,5						
	16	普通化学	8	1							
	17	工程制图	10	1	2						
	18	电路原理	23	4,5							
	19	模拟电子技术基础	14	5							
	20	数字电子技术基础	14	6							
	21	电子电路设计	6		7	48		48			48
	22	自动控制理论(一)	14	6							
	23	算法语言及程序设计	5		3						
	24	计算机原理	12	7		80	64	12	4		112

---

　　① 　资料来源：清华大学自动化系教务办公室。

续表

课程性质	序号	课程	学分数	学期分配 考试	学期分配 考查	课内学时 总计	课内学时 讲课	课内学时 实验	课内学时 讨论辅导	课内学时 设计作业	课外学时
系定必修课	25	数字信号分析	9.5	8		56	48	6	2		96
系定必修课	26	热工理论基础	9	6							
系定必修课	27	工程力学	8	3							
系定必修课	28	流体力学	5		6						
系定必修课	29	自动化元件	14	5							
系定必修课	30	自动化仪表	6	7		48	48				48
系定必修课	31	过程计算机控制	8	9		40	32	8			88
系定必修课	32	经济管理概论	3	9		24	24				24
选修课	33	限定性选修课	38.5			248	248				368
选修课	34	任选课	24			144	144				240
		总计	408								

总学分：481（包括上表总计学分 408 及毕业设计 40 学分、夏季学期 21 学分、金工实习 12 学分）

注：1. 夏季学期包括 FORTRAN 语言（4 周、9 学分）、生产实习（5 周、10 学分）、社会调查（1 周、2 学分）

    2. 每学期上课均为 16 周，另加 2 周考试

2. 教学年历表（略）

3. 夏季学期安排（每学年平均 6 周，共 24 周左右）

4. 限定性选修课

分组	序号	课程号	课程	课内学时 总计	课内学时 讲课	课内学时 实验	课内学时 讨论辅导	课内学时 设计作业	总课外学时	学期分配	周学时 课内/外	学分数
过程	1		自动控制理论（二）							7	3/6	9
过程	2		过程检测学							7	2.5/3	5.5
过程	3		过程控制（一）							8	3/5	8
过程	4		过程控制（二）							9	2.5/3	5.5
过程	5		过程辨识							9	3/4	7
过程	6		过程动态学							9	1.5/2	3.5
检测	1		近代物理实验							5	2.5/4	6.5
检测	2		过程检测学							7	3/6	9
检测	3		过程控制系统							8	2.5/4	6.5
检测	4		检测信号处理							9	3/4	7
检测	5		过程分析仪表							9	1.5/2	3.5
检测	6		机械量检测仪表							9	1.5/2	3.5

续表

5. 任选课(全系两个专业相同)

序号	课程号	课　程	课内总学时	学期	周学时 课内/外	学分数	开课教研组
1		智能机器人控制	32	9	2/4	6	工业自动化教研组
2		估值滤波及系统辨识	40	9	2.5/5	7.5	
3		随机控制引论	40	8	2.5/5	7.5	
4		大系统理论及应用	40	9	2.5/5	7.5	
5		分级分部计算机工业控制系统概论	40	8	2.5/5	7.5	
6		管理科学基础	40	7	2.5/3.5	6	
7		自动控制系统实验与设计	51	7	3.5/7	10	自动控制理论教研组
8		自动控制理论(二)	48	7	3/6	9	
9		最优控制	40	8	2.5/5	7.5	
10		随机控制	40	9	2.5/5	7.5	
11		多变量频域控制理论及计算机辅助设计	40	8	2.5/5	7.5	
12		自适应控制	32	8	2/4	6	
13		过渡过程分析	32	5	2/4	6	
14		控制理论引论	64	7	3/4	7	
15		文选阅读与综述	32	9	2/5	7	
16		参数估计与系统辨识	40	8	2.5/5	7.5	
17		机器人智能控制	32	8	2/4	6	
18		小功率随动系统的设计与实验研究	32	9	2/3	5	
19		数据库原理及应用	32	9	2/4	6	
20		控制理论专题讲座	32	9	2/4	6	
21		电子测量	48	8	3/4.5	7.5	电子学教研组
22		功率电子器件 2/4+2/4	40	8	2.5/5	7.5	
23		有源网络原理及设计	40	9	2.5/5	7.5	
24		计算机辅助分析与设计	48	9	3/5	8	
25		陀螺仪原理及设计	48	7	3/5	8	导航与控制教研组
26		线性控制理论基础	48	8	3/5	8	
27		小功率控制系统设计及实验	48	8	3/5	8	
28		随机控制系统基础	32	9	2/4	6	
29		微处理机在控制系统设计中的应用	32	9	2/4	6	
30		数字滤波器设计	32	8	2/4	6	
31		模式辨识	40	9	2.5/5	7.5	信息处理与模式识别教研组
32		形式语言与句法模式识别方法	32	8	2/4	6	
33		人工智能导论	32	9	2/4	6	
34		图像处理	40	9	2.5/5	7.5	
35		PASCAL 语言和数据结构	48	7	3/5	8	
36		时间序列分析导论	32	9	2/4	6	
37		概率论英语录相课	32	5	2/5	7	
38		离散数学	40	5	2.5/5	7.5	

续表

序号	课程号	课 程	课内总学时	学期	周学时 课内/外	学分数	开课教研组
39		计算机仿真	40	8	2.5/5	7.5	系统模拟实验室
40		控制论与决策学基础	32	9	2/4	6	系统工程研究室
41		系统工程导论	24	9	1.5/3	4.5	
42		过程动态学	32	9	2/4	6	工业仪表自动化教研组
43		过程计算机控制系统实验	32	9	2/4	6	
44		过程辨识基础	48	9	3/6	9	
45		最优化与决策	32	9	2/4	6	
46		自适应控制系统	32	9	2/4	6	
47		现代过程控制	32	9	2/4	5	
48		计算机集中分散控制系统	32	9	2/4	6	
49		调节与控制(为力学系开)	40	7	2.5/4.5	7	
50		化工仪表及自动化(为工化、土、环系开)	32	7	2/4	6	
51		机械量检测	32	7	2/2	4	自动检测及仪表教研组
52		参数统计检测理论	32	8	2/3	5	
53		微机化仪表设计	32	8	2/3	5	
54		沃尔什函数及其在自动检测中的应用	32	7	2/2	5	
55		电动仪表	32	5	2/3	5	
56		热工过程自动化及检测仪表	48	7	3/4	7	
57		过程分析仪表	24	7	1.5/1.5	3	
58		过程检测学	40	7	2.5/3.5	6	
59		微机在检测及仪表中的应用	40	8	2.5/2.5	5	
60		自动检测与仪表	40	7	2/3	5	
61		系统动态学基础	48	5	3/6	8	

说明：

1. 本系学生应修满本专业教学计划中任选课学分数，其中基础课和技术基础课选修不少于23学分(约4门课)，专业选修课不少于40学分(约7门课)。鼓励选修人文课，但最多记12学分。
2. 为了保证学生选修面宽，规定学生选修一个教研组所开设的选修课一般不得多于3门，选本系开出的专业选修课不得少于5门，其他课程可跨系选修。本系的专业必修课可作为非本专业学生的任选课。
3. 为了加强学生理论联系实际的能力，规定每个学生的专业选修课必须有一门以上以实践为主的课程。
4. 对于学习有余力的学生，在指导教师同意下，学生可多选修课，并可以选修深度较高的选修课以代替相应的必修课。
5. 由指导教师或班主任指导学生选修。

注：表中所填系本系开设的及推荐性的任选课程。

四、提高发展阶段(1993—1999)

1. 全系设置一个专业

随着改革开放的进行,毕业生的就业由国家统一分配改为自主择业。同时,信息技术的快速发展使新技术不断涌现,原有的专业设置和课程内容已不能适应。为适应社会和科技发展对人才培养的要求,摆脱过去专业面偏窄的局面,1993年6月,全系改设一个专业——自动化专业,教学计划的制订、课程设置和教学组织等实现了由专业教研组主导到系主导的转变,学制仍为5年。

在调整专业设置的同时,课程体系也做了较大调整,在技术基础课和专业课设置方面仍照顾原来两个专业的需要,除全校统一的人文社会科学、外语、数理化三类公共基础课外,培养计划重视以下四类课程设置:①基础知识和基本技能类课程,包括工程制图及机械基础、金工实习、电子工艺实习、工程经济学;②电工、热工类基础课程,包括电路原理、工程流体力学、热工理论基础、电机与电力拖动基础;③电子技术与计算机类课程,包括数字电子技术基础、模拟电子技术基础、计算机原理及应用、计算机软件技术基础、算法语言与程序设计;④控制、信息、系统类基础课程,包括自动控制理论、信号与系统分析、运筹学。为加强计算机软件方面培养,增加了计算机软件技术基础课程;在专业基础课程中增加了运筹学基础课,课程体系中进一步完善了"信息、控制、系统"知识体系。

自动化系一个专业(自动化专业,5年制)典型的教学计划(1993年)见表2.9。

表2.9 自动化系自动化专业教学计划(1993年,5年制)[①]

专业方向及培养目标:
自动化系自动化专业面向各种现代化信息处理技术和各种现代化生产的控制和管理,培养从事模式识别与智能控制研究,从事工业过程控制和运动控制系统的分析、设计、仿真、工程实施、优化与决策的研究,以及从事自动检测和新型自动化仪表研究的高级工程技术人才。
1. 教学进程计划

---

① 资料来源:清华大学自动化系教务办公室。

续表

课程性质	序号	课程	学分数	学期分配 考试	学期分配 考查	课内学时 总计	课内学时 讲课	课内学时 实验	课内学时 讨论辅导	课内学时 设计作业	课外学时
校定必修课	1	中国革命史	4	2	1	64					64
	2	当代资本主义,中国社会主义建设	4	(5),6	5	64					64
	3	马克思主义哲学原理	4	8	7	64					64
	4	英语	16	1~4		256					336
	5	体育	12		1~6	192					0
	6	微积分	12	1,2		192	128		64		320
	7	线性代数	4	3		56					96
	8	普通物理	9	2,3		144	128		16		240
	9	普通物理实验	4		3,4	80		80			96
	10	普通化学	3		1	48	32	16			48
	11	军事理论	2		1	32	32				16
	12	法律基础	3	(2)		32	32				16
系定必修课	13	工程数学	4	4		64					80
	14	概率及数理统计	3	6		48					72
	15	计算方法	3		7	48					64
	16	工程制图及机械基础	7		1,2	112	56		36	20	176
	17	自动化概论	1		1	8					0
	18	电路原理	10	3,4		160	90	34	28		232
	19	数字电子技术基础	5	4		80	56	18	6		128
	20	模拟电子技术基础	5	5		80	56	18	6		128
	21	算法语言与程序设计	3	1		48	32	16			48
	22	计算机原理及应用	6	5,6		96	72	24			160
	23	电机与电力拖动基础	5	5		72	56	16			112
	24	工程流体力学	2		5	32					48
	25	热工理论基础	3	5		48					64
	26	自动控制理论	8	6,7		120	104	16			192
	27	信号与系统分析	4	6		64	56	8			96
	28	电力电子技术基础	3		6	40	28	12			64
	29	计算机软件技术基础	4	7		64	56	8			96
	30	运筹学(一)	4	7		56					80
	31	运动控制系统	4	7		64					96
	32	过程控制(一)	4	7		64					96
	33	计算机控制系统	4	8		64					112
	34	过程检测及仪表	4	8		64					112
	35	工程经济学	3	9		48					48
	36	专业课程设计	4	9		64					96

续表

课程性质	序号	课程	学分数	学期分配		课内学时					课外学时
				考试	考查	总计	讲课	实验	讨论辅导	设计作业	
选修课	37	人文社会科学限选课	8		3~6	128					64
	38	外语限选课	4		5,6	64					128
	39	专业选修课	31		4~9	496	(可供选修105学分,1680学时)				
		总计	223			3520					

总学分：264(包括上表总计学分223及毕业设计20学分、夏季学期21学分)

注：1. 夏季学期包括军训(4周、2学分)、电子工艺实习(2周、2学分)、计算机基础训练(2周、2学分)、公益劳动(1周、1学分)、金工实习(2.5周、3学分)、生产实习(8周、8学分)

2. 每学期上课周为16周,另加2周考试

2. 教学年历表(略)
3. 夏季学期安排(每学年平均6周,共24周左右)
4. 推荐选修课

序号	课程	课内学时					总课外学时	学期分配	周学时 课内/外	学分数
		总计	讲课	实验	讨论辅导	设计作业				
1	估值、滤波与辨识	48						8,9	3/4	3
2	生产系统的计划与控制	48						8	3/4	3
3	最优控制	48						8	3/4	3
4	多变量频域理论及CAD(一)	48						8	3/4	3
5	UNIX系统基础	48						8	3/4	3
6	系统模式识别	64						8	4/6	4
7	计算机图形学与CAD	64						8,9	4/6	4
8	微机仪表系统	80						8	5/7	5
9	电子测量	48						8	3/4	3
10	过程控制(二)	32						8	2/3	2
11	计算机仿真	48						8	3/5	3
12	自适应控制	48						8,9	3/4	3
13	过程动态学	32						9	2/3	2
14	递阶计算机控制	32						9	2/3	2
15	有源网络理论与应用	48						9	3/4	3
16	电力电子电路微机控制技术	32						9	2/3	2
17	随机控制	48						9	3/4	3
18	图像处理	64						9	4/6	4

5. 任选课

序号	课程	课内总学时	学期	周学时 课内/外	学分数	备注
1	制造系统计算机控制	48	8	3/4	3	
2	系统分析与设计	32	8	2/3	2	
3	专家系统基础与建造(英)	48	8	3/4	3	

续表

课程号	课　程	课内总学时	学期	周学时 课内/外	学分数	备注
4	机械量检测	48	8	3/4	3	
5	运筹学（二）	32	8	2/3	2	
6	文献检索与综述	32	8	2/3	2	
7	人工智能导论	48	7,8	3/4	3	
8	机器人智能控制	48	9	3/4	3	
9	多变量频域理论及CAD（一）	48	9	3/4	3	
10	控制专题	32	9	2/3	2	
11	专家系统在控制工程中的应用	48	9	3/4	3	
12	非线性控制概论	32	9	2/3	2	
13	模糊控制	32	9	2/3	2	
14	现代过程控制	32	9	2/3	2	
15	现代传感器	48	9	3/4	3	
16	成分分析仪表	32	9	2/3	2	
17	系统工程导论	48	9	3/4	3	
18	PL/M程序设计	48	6,9	3/4	3	
19	中文信息处理	32	5	2/3	2	
20	打字训练	32	4	2/0	2	

注：表中所填系指本系开设的及推荐性的任选课程。

2. 学制改为4年

为适应国家对人才培养的需要，从1994年开始，自动化专业学制由5年改为4年。

1995年11月—1996年1月，学校召开了第20次教学讨论会，研讨重点是统筹本科—硕士的教学计划，优化培养过程，利用学分制与推荐研究生的机制，在工科系分批试点本硕贯通培养。自动化系制订了自动化专业本科—硕士统筹指导性教学计划，分别确定了本科4年学制的培养目标和本硕统筹6年学制的培养目标。但当时主管研究生培养的国务院学位办公室在研究生招生名额上存在限制，本—硕贯通的培养计划因此搁置。

五、培养宽口径、高素质创新人才（2000—2016）

进入21世纪后，自动化系根据学校实施"通识教育基础上的宽口径专业教育"、培养"高素质、高层次、多样化、创造性"创新人才的总体目标，不断探索新的教学模式，在教学中积极采用"参与式、研究式、讨论式"

等教学方法,调动学生的积极性,重视和加强核心课程建设工作。

2004年11月12日—2005年11月,学校召开了第22次教育工作讨论会,主题是:综合性研究型大学中实践教育的体系、模式,不同学科、不同层次的人才培养所要求的实践教育特点,实践教学师资队伍建设,实践教学的质量评价体系和管理等。自动化系根据学校的统一安排,围绕完善自动化专业实践教学体系,优化实践育人环境,建设高水平实践教学队伍,拓宽校内外实践、实习基地,改进实习计划等方面开展研讨。2005年,自动化系成立自动化系实验教学研究中心(2015年获批国家级实验教学示范中心,包括自动化虚拟仿真实验教学中心和国家级虚拟仿真示范教学中心)。全系集中开设控制理论专题实验、检测技术系列实验、过程控制专题实验、运动控制专题实验,各科研实验室和研究所开设以科研为背景的新生研讨课。组织学生开展课内实验案例设计等实践教学活动,开展丰富多彩的课外学生科技活动、大学生创意竞赛活动,如电子设计大赛、各种机器人大赛、全国大学生智能汽车比赛和清华大学"挑战杯"课外科技作品竞赛等。

2005年,自动化系作为教育部自动化专业教学指导委员会挂靠单位,在教育部自动化专业教学指导委员关心下,开创了全国大学生智能汽车竞赛。2006年,有25个省、自治区、直辖市的57所高校、112支代表队参加的第一届全国大学生智能汽车竞赛由清华大学承办。自动化系、汽车工程系、工程物理系等多位青年教师组成技术组策划、组织了每年一度的全国大学生智能汽车竞赛,在全国高校及大学生中产生了很好的影响。

2007年,教育部本科教学工作评估专家组肯定了自动化系在本科教学工作方面取得的成果,并就进一步做好本科教学工作提出了意见和建议。

2009年7月8日—2010年7月8日,学校召开了第23次教育工作讨论会,主题是"清华新百年人才培养的使命与战略",主要讨论拔尖创新人才的培养模式与途径。为适应经济和科技发展的需要,自动化系新的培养方案突出了基础理论、人文素质和实践能力的培养。专业基础强调控制论、系统论和信息论、电子技术、计算机技术和网络技术。除各种理论课程之外,自动化系还开展了丰富多彩的学生科技活动、大学生创新竞赛活动。

2013年10月—2014年10月,学校召开了第24次教育工作讨论会,主题是"创新教育模式,激发学术志趣,提高培养质量"。校长陈吉宁在讨论会闭幕式上的讲话中指出:改革思路和举措,概括为12个字:变理念、换焦点、转方式、多样化。"第一,要转变育人理念,实施价值塑造、能力培养、知识传授'三位一体'的教育;第二,要转换工作焦点,推动教育教学主题从'以教为主'向'以学为主'转变;第三,要转变教育方式,在本科人才培养中积极推进通识教育,促进通专融合;第四,要丰富培养方向和评价标准,提升学生多样化成长的自主性、自信心和开放性。"

期间,自动化系先后召开了自动控制理论课程研讨会、交叉课程研讨会和教学评估新方案征求意见讨论会,就课程教学大纲修订、课程教材编写、提高课程挑战度、共享资源课程建设及MOOC课程录制等方面作出了工作安排,设置了交叉项目综合训练课程,充分体现学科发展、学科交叉的特点。课程涉及仿人机器人、智能车、无人机、合成生物学等多个方向,体现出人才成长的交叉性,可以充分激发学生学术志趣,吸引了汽车系、工物系、物理系、医学院、信息学院、美术学院等十余个院系的学生选修。

这一时期自动化专业的培养方案有如下特点:

(1) 强调"培养学生具有健全人格,使学生具有高素质、高层次、多样化、创造型人才应具备的人文精神和人文社科方面的背景知识,具有国际化视野和创新精神,提出和解决带有挑战性问题的能力,进行有效的交流与团队合作的能力,跟踪和发展自动化新理论、新知识、新技术的能力";强调"掌握自动化领域扎实的基础理论、专门知识和基本技能,并能运用所掌握的理论、知识和技能,在国民经济、国防和科研部门的更广泛领域从事科学研究、技术开发、教学及管理等工作"。

(2) 课程设置更有多样性,学生有更多的选课余地。按照学校统一规定,设置了13学分的任选文化素质课程;自动控制理论(2)、计算机网络及应用、系统辨识基础、模式识别基础、计算机仿真、系统工程导论、数字图像处理、CIM系统导论、计算机仿真、应用随机过程等一批课程进入专业限选课程;机器人智能控制、现场总线技术及其应用、智能优化算法及其应用、智能仪表设计、现代检测技术基础、嵌入式系统设计与应用、生物信息学概论、企业与信息系统建模分析、企业信息化系统与工程导论等课程先后进入专业选修课程,拓展了学生的专业视野。

自动化系2014年本科生培养计划见表2.10。

表2.10　自动化专业本科生培养方案(2014级,4年制,高素质、创新型)[①]

通过各种教育教学活动,培养学生具有健全人格,以及高素质、高层次、多样化、创造型人才所应具备的人文精神,人文和社科方面的背景知识,具有国际化视野和创新精神,提出和解决带有挑战性问题的能力,进行有效的交流与团队合作的能力,跟踪和发展自动化新理论、新知识、新技术的能力;掌握自动化领域扎实的基础理论、专门知识和基本技能,并能运用所掌握的理论、知识和技能,在国民经济、国防和科研部门从事有关运动控制、过程控制、机器人智能控制、导航制导与控制、现代集成制造系统、模式识别与智能系统、生物信息学、人工智能及神经网络、系统工程理论与实践、新型传感器、电子与自动检测系统、复杂网络与计算机应用系统等方面的科学研究、技术开发、教学及管理等工作。

一、学制与学位授予

本科学制四年,对完成并符合本科生培养方案要求的学生授予工学学士学位,按照学分制管理机制,实行弹性学习年限(最长6年)。

二、基本学分学时

培养总学分不少于170,其中春、秋季学期课程总学分137,夏季学期实践环节18学分,综合论文训练15学分。

三、课程设置与学分分布

1. 公共基础课程(39学分)

公共课程是清华大学要求学生在思想政治理论课、体育及外语等方面的必修课程和文化素质方面的选修课程,这些课程的学习一般贯穿于整个本科学习阶段。目的是通过这些课程的学习,使学生能够面向世界、面向未来,以历史的观点了解我们所处的时代;能够用科学的思想方法看待科技与社会的变化和发展。

(1) 思想政治理论课

课程编号	课　程　名　称	学　　分	总学分
10610183	思想道德修养与法律基础	3	14
10610193	中国近现代史纲要	3	
10610204	马克思主义基本原理	4	
10610224	毛泽东思想和中国特色社会主义理论体系概论	4	

(2) 体育

第1~4学期的体育(1)~(4)为必修,每学期1学分;第5~8学期的体育专项不设学分,其中第5~6学期为限选,第7~8学期为任选。体育课学分不够或不通过者不得本科毕业及获得学士学位。

课程编号	课　程　名　称	学　　分	总学分
10720011	体育(1)	1	4
10720021	体育(2)	1	
10720031	体育(3)	1	
10720041	体育(4)	1	
10720110	体育专项(1)	限选(不计学分)	
10720120	体育专项(2)	限选(不计学分)	

---

① 资料来源:清华大学自动化系教务办公室。

(3) 外语（8学分）

英语课程共计8学分（其中至少4学分为英语必修课组课程），安排在前四个学期完成。第一学年夏季学期设置外语文化活动月，为非英语专业必修环节。

日语、德语、法语、俄语等小语种学生入学后直接进入课程学习，本科毕业需完成三学期的课程，取得6学分。

课号	课 程 名	学 分	总学分
10640532	英语(1)	2	8
10640682	英语(2)	2	
10641102	英语(3)	2	
10641142	英语(4)	2	

(4) 文化素质课（13学分）

本文化素质教育课程体系包括文化素质教育核心课、新生研讨课、文化素质教育讲座课和一般文化素质教育课，除文化素质教育讲座和新生研讨课外，其他所有课程划分为八个课组：①哲学与伦理，②历史与文化，③语言与文学，④艺术与审美，⑤环境、科技与社会，⑥当代中国与世界，⑦人生与发展，⑧数学与自然科学。要求在本科学习阶段修满13学分，其中文化素质教育讲座课程为必修，1～2学分；文化素质教育核心课程和新生研讨课为限选，至少5门或8学分，建议其中1门为新生研讨课；一般文化素质课程为任选。

2. 平台课程(85学分)

平台课程是信息科学技术学院对所属各专业学生在数学及自然科学基础、学科基础、实践环节等方面的必修课程和学分的统一要求，这些课程和环节为学生提供在信息科学技术领域进行较为深入学习和研究所必须的基础理论和知识、科学方法、基本能力和技能培养。

(1) 数学与自然科学基础课程（不少于37学分，其中数学不少于27学分，物理不少于10学分）

课号	课 程 名	学 分	备注	建议选课学期
10421055	微积分A(1)	5学分(秋)		1
10421065	微积分A(2)	5学分(春)		2
10421094	线性代数(1)	4学分(秋)		1
10421102	线性代数(2)	2学分(春)		2
10420243	随机数学方法	3学分(春)	二选一	4
10420803	概率论与数理统计	3学分(春)		4
10420252	复变函数引论	2学分(秋)		3
40250443	数值分析与算法	3学分(春)		5
20250013	运筹学(1)	3学分(秋)		7
10430934	大学物理A(1)	5学分(春)	三选一	2
10430484	大学物理B(1)	4学分(春)		2
10430344	大学物理(1)(英)	4学分(春)		2
10430944	大学物理A(2)	5学分(秋)	三选一	3
10430494	大学物理B(2)	4学分(秋)		3
10430354	大学物理(2)(英)	4学分(秋)		3

续表

课号	课程名	学分	备注	建议选课学期
10430782	物理实验A(1)	2学分(秋)	二选一	3
10430801	物理实验B(1)	1学分(秋)		3
10430792	物理实验A(2)	2学分(春)	二选一	4
10430811	物理实验B(2)	1学分(春)		4

(2)学科基础课(不少于35学分)

课号	课程名	学分		建议选课学期
20130342	工程图学基础	2学分(秋)		1
20220214	电路原理	4学分(春)		2
20220221	电路原理实验	1学分(春)		2
20250064	模拟电子技术基础	4学分(春)		4
20250103	数字电子技术基础	3学分(秋)		3
21550012	电子技术实验	2学分(春/秋)		3、4
30210041	信息科学技术概论	1学分(秋)		1
30250023	计算机语言及程序设计	3学分(秋)		1
30250203	数据结构	3学分(春)		4
40250144	信号与系统分析	4学分(秋)	二选一	5
40250994	信号与系统分析(英)	4学分(秋)		5
40250074	自动控制理论(1)	4学分(秋)		5
30250064	计算机原理及应用	4学分(春)		4

(3)实践类课程(13学分)

课号	课程名	学分	建议选课学期
12090043	军事理论与技能训练	3学分	入学教育期间完成
10640852	大一外语强化训练	2学分	大一夏
30250182	C++程序设计与训练	2学分	大一夏
21510082	金工实习	2学分	大二夏
21550033	电子技术课程设计	3学分	大二夏
40250521	计算机原理实验	1学分	大二夏

3. 专业课程(不少于31学分)

(1)专业核心课程(13学分)

课号	课程名	学分	备注	建议选课学期
30250212	电力电子技术基础	2(秋)		5
40250762	检测原理	2(春)		6
40250774	电力拖动与运动控制	4(春)	二选一	6
40250754	过程控制	4(春)		6
40250745	专业实践	5(夏)		大三夏

(2)专业限选课程不少于14学分(其中课程学分不少于12学分,实验学分不少于2学分)

课号	课程名	学分	备注	建议选课学期
40250182	人工智能导论	2(秋)		5
30250233	线性控制系统工程	3(秋)	二选一	5
40250683	自动控制理论(2)	3(春)		6

续表

课号	课程名	学分	备注	建议选课学期
30250093	计算机网络及应用	3(春)		6
30250143	应用随机过程	3(秋)		7
40250203	系统辨识基础	3(秋)		7
40250712	模式识别基础	2(秋)		7
30250083	计算机仿真	3(秋)		6
40250213	计算机控制系统	3(秋)		7
40250353	数字图像处理	3(秋)		7
40250192	系统工程导论	2(春)		6
40250642	CIM系统导论	2(春)		6
40250851	控制理论专题实验(1)	1(秋)		6、7
40250861	控制理论专题实验(2)	1(春)		6、7
40250811	过程控制专题实验(1)	1(秋)		6、7
40250821	过程控制专题实验(2)	1(春)		6、7
40250831	运动控制专题实验(1)	1(秋)		6、7
40250841	运动控制专题实验(2)	1(春)		6、7
40250701	检测技术系列实验(1)	1(秋)		6、7
40250731	检测技术系列实验(2)	1(春)		6、7
40250891	机器人控制综合实验	1(春/秋)		6、7
40251033	自动化综合实践(1)	3(秋)		7
40251043	自动化综合实践(2)	3(秋)		7
00250154	交叉项目综合训练A	2(春/秋)		5、6

注：人工智能导论、线性控制系统工程或自动控制理论(2)、计算机网络及应用、应用随机过程四选二；其中控制专题实验必选1学分。

(3) 专业任选课程不少于4学分

课号	课程名	学分	建议选课学期
40250393	机器人智能控制	3(春)	6
40250382	现代检测技术基础	2(春)	6
40250912	智能仪表设计	2(秋)	7
40250272	生产系统计划与控制	2(春)	6
40250033	UNIX系统基础	3(春)	6
40250402	电力电子电路的微机控制	2(秋)	7
40250412	多媒体技术与应用	2(秋)	7
40250472	非线性控制理论	2(秋)	7
40250562	智能优化算法及其应用	2(秋)	7
40250952	网络安全研讨	2(春)	6
40250122	控制专题	2(秋)	7
40250792	现场总线技术及其应用	2(秋)	7
30250223	数字视频基础与应用	3(春)	6
40250802	嵌入式系统设计与应用	2(春)	6
40250782	数据库系统原理	2(秋)	7
40250972	调度原理与算法	2(秋)	7

续表

课号	课程名	学分	建议选课学期
40250982	生物信息学概论	2(秋)	7
40250942	企业与信息系统建模分析	2(春)	6
40251022	企业信息化系统与工程导论	2(春)	6

4. 综合论文训练（15学分）

学生完成公共课程、平台课程、专业课程的学习并满足规定的学分要求之后必须参加综合论文训练并达到合格要求方可申请本科毕业和学士学位。综合论文训练要求学生在教师指导下完成一项工程设计(研究)任务，并独立完成一篇论文，是训练学生综合运用所学知识解决实际问题的基本能力、培养创新意识和能力的综合环节。综合论文训练(课号：40250650)可由具有同等水平的项目训练成果或SRT(student research training)计划项目以及其他课外科技活动成果经认定后代替。综合论文训练不少于18周，集中安排在第八学期。

六、按大类招生阶段（2017年至今）

2017级学校开始实施按大类招生，大类培养。由自动化专业、工业工程专业、信息管理与信息系统专业等3个专业组成"自动化与工业工程类"，按照这个大类招生，第1、2学期按大类培养，第3学期起按3个专业分流培养。

为了促进教师成长和教学能力发展，丰富多元化课堂教学评估维度，进一步提高教学水平和教学质量，2017年自动化系成立系教学督导组。

2018年3—9月，学校召开了第25次教育工作讨论会，会议主题为践行"三位一体"教育理念，全面建设一流人才培养模式。会议历时半年多，学校教务处、研究生院等各部门围绕本科生、研究生的招生、培养模式、培养方案、课程体系(特别数理基础课)、实践教学、创新创业教育、教学评估及教学培训等多方面展开讨论，特别针对如何在教学活动中有效落实"三位一体"教育理念，不断提高教学质量等问题进行深入讨论。自动化系按照学校总体安排，积极组织研讨，于2018年5—6月先后组织召开自动化系加强本科教学质量保障体系运行管理研讨会、自动化系专业建设研讨会、自动控制理论课组"三位一体"教育理念研讨会、智能科学与技术专业设置研讨会，从专业建设、课程建设等方面开展研讨，在全系教师中落实价值塑造、能力培养、知识传授的"三位一体"的人才培养理念，以"研究性学习"为目标推进课程建设，推进大类培养，建立通专融合的教育体系。

同时,加强主修课程教学组建设,重点加强电子学课组、信息类课组、控制课组、运筹学课组、计算机语言类等课组建设,对授课方式进行充分研讨,保证"三位一体"人才培养理念落实。

此外,自动化系还逐步推进骨干课程平行课堂的开设,支持计算机语言与程序设计、C++程序设计与训练、数据结构、数值分析与算法、运筹学(1)、自动控制理论(1)、过程控制、自动控制理论(2)、线性控制系统工程(自动控制理论(2)的挑战课程)、计算机网络及应用、数字图像处理、人工智能导论、模式识别基础等课程的平行课堂开设。

2018年4月,自动化系制订并完善大类学生"专业确认"工作政策及工作办法,按照专业培养要求,综合考察学生的专业志趣、专业适配度和学业素质完成首次(2017级)招生,于2019年4月最终录取125人。

2019年按大类招生的典型培养方案见表2.11。

表 2.11　自动化专业本科培养方案(2019级,大类招生,4年制)

一、培养目标
具备在自动化专业取得职业成功的科学和技术素养;
具有批判性思维、创新精神和实践能力,善于沟通和协作;
有志趣且有能力成功地进行本专业或其他领域的终生学习;
有社会责任感和国际胜任力,成为领军人才。
二、培养成效
1. 运用数学、科学和工程知识的能力
2. 设计和实施实验及分析和解释数据的能力
3. 考虑经济、环境、社会、政治、道德、健康、安全、易于加工、可持续性等现实约束条件下,设计自动化系统、设备或工艺的能力
4. 在团队中从不同学科角度发挥作用的能力
5. 发现、提出和解决自动化工程问题的能力
6. 对自动化专业的职业责任和职业道德的理解
7. 有效沟通的能力
8. 具备足够的知识面,能够在全球化、经济、环境的和社会背景下认识自动化工程解决方案的效果
9. 认识到需要终生学习以及具有终生学习的能力
10. 具备从自动化专业角度理解当代社会和科技热点问题的知识
11. 综合运用技术、技能和现代工程工具进行自动化工程实践的能力
三、学制与学位授予
学制:按本科四年学制进行课程设置及学分分配。本科最长学习年限为专业学制加两年。
学位授予:工学学士学位。
四、基本学分学时
　　本科培养总学分170,其中通识教育课程44学分,专业教育课程116学分,自由发展课程10学分。

续表

五、课程设置与学分分布

1. 校级通识教育 44 学分

（1）思想政治理论课（15 学分）

课 号	课 程 名	学 分
10610183	思想道德修养与法律基础	3
10610193	中国近现代史纲要	3
10610204	马克思主义基本原理	4
10610224	毛泽东思想和中国特色社会主义理论体系概论	4
10680011	形势与政策	1

（2）体育（4 学分）

第 1~4 学期的体育（1）~（4）为必修，每学期 1 学分；第 5~8 学期的体育专项不设学分，其中第 5~6 学期为限选，第 7~8 学期为任选。学生大三结束申请推荐免试攻读研究生需完成第 1~4 学期的体育必修课程并取得学分。

本科毕业必须通过学校体育部组织的游泳测试。

体育课的选课、退课、游泳测试及境外交换学生的体育课程认定等详见 2019 级学生手册《清华大学本科体育课程的有关规定及要求》。

（3）外语（一外英语学生必修 8 学分，一外其他语种学生必修 6 学分）

学生	课组	课程	课程面向	学分要求
一外英语学生	英语综合能力课组	英语综合训练（C1）	入学分级考试 1 级	4 学分
		英语综合训练（C2）		
		英语阅读写作（B）	入学分级考试 2 级	
		英语听说交流（B）		
		英语阅读写作（A）	入学分级考试 3 级、4 级	4 学分
		英语听说交流（A）		
	第二外语课组	详见选课手册		
	外国语言文化课组			
	外语专项提高课组			
一外小语种学生		详见选课手册		6 学分

公外课程免修、替代等详细规定见教学门户——清华大学本科生公共外语课程设置及修读管理办法。

（4）文化素质课（13 学分）

文化素质课程（理工类）包括文化素质教育核心课（含新生研讨课）和一般文化素质教育课。要求在本科学习阶段修满 13 学分，其中文化素质教育核心课程为限选，至少 8 学分，要求其中必修基础读写认证课（R&W）"写作与沟通"（课程号 10691342）；一般文化素质课程为任选。

每学期开设的文化素质教育课程目录详见该学期选课手册。

建议分别任选以下 3 类课程中合计 4 学分课程：

类 别	学分数	课号	课 程 名
学术规范和职业伦理类课程	建议选择 1 学分	00030151	工程师的科学思想与方法

续表

类　　别	学分数	课号	课　程　名
工业经济与管理类课程	建议选择2学分	00510032	企业管理基础
		00510202	管理学基础
		00510454	经济学原理
环境保护和可持续发展类课程	建议选择1学分	00050071	环境保护与可持续发展
		00050041	环境与发展
		00050021	工业生态学
军事理论与技能训练	4学分	12090052	军事理论(2学分)
		12090062	军事技能(2学分)

2．专业教育(116学分)

(1) 基础课程(47学分)

类别	学分要求	课号	课程名	学分数	备注
数学必修	不少于24学分	10421055	微积分A(1)	5学分	
		10421065	微积分A(2)	5学分	
		10421324	线性代数	4学分	
		10420252	复变函数引论	2学分	
			随机数学与统计	5学分	
		40250443	数值分析与算法	3学分	二选一
		20250183	数值分析与算法(英)	3学分	
自然科学基础必修	不少于10学分	10430484	大学物理B(1)	4学分	
		10430494	大学物理B(2)	4学分	
		10430782	物理实验A(1)	2学分	二选一
		10430801	物理实验B(1)	1学分	
		10430792	物理实验A(2)	2学分	二选一
		10430811	物理实验B(2)	1学分	
学科基础必修	不少于13学分	20120152	工程图学基础	2学分	
		30250023	计算机语言及程序设计	3学分	
		30210041	信息科学技术概论	1学分	
		20220214	电路原理	4学分	
		20220221	电路原理实验	1学分	
		30250182	C++程序设计与训练	2学分	

(2) 专业主修课程(44学分)

课号	课程名	学分数	备注
20250103	数字电子技术基础(1)	3学分	二选一
20250173	数字电子技术基础(2)	3学分	
20250064	模拟电子技术基础(1)	4学分	二选一
30250274	模拟电子技术基础(2)	4学分	
21550012	电子技术实验	2学分	
30250203	数据结构	3学分	
30250064	计算机原理与应用	4学分	
40250144	信号与系统分析	4学分	

续表

课号	课　程　名	学分数	备注
30250285	自动控制理论	5学分	
30250093	计算机网络与应用	3学分	
30250333	人工智能基础	3学分	
20250193	运筹学	3学分	
30250293	模式识别与机器学习	3学分	
30250344	电能变换原理与系统	4学分	二选一
40250754	过程控制	4学分	
30250323	智能传感与检测技术	3学分	

（3）夏季学期和实践训练（10学分）

课号	课　程　名	学分数	备注
21510082	金工实习	2学分	
21550033	电子技术课程设计	3学分	二选一
20250133	现代电子系统设计	3学分	
40250745	专业实践	5学分	

（4）综合论文训练要求（15学分）

课号	课　程　名	学分数	备注
40250650	综合论文训练	15学分	

3. 学生自主发展课程（10学分）

学生自主发展课程是学生探索自己兴趣、主动选择的课程，也是学校为学生多样化发展营造的良好氛围。自主发展课程包含：①本专业开设的选修课程，②深度的研究生层次课程，③外专业的基础课程及专业主修课程，④学校教务部门认定的研究训练或者创新创业活动。

本专业开设的选修课程有：

课　程　大　类	课号	课　程　名	学分数
控制理论与控制工程	30250233	线性控制系统工程	3学分
	40251102	非线性系统与非线性控制入门	2学分
	00250194	智能机器人	4学分
	40251094	系统辨识基础	4学分
	40250562	智能优化算法及其应用	2学分
模式识别与智能系统	40250353	数字图像处理	3学分
	30250223	数字视频基础与应用	3学分
系统工程	40250192	系统工程导论	2学分
	40251063	智能网联系统导论	3学分
	40251123	复杂系统建模与分析	3学分
	40251083	基于模型的系统工程	3学分
企业信息化系统与工程	40251113	工业智能系统	3学分
	30250083	计算机仿真	3学分
	40250642	CIM系统导论	2学分
导航、制导与控制	40251073	导航、制导与控制	3学分
生物信息学	40250982	生物信息学概论	3学分

续表

课程大类	课号	课程名	学分数
数学类课程	30250143	应用随机过程	3学分
实践类课程	40251033	自动化综合实践(1)	3学分
	40251043	自动化综合实践(2)	3学分
	00250154	交叉项目综合训练A	4学分

2019级培养方案的显著特点是:①培养目标充分体现清华特色;②培养成效开始写入培养方案,充分体现了自动化专业毕业生的能力要求,也充分体现了培养方案注重学生各方面能力的培养;③课程体系着重加强"智能"和"系统"的相关内容,新开设或充实原有课程内容并调整了课程学分,如智能机器人、人工智能基础、电能变换原理与系统、智能网联系统导论、工业智能系统、智能优化算法及其应用、智能传感与检测技术、基于模型的系统工程等课程,将原有的自动控制理论(1)和自动控制理论(2)两门课程合并为一门自动控制理论(5学分);④对于文化素质教育课程,结合自动化专业工科特点提出了新的要求,即除选择其他课程外,建议重视选择学术规范和职业伦理类课程、工业经济与管理类课程、环境保护和可持续发展类课程并给出了具体课程名称,这完全符合11条"培养成效"的要求,也充分体现了课程体系具体落实培养成效;⑤课程体系中设置了学生自主发展课程(10学分),该类课程是学生探索自己兴趣、主动选择的课程,也是学校为学生多样化发展营造的良好氛围,自主发展课程包含本专业开设的选修课程、深度的研究生层次课程、外专业的基础课程及专业主修课程,以及学校教务部门认定的研究训练或者创新创业活动。

清华大学自动化专业于2011年入选教育部"卓越工程师教育培养计划",于2018年9月顺利通过了由教育部高等学校自动化类专业教学指导委员会对项目实施情况的评审,截至2018年9月已有4届毕业生。该计划以"培养研究型、管理型、创新型、国际型多类型卓越工程人才"为目标,坚持专业根基,突出理论与实践相结合,加强"智能与系统"相关的教学内容;依托国家级实验教学示范中心和广泛的国内外资源,为培养学生的工程素养提供了很好的条件。2019年,自动化专业入选教育部"双万计划"国家级一流本科专业建设点。

截至2018年,自动化系开设的各类精品课程、挑战性示范课、混合式教学课程、大型在线开放课程见表2.12。

表2.12 自动化系开设的各类精品课程、挑战性示范课、混合式教学课程、大型在线开放课程

课程类别		门数	课程名称
精品课	国家级	3门	电子技术基础、模式识别基础、自动控制理论
	北京市	4门	电子技术基础、模式识别基础、自动控制理论、电力拖动与运动控制
	清华大学	6门	电子技术基础、模式识别基础、自动控制理论、电力拖动与运动控制、人工智能导论、信号与系统分析
校级挑战性示范课		1门	线性控制系统工程
混合式教学课程		3门	数字电子技术基础、模拟电子技术基础、信号与系统分析
大型在线开放课程（MOOC）		4门	模拟电子技术基础、数字电子技术基础、自动控制理论、信号与系统分析

2009—2019年，自动化系入选"国家级创新创业训练计划"和"北京市大学生科学研究与创业行动计划"质量工程建设项目共计129项，各年度情况见表2.13。2009—2019年自动化系毕业生获校级优秀毕业论文奖90篇，详见表2.14。

表2.13 2009—2019年自动化系入选国家级和北京市质量建设项目情况[①]

年份	国家级质量工程项目名称及项目数	北京市质量工程项目名称及项目数
2009	第三批国家创新性实验计划项目3项	
2010	国家级创新性实验计划项目3项	北京市大学生科学研究与创业行动计划项目3项
2011	国家级创新创业训练计划项目12项	
2012	国家级创新创业训练计划项目9项	北京市大学生科学研究与创业行动计划项目7项
2013	国家级创新创业训练计划项目5项	北京市大学生科学研究与创业行动计划项目3项
2014	国家级创新创业训练计划项目8项	北京市大学生科学研究与创业行动计划项目8项
2015	国家级创新创业训练计划项目7项	北京市大学生科学研究与创业行动计划项目7项
2016	国家级创新创业训练计划项目7项	北京市大学生科学研究与创业行动计划项目5项
2017	国家级创新创业训练计划项目7项	北京市大学生科学研究与创业行动计划项目9项

---

① 资料来源：清华大学自动化系年鉴。

续表

年份	国家级质量工程项目名称及项目数	北京市质量工程项目名称及项目数
2018	国家级创新创业训练计划项目4项	北京市大学生科学研究与创业行动计划项目14项
2019	国家级创新创业训练计划项目3项	北京市大学生科学研究与创业行动计划项目5项

表2.14 2009—2019年自动化系毕业生获校级优秀毕业论文统计[①]

年份	2009	2010	2011	2012	2013	2014	2015	2016	2017	2018	2019
获奖数	9	8	10	10	8	8	8	7	8	7	7

七、教材建设

自动化系十分重视教材建设。从20世纪80年代末开始，自动化系以常迥为编委会主任，编写和出版了《信息、控制与系统》系列教材，共18种，包括：《数字信号处理》《模式识别》《过程辨识》《大系统理论及其应用》《自动控制原理》《过程控制》《过程计算机控制》《连续系统及离散事件系统仿真》《线性系统理论》《数字系统的故障诊断及可靠性设计》《系统工程概论》《信号重构理论及其应用》《自动控制理论基础》《多变量频域控制理论》《信息理论基础》《高等过程控制》《随机控制》和《自适应控制》。这套系列教材受到了国内外同行的普遍重视与好评，为国内众多院校所采用。

从20世纪末到21世纪初，由吴澄主编，自动化系组编了《现代集成制造系统(CIMS)》系列培训教材。该套教材作为企业管理、计算机、自动化、机械制造等专业研究生学习企业建模理论与方法的教材，得到了广泛采用和好评。

2002年，自动化系由郑大钟为主编，组编了新编《信息、控制与系统》系列教材。这套新编系列教材既为在校大学生和研究生的学习提供内容先进、论述系统和教学适用的教材或参考书，也为广大科学工作者与工程技术人员知识更新与继续学习提供适合的和有价值的进修或自学读物。

2004年，挂靠清华大学自动化系的教育部高等学校自动化专业教学

---

① 资料来源：清华大学自动化系年鉴。

指导分委员会和中国自动化学会教育工作委员会联合中国电工技术学会高校工业自动化教育专业委员会、中国仿真学会教育工作委员会、中国机械工业教育协会电气工程及自动化学科委员会，开始组织编写了《全国高等学校自动化专业系列教材》，全套共 50 多本，自动化系共入选 15 本。上述自动化系编写的教材中，入选"十一五""十二五"国家规划教材 28 部，入选北京市高等教育经典教材、精品教材和普通高等教育精品教材 13 部。自动化系教师出版的教材、专著和译著一览表见本书附录 3。

八、主要教学奖励

自动化系获得教学成果奖和教材奖情况分别见表 2.15 和表 2.16。

表 2.15　自动化系教学成果奖一览表

年份	项目名称	负责人	奖励名称	等级	备注
1989	电子学课程的建设和改革	童诗白、阎石、胡东成	国家级普通高校优秀教学成果奖	特等奖	
1989	高水平严要求努力建设世界一流的高层次人才培养基地	常迥、李衍达、边肇祺	国家级普通高校优秀教学成果奖	特等奖	
1993	自动化系本科教学与管理	吕林、郑大钟、李九龄	全国普通高校优秀教学成果北京市奖	一等奖	
1997	《线性系统理论》（教材）	郑大钟	国家级教学成果奖	二等奖	
1997	《信息理论基础》（教材）	常迥	国家级教学成果奖	一等奖	
1997	计算机控制系统系列教学实验仿真系统	张莹	全国高等学校工科优秀 CAI 软件奖	二等奖	
1997	通用交直流传动系统 CAI	尔桂花	全国高等学校工科 CAI 协作组优秀 CAI 软件奖	二等奖	
1997	计算机控制系统系列教学实验仿真系统	张莹	全国高等学校工科 CAI 协作组优秀 CAI 软件奖	一等奖	
2000	《数字电子技术基础》（第 4 版）	阎石	北京市高等教育教学成果奖	一等奖	
2000	《神经网络与模糊控制》（教材）	张乃尧、阎平凡	北京市高等教育教学成果奖	一等奖	
2004	《现代信号处理（第二版）》（教材）	张贤达	北京市高等教育教学成果奖	二等奖	
2004	计算机基础教学系列课程与实验基地建设	钟玉琢、王行言、汤志忠、张菊鹏、张曾科	北京市高等教育教学成果奖	一等奖	参加

续表

年份	项目名称	负责人	奖励名称	等级	备注
2004	电子技术基础课程的建设与实践	华成英、王宏宝、唐竞新、徐振英	北京市高等教育教学成果奖	一等奖	
2004	《模拟电子技术基础(第三版)》(教材)	童诗白、华成英	北京市高等教育教学成果奖	一等奖	
2004	创建研究型本科教学体系 提升教育质量	汪劲松、汪蕙、张文雪、张佐、宗俊峰	北京市高等教育教学成果奖	一等奖	参加
2005	电子技术基础课程的建设与实践	华成英、王宏宝、唐竞新、徐振英、童诗白	第五届高等教育国家级教学成果奖	二等奖	
2005	计算机基础教学系列课程与实验基地建设	钟玉琢、王行言、汤志忠、张菊鹏、张曾科	第五届高等教育国家级教学成果奖	二等奖	参加
2005	创建研究型本科教学体系 提升教育质量	汪劲松、汪蕙、张文雪、张佐、宗俊峰	国家级教学成果奖	一等奖	参加
2007		华成英	第三届全国高等学校教学名师奖		
2008	生物信息学交叉学科的课程体系探索与实践	张学工、李梢、李衍达、江瑞、汪小我	北京市高等教育教学成果奖	一等奖	
2008	我国高等教育自动化专业人才培养面临的新问题与对策研究及实践	吴澄、申功璋、田作华、萧德云、王雄等	北京市高等教育教学成果奖	一等奖	联合申报
2009	生物信息学交叉学科的课程体系探索与实践	张学工、李梢、李衍达、江瑞、汪小我	国家级教学成果奖	二等奖	
2009	我国高等教育自动化专业人才培养面临的新问题与对策研究及实践	吴澄、申功璋、田作华、萧德云、王雄等	国家级教学成果奖	一等奖	联合申报
2009	我国控制工程领域工程硕士培养机制的研究与创新	王雄(第二完成人)等	国家级教学成果奖	二等奖	
2009	控制工程教学团队	华成英(带头人)、王诗宓、张学工、钟宜生、杨耕、张长水、王红、王书宁等	北京市优秀教学团队		

续表

年份	项目名称	负责人	奖励名称	等级	备注
2009		胡坚明	北京高校第六届青年教师教学基本功比赛	一等奖	
2010	控制工程教学团队	华成英(带头人)、张学工、钟宜生、杨耕、张长水、王红、赵千川、王书宁、叶朝辉、王雄、王峻、徐文立、慕春棣、张佐、任艳频、阎捷、张涛、周彤、李衍达(顾问)、吴澄(顾问)	国家级教学团队		
2012	创办全国大学生智能汽车竞赛,促进高等工程教育实践教学改革	吴澄、卓晴、黄开胜、申功璋、江永亨、曾鸣、马莉、杨明、张云洲、刘立、陈光亭、吴晔、曲仕茹、孙同景、申忠宇	北京市高等教育教学成果奖	一等奖	联合申报
2012	自动化专业创新型人才培养的本科实践教学体系与平台建设	周东华、张长水、赵明国、张涛、杨耕	北京市高等教育教学成果奖	一等奖	
2014	自动化专业创新型人才培养的本科实践教学体系与平台建设	周东华、张长水、赵明国、张涛、杨耕	国家级教学成果奖	二等奖	
2014	控制科学与工程学科创新型博士生培养的十年改革与实践	张涛、周东华、周杰、张长水、王书宁	中国学位与研究生教育学会研究生教育成果奖	二等奖	
2015		王红	北京市高等学校教学名师		
2015		王焕钢	北京高校第九届青年教师教学基本功比赛	一等奖、最佳演示奖	
2016		耿华	首届全国高等学校青年教师电子技术基础、电子线路课程授课竞赛	华北赛区一等奖、全国一等奖	

续表

年份	项目名称	负责人	奖励名称	等级	备注
2016	企业信息化系统与工程交叉学科建设	范玉顺、张和明、李清、宋士吉、黄双喜、张林锭、游科友	CAA高等教育教学成果奖	一等奖	
2016	传承紫冬精神,着力集体建设——以基层集体建设促进人才培养的工作理念与实践	张涛、古槿、裴欣、杨帆、何潇	CAA高等教育教学成果奖	二等奖	
2016	现代电子系统设计创新人才培养改革	叶朝辉、华成英、阎捷、秦俭	CAA高等教育教学成果奖	二等奖	
2017	控制科学与工程学科创新型博士生培养的改革与实践	张涛、周东华、周杰、张长水、王书宁	北京市高等教育教学成果奖	二等奖	
2017	夯实基础,面向未来——电子技术基础课程建设	王红、任艳频、叶朝辉、张涛、耿华、华成英	CAA高等教育教学成果奖	一等奖	
2017	面向智能系统研究的运筹学课程建设	王焕钢、王书宁、李力	CAA高等教育教学成果奖	二等奖	
2019	以学科前沿牵引的高质量课程体系建设	王红、陈峰、杨耕、张长水、张昕、黄海燕	CAA高等教育教学成果奖	特等奖	
2020	数字电子技术基础	王红(负责人)、任艳频、陈莉平、秦俭	首批国家级一流本科课程	线下一流课程	
2020	自动控制理论	钟宜生(负责人)、赵千川、陈峰、熊智华、吴热冰	首批国家级一流本科课程	线上一流课程	
2020	工程伦理	李正风(负责人)、丛杭青、王前、雷毅、张佐	首批国家级一流本科课程	线上一流课程	参加
2020	电子技术基础教学团队	王红	北京高校优秀本科育人团队		

表2.16 自动化系教材获奖一览表

年份	项目名称	负责人	奖励名称	等级
1987	《模拟电子技术基础》(上、下册)	童诗白、金国芬、闫石、吴白纯	国家教委优秀教材奖	一等奖
1987	《数字电子技术基础》	闫石、金国芬、余孟尝、赵佩芹	国家教委优秀教材奖	一等奖

续表

年份	项目名称	负责人	奖励名称	等级
1992	《微型计算机原理及应用》	郑学坚、朱善军、严继昌	国家教委优秀教材奖	二等奖
	《过程辨识》	方崇智、萧德云	机械电子工业部优秀教材奖	二等奖
1993	《模拟电子技术基础(第二版)》	童诗白	国家级优秀教材奖	
	《数字电子技术基础(第二版)》	阎石		
1996	《过程控制》	金以慧	电子工业部第三届高等学校优秀教材奖	二等奖
	《连续系统仿真与离散系统事件仿真》	熊光楞、肖田元、张燕云		二等奖
	《模拟系统的故障诊断与可靠性设计》	杨士元		二等奖
	《信号重构理论及应用》	李衍达、常逈		一等奖
	《信息论基础》	常逈		一等奖
	《自动控制原理》	吴麒、慕春棣、杜继宏、解学书		一等奖
	《线性系统理论》	郑大钟		一等奖
	《现代电子学及应用》	童诗白、徐振英	国家级优秀教材奖	一等奖
1997	《信息论基础》	常逈	国家级优秀教学成果奖	一等奖
	《线性系统理论》	郑大钟	国家级优秀教学成果奖	二等奖
2001	《数字电子技术基础(第四版)》	阎石	北京市优秀教学成果奖	一等奖
	《神经网络与模糊控制》	张乃尧、阎平凡		一等奖
2002	《计算机软件技术基础(第三版)》	沈被娜、刘祖照、姚晓冬	教育部全国普通高等学校优秀教材奖	二等奖
	《人工神经网络与模拟进化计算》	阎平凡、张长水		一等奖
2004	《模拟电子技术基础(第三版)》	童诗白、华成英	北京市优秀教学成果奖	一等奖
	《现代信号处理(第二版)》	张贤达	北京市优秀教学成果奖	二等奖
2007	《自动检测技术及仪表控制系统(第二版)》	张毅、张宝芬、曹丽、彭黎辉	第八届中国石油和化学工业优秀教材奖	一等奖

续表

年份	项目名称	负责人	奖励名称	等级
2012	《系统仿真导论(第二版)》	肖田元、范文慧	清华大学优秀教材奖	一等奖
	《企业与信息系统建模分析》(中文版、英文版)	李清、陈禹六		一等奖
	《数字电子技术基本教程》	阎石、王红		一等奖
	《模式识别(第三版)》	张学工		二等奖
	《微粒群优化与调度算法》	王凌、刘波		二等奖
	《计算机控制系统(第二版)》	王锦标		二等奖
2013	《模拟电子技术基础》	童诗白、华成英	北京高等教育经典教材	经典
	《数字电子技术基础》	阎石		
	《过程控制系统》	黄德先	北京高等教育精品教材	精品
	《自动检测技术与仪表控制系统(第三版)》	张毅		
2016	《矩阵分析与应用(第2版)》	张贤达	清华大学优秀教材奖	一等奖
	《系统辨识理论及应用》	肖德云		二等奖
	《混合差分进化与调度算法》	王凌、钱斌		二等奖
	《企业与信息系统建模分析》	李清、李灿强	清华大学优秀教学软件	一等奖
2019	模拟电子技术基础(第五版)	原主编：童诗白、华成英 修订：华成英、叶朝辉	北京高校"优质本科教材课件"	
2020	数字电子技术基础(第6版)	阎石、王红	北京高校"优质本科教材课件"	
	《数字电子技术基础(第6版)》	阎石、王红	清华大学优秀教材奖	特等奖
	《分布估计调度算法》	王凌、王圣尧、方晨		二等奖

第3章

学科发展与研究生培养

一、学科发展与学位建设

1966年前,我国没有建立学位制度,所招收的研究生从学习年限上看相当于硕士研究生。1966—1977年,学校中断了研究生的招生与培养工作。1973年,为了培养高层次人才,在主管教学、科研的校领导何东昌的主持下,学校基础课(激光物理、有机催化、固体物理、物质结构)和部分系(自动化系、建筑工程系)试办了研究生班。自动化系招收留校的年轻教师和社会上优秀的年轻技术人员,在自动化、电子应用和热工自动化与检测三个方向学习,学制2年。在此期间,研究生班的培养工作受到一定的影响,随后几年的研究生招生也完全停止,直至1976年。1978年,清华大学正式恢复研究生教育。同年10月,首批21名研究生(硕士研究生)进入自动控制理论及应用、过程控制、热工量测、系统工程、微型计算机及其应用、模式识别六个专业方向学习。

1981年,经国务院批准,由国务院学位委员会下达清华大学首批可授予博士学位的学科和专业共31个(其中工科28个、理科3个),博士生导师39位,可授予硕士学位的学科专业60个(其中工科55个,理科5个)。自动化系一级学科自动控制(控制科学与工程的前身)下设的控制理论及应用(控制理论与控制工程的前身)、自动化仪表与装置(检测技术与自动化装置的前身)、系统工程和模式识别与智能控制(模式识别与智能系统的前身)4个二级学科首批获博士、硕士学位授予权。首批博士生导师为常逈、方崇智、童诗白和郑维敏。

1986年,经国家教委批准,自动化系建立控制科学与工程博士后流动站。

1998年,自动化系控制科学与工程学科获国内首批一级学科博士学位授予权。这意味着该一级学科下设的5个二级学科(包括导航、制导与控制)无须单独申请,均获得博士学位授予权。

2001年,在全国重点学科评估中,自动化系控制理论与控制工程、模式识别与智能系统2个二级学科排名全国第一,于2002年被确认为全国高校重点学科。

2003年,经国务院学位办备案,自动化系自主设置具有明显交叉学科特点的企业信息化系统与工程和生物信息学2个二级学科,自动化系招收硕士研究生和博士研究生的二级学科(专业)达6个。企业信息化系统与工程的主要研究方向为：企业集成与服务科学、网络化制造、系统仿真与虚拟制造、现代物流与电子商务等。

在2006年国务院学位办组织的全国一级学科的评估中,自动化系的一级学科控制科学与工程名列全国第一,于2007年被教育部首批定为国家一级学科重点学科。2007年5月,自动化系成立导航与控制研究中心,与中国航空工业飞行自动控制研究所联合成立导航与智能控制联合实验室,于2008年开始招收导航、制导与控制学科的硕士生和博士生。至此,自动化系控制科学与工程一级学科下可招收研究生的二级学科达7个。

2009年,由于生物信息学二级学科研究生培养方案与其他6个二级学科研究生培养方案有较大差异,经校研究生院批准,开始独立设置培养方案。

在2017年国务院学科评估中,自动化系控制科学与工程一级学科获评A+,蝉联全国第一名。控制科学与工程一级学科综合性强、覆盖面宽、应用领域广泛,有很强的交叉性,在科学发展和国民经济中拥有重要的地位。

为满足社会对高层次应用人才的培养需要,早在1996年,自动化系就作为试点,开始招收第一批控制工程领域非全日制专业的工程硕士研究生,从在职人员硕士学位研究生入学资格考试中选拔。

2013年,自动化系开始设立研究生的国际化联合培养项目"清华大学—南加州大学双硕士学位项目",以培养具有国际视野、良好的国际交流能力和国际竞争力的高水平研究生。

2016年5月,清华大学和波士顿大学签署了清华大学自动化系和波士顿大学系统工程学院"4+X"联合培养研究生项目。

2016年,学校设置工程管理硕士(master of engineering management, MEM)专业学位项目,下设能源与环境管理、设计与制造管理和信息管理三个方向,自动化系属依托单位之一。

2018年,根据国务院学位委员会通过的《工程类博士专业学位研究生培养模式改革方案》,自动化系首次设置创新领军工程博士项目,招收攻读工程类博士专业学位研究生,首批共招收10名。

二、硕士研究生培养

1. 按6个专业方向制订培养方案(1979年)

1966—1976年,清华大学中断了研究生的培养工作,直至1978年才真正恢复工学硕士研究生的招生与培养,主要招收对象为校内外1966年前入学、1966—1976年大学毕业的在职人员和工农兵学员毕业生中的优秀者。自动化系第一批21名研究生(其中7名为本校在职教师)于1978年10月入学,1981年底毕业,1982年6月被授予硕士学位。

硕士研究生的培养目标是"培养具有社会主义觉悟,具有系统而坚实的理论基础、专业知识、科学实验技能,能独立进行科学研究,身体健康的科学研究和高校教学人员"。研究生实行学分制,硕士研究生学制一般为2~3年。

培养方式实行指导教师负责与指导小组集体培养相结合的方式。指导教师由学术水平较高、在研究工作中有成就的教授或副教授(或相当职称的人员)担任。

1979年自动化系硕士研究生的培养方案和教学计划按自动控制理论及应用、过程控制、热工量测、系统工程、微型计算机及其应用、模式识别六个专业方向制订。1979年制订的培养方案见表3.1~表3.6。

表3.1 自动化系1979年研究生典型培养方案和教学计划(微型计算机及其应用)[①]

系(所、部)	自动化系	研究生专业	微型计算机及其应用	所属教研组	电子学
学制	2年	入学日期	1979年9月15日	方案制订人	童诗白
Ⅰ.基本情况					
一、本专业培养目标:微处理机应用方向的教学及研究人员。					
二、研究生姓名、研究方向及指导教师。					
三、指导小组组长及成员或指导教师姓名、职称,目前担任的工作(教学、科研、行政)					
组长　童诗白　教　授　行政及教学					
组员　许道荣　副教授　行政及教学					
李大义　副教授　行政及科研					

---

① 表3.1~表3.6资料来源均为清华大学档案馆。

续表

| 系(所、部) | 自动化系 | 研究生专业 | 微型计算机及其应用 | 所属教研组 | 电子学 |

四、教研组准备为研究生开的课程：
　　微型机及其应用、计算机辅助设计、有源网路及线性集成电路应用

五、准备让研究生参加什么科研项目或课题？教研组需要做什么准备工作(指导力量、物质条件等)？
　　微处理机的应用。

Ⅱ．研究生参加辅导工作的安排(请和教务处商定)
　　第一学期：大学物理电磁学实验辅导
　　第二学期：大学物理电磁学实验辅导

Ⅲ．课程安排及学分分配

序号	课程名称	课内学时	学分 第一学期	第二学期	第三学期	第四学期	备注
1	自然辩证法	3	3				
2	第一外语	4	4				
3	线性代数	4	4				
4	程序设计	3	3				
5	信号分析	4	4				
6	第二外语	2		2			
7	概论统计	3		3			
8	控制理论	5		5			
9	系统模拟	2		2			
10	微型计算机	3		3			
11	第二外语	2			2		
12	有源网路及线性集成电路应用	5			5		
13	计算机辅助设计	3			3		

Ⅳ．研究生教学环节的安排(第四学期的科研工作不计学分)

序号	项目	学分	备注
1	学校规定的公共必修课	21	
2	系或专业规定的必修课或选修课	21	
3	自学讨论课		
4	任选课		
5	科研实习		
	合计	42	

Ⅴ．审批意见

教研组意见：　同意。
　　　　　　　　　　　签名：童诗白　　年　月　日

系意见：　同意。
　　　　　　　　　　　签名：李志忠　　年　月　日

表 3.2　自动化系 1979 年研究生典型培养方案和教学计划（自动控制理论）

系(所、部)	自动化系	研究生专业	自动控制理论	所属教研组	自动控制理论
学制	2 年	入学日期	1979 年 9 月 15 日	方案制订人	冯元琨

Ⅰ．基本情况

一、本专业培养目标：自动控制理论及应用。

二、研究生姓名、研究方向及指导教师。

三、指导小组组长及成员或指导教师姓名、职称，目前担任的工作(教学、科研、行政)

　　组长　吴　麒　副教授　系副主任、教研组主任

　　组员　冯元琨　副教授　教研组副主任

四、教研组准备为研究生开的课程：

　　现代控制理论

五、准备让研究生参加什么科研项目或课题？教研组需要做什么准备工作(指导力量、物质条件等)？

　　需要建立实验室。

Ⅱ．研究生参加辅导工作的安排(请和教务处商定)

　　第一学期：大学电磁学实验辅导

　　第二学期：大学电磁学实验辅导

Ⅲ．课程安排及学分分配

序号	课程名称	课内学时	学分 第一学期	第二学期	第三学期	第四学期	备注
1	第一外语	4	4				
2	自然辩证法	3	3				
3	程序设计	3	3				
4	信号分析	4	4				
5	线性代数	4	4				
6	第二外语	2		2			
7	概论统计	3		3			
8	控制理论	5		5			
9	系统模拟	2		2			有实验
10	微型计算机	3		3			
11	第二外语	2			2		
12	数值计算法	4			3		
13	自适应控制	2			2		
14	选修	2			2		

Ⅳ．研究生教学环节的安排(第四学期的科研工作不计学分)

序号	项目	学分	备注
1	学校规定的公共必修课	21	
2	系或专业规定的必修课或选修课	19	有实验

续表

序号	项 目	学 分	备 注
3	自学讨论课		
4	任选课	2	
5	科研实习		
	合计	42	

Ⅴ．审批意见

教研组意见： 同意。

　　　　　　　　　　　签名：冯元琨　　　年 月 日

系意见：　　同意。

　　　　　　　　　　　签名：李志忠　　　年 月 日

表3.3　自动化系1979年研究生典型培养方案和教学计划（系统工程）

系（所、部）	自动化系	研究生专业	系统工程	所属教研组	系统工程研究室
学制	2年	入学日期	1979年9月15日	方案制订人	郑维敏

Ⅰ．基本情况

一、本专业培养目标：系统工程的科研和教学人员。

二、研究生姓名、研究方向及指导教师。

三、指导小组组长及成员或指导教师姓名、职称，目前担任的工作（教学、科研、行政）

　　组长　郑维敏　教授

　　组员　夏绍玮　副教授

　　　　　杨家本　讲师

　　　　　任守榘　讲师

　　　　　吴秋峯　讲师

　　　　　崔子行　讲师

四、教研组准备为研究生开的课程：

　　最优化技术、模糊集理论及控制、多级控制

五、准备让研究生参加什么科研项目或课题？教研组需要做什么准备工作（指导力量、物质条件等）？

　　工业系统的规划、设计及设计，模糊控制及决策

Ⅱ．研究生参加辅导工作的安排（请和教务处商定）

　　第一学期：大学物理电磁学实验辅导

　　第二学期：大学物理电磁学实验辅导

Ⅲ．课程安排及学分分配

| 序号 | 课程名称 | 课内学时 | 学 分 | | | | 备注 |
			第一学期	第二学期	第三学期	第四学期	
1	自然辩证法	3	3				
2	第一外语	4	4				
3	线性代数	4	4				

续表

序号	课程名称	课内学时	学分				备注
			第一学期	第二学期	第三学期	第四学期	
4	程序设计	3	3				
5	信号分析	4	4				
6	第二外语	2		2			
7	概论统计	3		3			
8	控制理论	5		5			
9	系统模拟	2		2			
10	微型计算机	3		3			
11	第二外语	2			2		
12	最优化技术	4			4		
13	信息处理及计算机控制	3			3		
14	选修	2			2		

Ⅳ. 研究生教学环节的安排(第四学期的科研工作不计学分)

序号	项目	学分	备注
1	学校规定的公共必修课	21	
2	系或专业规定的必修课或选修课	18	有实验
3	自学讨论课	2	
4	任选课		
5	科研实习		
	合计	41	

Ⅴ. 审批意见

教研组意见： 同意。
　　　　　　　　　　签名：郑维敏　　年　月　日
系意见： 同意。
　　　　　　　　　　签名：李志忠　　年　月　日

表 3.4　自动化系 1979 年研究生典型培养方案和教学计划(过程控制)

系(所、部)	自动化系	研究生专业	过程控制	所属教研组	工业仪表自动化
学制	2 年	入学日期	1979 年 9 月 15 日	方案制订人	方崇智

Ⅰ. 基本情况
一、本专业培养目标：过程计算机控制。
二、研究生姓名、研究方向及指导教师。
三、指导小组组长及成员或指导教师姓名、职称,目前担任的工作(教学、科研、行政)
　　　组长　方崇智　教　授　教学科研
　　　组员　薛化成　副教授　教学科研
四、教研组准备为研究生开的课程：
　　自学、研课

续表

五、准备让研究生参加什么科研项目或课题？教研组需要做什么准备工作(指导力量、物质条件等)？
过程控制软件。

Ⅱ．研究生参加辅导工作的安排(请和教务处商定)
第一学期：大学物理电磁学实验辅导
第二学期：大学物理电磁学实验辅导

Ⅲ．课程安排及学分分配

序号	课程名称	课内学时	学分				备注
			第一学期	第二学期	第三学期	第四学期	
1	自然辩证法	3	3				
2	第一外语	4	4				
3	线性代数	4	4				
4	程序设计	3	3				
5	化工原理	3	3				
6	第二外语	2		2			日语
7	概论统计	3		3			
8	控制理论	5		5			
9	第二外语	2			2		
10	离散数学	4			4		
11	数据结构	4			4		
12	编译技术	3			3		
13	操作系统	3			3		

Ⅳ．研究生教学环节的安排(第四学期的科研工作不计学分)

序号	项目	学分	备注
1	学校规定的公共必修课	20	
2	系或专业规定的必修课或选修课	22	有自学
3	自学讨论课		
4	任选课		
5	科研实习		
	合计	42	

Ⅴ．审批意见

教研组意见：同意。
　　　　　　　　　　　签名：方崇智　　年　月　日

系意见：同意。
　　　　　　　　　　　签名：李志忠　　年　月　日

表 3.5　自动化系 1979 年研究生典型培养方案和教学计划（热工量测）

系(所、部)	自动化系	研究生专业	热工量测	所属教研组	工业仪表与自动化
学制	2 年	入学日期	1979 年 9 月 15 日	方案制订人	师克宽

Ⅰ．基本情况
一、本专业培养目标：自动检测方面研究工作和教学工作。
二、研究生姓名、研究方向及指导教师。
三、指导小组组长及成员或指导教师姓名、职称，目前担任的工作（教学、科研、行政）
　　师克宽　副教授　温度科研负责人　实验室主任
四、教研组准备为研究生开的课程：
　　检测技术与检测系统（自学）　辐射检测理论（自学）
五、准备让研究生参加什么科研项目或课题？教研组需要做什么准备工作（指导力量、物质条件等）？
　　非接触测温科研项目，热工计量室有一定物质条件。
Ⅱ．研究生参加辅导工作的安排（请和教务处商定）
　　第一学期：大学物理电路学实验辅导
　　第二学期：大学物理电路学实验辅导
Ⅲ．课程安排及学分分配

序号	课程名称	课内学时	学分				备注
			第一学期	第二学期	第三学期	第四学期	
1	自然辩证法	3	3				
2	第一外语	4	4				
3	线性代数	4	4				
4	程序设计	3	3				
5	信号分析	4	4				
6	第二外语	2		2			
7	概论统计	3		3			
8	控制理论	5		5			
9	系统模拟	2		2			有实验
10	微型计算机	3		3			
11	第二外语	2			2		
12	检测技术与检测系统	4			4		自学
13	辐射检测理论	3			3		自学

Ⅳ．研究生教学环节的安排（第四学期的科研工作不计学分）

序号	项目	学分	备注
1	学校规定的公共必修课	21	
2	系或专业规定的必修课或选修课	14	

续表

序号	项　　目	学　分	备　注
3	自学讨论课	7	
4	任选课		
5	科研实习		
	合计	42	

Ⅴ．审批意见

教研组意见：　同意。

　　　　　　　　　　　　　　签名：师克宽　　年　月　日

系意见：　同意。

　　　　　　　　　　　　　　签名：李志忠　　年　月　日

表 3.6　自动化系 1979 年研究生典型培养方案和教学计划（模式识别）

系(所、部)	自动化系	研究生专业	模式识别	所属教研组	信息处理及模式识别
学制	2 年	入学日期	1979 年 9 月 15 日	方案制订人	常迵、边肇祺

Ⅰ．基本情况

一、本专业培养目标：信息处理及模式识别。

二、研究生姓名、研究方向及指导教师。

三、指导小组组长及成员或指导教师姓名、职称，目前担任的工作（教学、科研、行政）

　　组长　常　迵　教　授　教研组主任　　教学工作

　　组员　闫平凡　副教授　教研组副主任　科研

　　　　　茅予杭　副教授　教研组副主任　科研

　　　　　顾廉楚　副教授　教研组副主任　科研

　　　　　边肇祺　副教授　　　　　　　　科研

四、教研组准备为研究生开的课程：

　　信号分析、模式识别

五、准备让研究生参加什么科研项目或课题？教研组需要做什么准备工作（指导力量、物质条件等）？

　　准备参加教研组开展的信息处理及模式识别方面的科研项目，目前正在落实科研项目和实验室建设。

Ⅱ．研究生参加辅导工作的安排（请和教务处商定）

第一学期：大学物理电磁学实验辅导

第二学期：大学物理电磁学实验辅导

Ⅲ．课程安排及学分分配

序号	课程名称	课内学时	学　分				备注
			第一学期	第二学期	第三学期	第四学期	
1	自然辩证法	3	3				
2	第一外语	4	4				
3	线性代数	4	4				

续表

序号	课程名称	课内学时	学分				备注
			第一学期	第二学期	第三学期	第四学期	
4	程序设计	3	3				
5	信号分析	4	4				
6	第二外语	2		2			
7	概论统计	3		3			
8	控制理论	5		5			
9	系统模拟	2		2			
10	微型计算机	3		3			
11	第二外语	2			2		
12	模式识别	6			6		

Ⅳ. 研究生教学环节的安排(第四学期的科研工作不计学分)

序号	项目	学分	备注
1	学校规定的公共必修课	21	
2	系或专业规定的必修课或选修课	20	
3	自学讨论课		
4	任选课		
5	科研实习		
	合计	41	

Ⅴ. 审批意见

教研组意见： 同意。

签名：常迥、边肇祺　年　月　日

系意见： 同意。

签名：李志忠　年　月　日

2. 按 4 个二级学科分别制订培养方案(1991 年)

1991 年，自动化系根据《清华大学攻读硕士学位研究生培养工作暂行规定》，按 4 个二级学科制订硕士学位研究生培养方案：①自动控制理论及应用专业，设 5 个研究方向：控制工程、控制理论、控制系统仿真、制造系统自动化、工业过程计算机控制与管理；②系统工程：大系统理论及应用；③模式识别与智能控制，设 3 个研究方向：信号处理理论和应用、模式识别、人工智能的理论与应用、智能控制的理论和应用；④自动化仪表及装置，设 3 个研究方向：电子技术及微型机应用、自动检测及仪表和电力电子及其控制技术。

课程的设置以二级学科为基础，充分体现各专业的特点和需要，加强基础理论，拓宽知识面，反映学科前沿和学科交叉。

课程学习中强调加强能力培养,特别是运用所学知识解决科研和工程实际中的问题能力的培养。

硕士研究生在学习期间均需进行教学实践和参加社会实践。

学习年限为2~3年,本校本专业毕业的本科生一般为两年。在职硕士生、政治辅导员经系批准可适当延长。学习优者,经导师推荐、系审核、研究生院批准,可提前直接攻读博士学位,到期不能毕业者,按结业或肄业办理。

培养方式实行指导教师负责与指导小组集体培养相结合的方式。

3. 按一级学科(含7个二级学科)制订统一的培养方案

1998年,自动化系控制科学与工程学科获国内首批一级学科博士学位授予权。2003年,经国务院学位办备案,自动化系自主设置具有明显交叉学科特点的企业信息化系统与工程和生物信息学2个二级学科,自动化系一级学科控制科学与工程下设的二级学科达7个。

根据学校的精神,2008年,自动化系按一级学科制订适用于控制理论与控制工程,检测技术与自动化装置,系统工程,模式识别与智能系统,导航、制导与控制,企业信息化系统与工程和生物信息学7个二级学科的统一培养方案。

培养方案坚持德、智、体全面发展,培养过程体现课程学习和研究工作相结合的方式,要求学生掌握控制科学与工程学科领域坚实的基础理论和系统的专门知识,具有分析问题和解决问题的能力,独立从事科学研究、教学工作或担负专门技术工作的能力和严谨的科学作风。

培养采取指导教师负责制,必要时可聘请有高级职称的校内外专家共同指导,指导教师和指导小组成员名单应由系审核批准并备案。

攻读硕士学位的研究生以两年为基本学习年限。在职硕士生和政治辅导员的学习年限可适当延长半年至一年。

按一级学科(含7个二级学科)制订的典型培养方案见表3.7。

表3.7 自动化系工学硕士研究生培养方案(2008年,7个二级学科)

一、适用学科、专业:控制科学与工程(一级学科,工学门类,学科代码:0811)
控制理论与控制工程(二级学科,专业,工学门类,学科代码:081101)
模式识别与智能系统(二级学科,专业,工学门类,学科代码:081104)
检测技术与自动化装置(二级学科,专业,工学门类,学科代码:081102)
系统工程(二级学科,专业,工学门类,学科代码:081103)

续表

企业信息化系统与工程(二级学科,专业,工学门类,学科代码:081106)
导航、制导与控制(二级学科,专业,工学门类,学科代码:081105)
生物信息学(二级学科,专业,工学门类,学科代码:081107)

二、培养目标

培养攻读硕士学位研究生应坚持德、智、体全面发展,要求他们做到:

1. 进一步学习和掌握马列主义、毛泽东思想、邓小平理论和"三个代表"重要思想,坚持四项基本原则;热爱祖国,遵纪守法;诚信公正,有社会责任感。

2. 掌握"控制科学与工程"学科领域坚实的基础理论和系统的专门知识,熟练地掌握一门外国语;具有从事科学研究、教学工作或独立担负专门技术工作的能力;并具有严谨求实的科学作风。

3. 具有健康的体魄。

三、培养方式

1. 硕士生的培养采取课程学习和研究工作相结合的方式,通过课程学习和论文研究工作,系统掌握"控制科学与工程"学科领域的理论知识,培养分析问题和解决问题的能力。

2. 硕士生的培养采取指导教师负责制,并实行指导教师个别指导或指导教师负责与指导小组集体培养相结合的方式。指导教师应由学术水平较高、在研究工作中有成就的教授或副教授(或相当职称的人员)担任。必要时,可聘请有高级职称的校内外专家共同指导。

3. 指导教师和指导小组成员名单应由系审核批准并备案。

四、学习年限

攻读硕士学位的研究生以两年为基本学习年限。在职硕士生和政治辅导员的学习年限可适当延长半年至一年。

五、学分要求

攻读硕士学位研究生期间,要完成本学科规定的各项培养环节和要求,需获得学位学分不少于26(其中考试学分不少于19),包括:

(1) 公共必修学分5;
(2) 学科专业学分不少于19;
(3) 必修环节2学分。

六、课程设置

1. 公共必修课程(5学分)

马克思主义理论课程

自然辩证法	60610012	2学分	考试
社会主义与当代世界	60610021	1学分	考试
第一外国语(基础部分)	60640012	2学分	考试

2. 学科专业要求学分(≥19学分,考试≥14学分)

(1) 基础理论课(≥3学分,考试)

随机过程	60230014	4学分	考试
组合数学	60240013	3学分	考试
系统与控制理论中的线性代数	60250013	3学分	考试
矩阵分析与应用	60250113	3学分	考试
高等数值分析	60420024	4学分	考试
数值分析A	60420044	4学分	考试

续表

应用随机过程	60420094	4学分	考试
基础泛函分析	60420144	4学分	考试
应用近世代数	60420153	3学分	考试
分形几何	80420123	4学分	考试

注：经学位分委员会主席批准，可在导师指导下选择数学系、物理系为研究生开设的其他数学和物理课程。

(2) 专业基础课(≥8学分,考试)

实验设计与数据处理	60420123	3学分	考试
最优化理论与应用	70250293	3学分	考试
线性系统理论	70250023	3学分	考试
非线性系统理论	70250253	3学分	考试
系统辨识理论与实践	70250283	3学分	考试
多传感器融合理论与应用	70250302	2学分	考试
自动测试理论	70250273	3学分	考试
现代信号处理	70250033	3学分	考试
模式识别	70250043	3学分	考试
智能技术基础	90250072	2学分	考试
信息论基础	70250222	2学分	考试
统计学方法及其应用	70250383	3学分	考试
系统与控制中的随机方法	70250362	2学分	考试
应用软件系统分析与设计	60250023	3学分	考试
系统学	70250063	3学分	考试
系统分析理论与方法	70250262	2学分	考试
系统建模理论与方法	70250212	2学分	考试

注：经学位分委员会主席批准，可在导师指导下选择信息学院和其他院系为研究生开设的课程。

(3) 专业课(≥6学分,其中考试学分≥3学分)

英文科技论文写作与学术报告	60250101	1学分	考查
科学精神、道德与表达	70250371	1学分	考查
最优控制	70250102	2学分	考试
稳定性理论	80250242	2学分	考试
鲁棒控制	80250282	2学分	考试
鲁棒辨识	80250232	2学分	考试
模糊控制系统的分析与设计	80250303	3学分	考试
嵌入式系统的软硬件设计	80250503	3学分	考试
多媒体数据智能处理技术	80250672	2学分	考试
现代运动控制理论与技术	80250663	3学分	考试
计算机网络与多媒体技术实验与设计	60250093	3学分	考试
视频处理和宽带通信	80250773	3学分	考试
运筹学建模与算法(英)	80250763	3学分	考试
高等过程控制	80250032	2学分	考试
自适应控制理论与方法	70250202	2学分	考试

续表

动态系统的故障诊断与容错控制	80250152	2学分	考试
综合自动化理论与方法	80250582	2学分	考试
工业数据通信与控制网络	80250563	3学分	考试
工业数据统计分析与应用	80250532	2学分	考试
工业过程建模与优化	80250042	2学分	考试
高频数字系统设计方法	80250312	2学分	考试
生产调度及其智能优化	80250612	2学分	考试
企业网络与系统集成	80250423	3学分	考试
Petri网应用	80250752	2学分	考试
虚拟制造技术	80250332	2学分	考试
企业信息化及其系统分析与设计基础(英)	70250392	2学分	考试
高级IT项目管理	80250541	1学分	考试
经营过程重构与IT咨询技术	80250732	2学分	考试
产品数据与生命周期管理	70250352	2学分	考试
制造过程调度理论及其应用	70250342	2学分	考试
制造执行系统及其应用	80250723	3学分	考试
敏捷供需链管理	80250252	2学分	考试
CIMS应用工程案例	80250292	2学分	考试
并行工程与知识管理	80250642	2学分	考试
约束逻辑与算法设计	80250512	2学分	考试
企业建模理论与方法	80250622	2学分	考试
供应链协调和信息的动态性	80250591	1学分	考试
复杂系统性能评价和优化(英)	90250052	2学分	考试
复杂网络系统的建模与优化(英)	80250463	3学分	考试
电子技术专题	80250132	2学分	考试
现代电子学及实验	80250013	3学分	考试
微弱信号检测及处理	80250412	2学分	考试
控制网络及现场总线	80250452	2学分	考试
现代检测技术	80250102	2学分	考试
统计学习理论导论	80250272	2学分	考试
计算分子生物学引论	80250553	3学分	考试
生物信息学专题	80250682	2学分	考试
认知科学引论	80250112	2学分	考试
人工神经网络	70250323	3学分	考试
通信信号处理	80250631	1学分	考试
图像分析与计算机视觉	80250443	3学分	考试
盲信号处理	70250312	2学分	考试
网络安全	70250332	2学分	考试
信息服务	80250702	2学分	考试
智能信息处理专题	80250222	2学分	考查
软计算理论及应用	80250362	2学分	考试
智能交通系统概论	80250342	2学分	考试

续表

离散事件动态系统	80250142	2学分	考试
通信技术的研究问题与创业机会(英)	80250522	2学分	考试
摄动分析、马尔可夫决策和强化学习	90250062	2学分	考试
智能交通系统建模和仿真(英)	80250782	2学分	考试
先进计算技术与应用	80250792	2学分	考试

注：经学位分委员会主席批准，可在导师指导下选择信息学院、生物系等院系为研究生开设的其他相关课程。

(4) 跨一级学科课程(≥2学分)

分布式数据库系统	70240063	3学分	考试
数据结构	60240023	3学分	考试
计算机网络体系结构	70240023	3学分	考试
计算机图形学	70240243	3学分	考试
信息资源获取与专题应用	80750021	1学分	考查

注：另可选修导师指定的人文、社科、经济、管理、生物、物理、环境类课程。

3. 必修环节(2学分)

文献综述与选题报告	69990021	1学分	考查
学术活动(详见研究生手册)	69990031	1学分	考查

4. 为了进一步培养硕士研究生的自学能力和实践能力，自动化系规定下列环节或课程可记非学位课程学分(但不能顶替学位要求学分)

教学实践	69990052	2学分	考查
自学课程		1~2学分	

与研究课题有关的专门知识，可由导师指定内容系统地自学，并列入个人培养计划，记非学位课程学分。

5. 补修课程

凡在本学科上欠缺本科层次业务基础的硕士研究生，一般应在导师指导下补修有关课程。补修课程记非学位要求学分。

七、论文工作

论文工作的目的是要使硕士生在科学研究方面受到较全面的训练，培养从事科学研究或独立担负专门技术工作能力，要以书面形式提供具有一定理论，实践水平的学位论文。

学位论文的选题应当源于本一级学科领域，面向学科发展和国民经济主战场；选题要考虑论文工作条件，合理安排。

论文的准备应尽早开始。研究生一般应于第二学期结束前向研究所递交书面文献综述与选题报告，并在3~5位专家组成的小组内进行口头报告，通过后交系业务办备案。

学位论文实行中期检查制度。研究生学位论文工作中期要写出书面报告交导师检查。

论文工作时间从开题报告之日起至完成学位论文答辩之日止一般不少于一年。

八、学术论文发表的要求

撰写学术论文是研究生培养的重要环节之一。我们要求工学硕士生在论文答辩前在公开学术期刊上发表或录用一篇论文。如没有达到上述要求，则必须在提交硕士学位论文的同时提交一篇学术论文。该学术论文也由硕士学位论文的评阅人评阅。2名评阅人一致认为该学术论文达到发表要求，同时硕士学位论文也符合要求，才允许组织答辩。

由于生物信息学二级学科研究生培养方案与其他 6 个二级学科研究生培养方案有较大差异,自 2009 年起经研究生院批准,开始独立设置培养方案。自动化系修订了除生物信息学外的其他 6 个二级学科的统一培养方案。方案要求培养学生掌握控制理论,先进控制系统与技术,工业控制,信息获取与检测技术,计算机技术,系统工程,导航、制导与控制,人工智能与模式识别,系统建模与仿真,大数据分析和处理等方面坚实的基础理论和系统深入的专业知识,具有从事控制科学研究、系统设计与技术开发、解决实际工程控制问题的能力,了解本学科最新研究成果和发展动向,能用一门外国语熟练阅读专业资料及撰写科技论文,成为控制科学与工程学科的专门人才。

4. 工程硕士的培养方案

为满足企业对高层次人才培养的需要,1996 年自动化系作为试点,开始招收第一批控制工程领域非全日制专业的工程硕士研究生,通过硕士学位研究生入学资格考试,从在职人员中选拔。

攻读该学位的在职人员,采取进校不离岗的培养方式,课程学习实行学分制,但要求在校学习的时间累计不少于 6 个月。其中,课程学习中的实验部分,论文工作中的选题报告、中期汇报、论文写作与答辩等主要环节必须在校内完成。

2000 年,自动化系开始招收全日制工程硕士,生源从应届本科生中免试推荐和全国硕士统考生中选拔,选拔注重学生动手能力和工程实践能力的考核。

工程硕士的培养目标是掌握控制工程领域坚实的基础理论和宽广的专业知识、具有较强的解决实际问题的能力、具有独立担负工程技术和工程管理工作的能力和良好的职业素养的高层次应用型专门人才。

学习期间,基础理论课程与学术型硕士要求相同,专业课设置侧重于应用技术能力的提高,学生必须到企业(相应的工程硕士培养工作站)进行半年以上的实践训练,增强动手能力,了解企业文化、技术开发等工作。论文选题应来源于应用课题或现实问题,必须要有明确的职业背景和应用价值。自动化系先后与上海自动化仪表股份有限公司、洛阳空空导弹研究院等合作建立工程硕士培养工作站。

工程硕士在校修完研究生课程后,需到工程硕士培养工作站结合工程任务完成学位论文,回校申请答辩。工程硕士学位论文工作由校内具有工程实践经验的导师与厂矿、企业或工程部门内业务水平高、责任心强的具有高级技术职称的人员联合指导。

论文研究工作时间(从选题报告通过之日起至论文送评阅前)一般不少于一年半,工程硕士研究生在学完必修课程学分的一半后,可申请论文选题。

攻读工程硕士学位的年限一般不超过 5 年。典型的工程硕士的培养方案见表 3.8。

表 3.8　自动化系攻读工程硕士专业学位研究生培养方案①

一、培养目标和要求
　　1. 控制工程领域工程硕士获得者应较好地掌握马克思主义、毛泽东思想和邓小平理论;拥护党的基本路线、方针和政策;热爱祖国,遵纪守法,有良好的职业道德,积极为我国社会主义建设服务。
　　2. 控制工程领域工程硕士获得者应掌握从事本工程领域的坚实的基础理论和宽广的专门知识;掌握解决工程问题的先进技术方法和现代技术手段;具有独立担负工程技术和工程管理工作的能力。
　　3. 掌握一门外国语。
二、培养方式及学习年限
　　1. 攻读该学位的在职人员,采取进校不离岗的培养方式,课程学习实行学分制,但要求在校学习的时间累计不少于 6 个月。其中,课程学习中的实验部分,论文工作中的选题报告、中期汇报、论文写作与答辩等主要环节必须在校内完成。
　　2. 工程硕士学位论文工作由校内具有工程实践经验的导师与厂矿、企业或工程部门内业务水平高、责任心强的具有高级技术职称的人员联合指导。
　　3. 对于取得攻读工程硕士学位资格的应届本科毕业生,在校修完研究生课程后,到工程硕士培养工作站从事不少于一年半的工程实践,并结合工程任务完成学位论文,回校申请答辩。
　　4. 论文研究工作时间(从选题报告通过之日起至论文送评阅前)一般不少于一年半。工程硕士研究生在学完必修课程学分的一半后,可申请论文选题。
　　5. 攻读工程硕士学位的年限一般不超过 5 年。
三、适用领域(方向)
　　控制工程领域(控制理论与控制工程、模式识别与智能系统、检测技术与自动化装置、系统工程、企业信息化系统与工程)
四、学分要求
　　攻读工程硕士专业学位的研究生,需获得学位要求学分不少于 30 学分,其中考试学分不少于 22 学分。具体如下:

---

① 本方案从 2008 级工程硕士生开始执行。

续表

1. 必修课程学分不少于 23 学分；
2. 选修课程学分不少于 6 学分；
3. 必修环节 1 学分。

五、课程设置

(一) 必修课程(不少于 23 学分，其中考试学分不少于 20 学分)

1. 自然辩证法　　　　　　　　　(60610012)　2 学分　(考试)
2. 工程硕士英语(第一外国语)　(60648003)　3 学分　(考试)
(专业外语不再单列，将融入基础外语中的科技外语阅读部分)
3. 文献检索与论文写作　　　　　(82558001)　1 学分　(考查)
4. 控制工程领域前沿问题讲座　　(80258012)　2 学分　(考查)
5. 基础理论课(从下面课程中选择，不少于 3 学分，考试)

工程硕士数学	60428004	4 学分	考试
基础泛函分析	60420144	4 学分	考试
应用随机过程	60420094	4 学分	考试
组合数学	60240013	3 学分	考试
高等数值分析	60420024	4 学分	考试
最优化方法	60420194	4 学分	考试
系统与控制理论中的线性代数	60250014	4 学分	考试
随机过程	60230014	4 学分	考试
数值分析 A	60420044	4 学分	考试
实验设计与数据处理	60420123	3 学分	考试

注：也可选本系《工学硕士研究生培养方案》中所列的其他数学课程。

6. 专业基础和专业课(从下面课程中选，不少于 12 学分，考试)

线性系统理论	70250023	3 学分	考试
现代信号处理	70250033	3 学分	考试
模式识别	70250043	3 学分	考试
系统学	70250063	3 学分	考试
信息论基础	70250223	3 学分	考试
系统辨识理论与实践	70250283	3 学分	考试
非线性系统理论	70250253	3 学分	考试
最优化理论与应用	70250293	3 学分	考试
自动测试理论	70250273	3 学分	考试
应用软件系统分析与设计	60250023	3 学分	考试
系统分析理论及方法	80250352	2 学分	考试
多传感器融合理论与应用	70250302	2 学分	考试
系统建模理论与方法	70250212	2 学分	考试
智能技术基础	90250072	2 学分	考试
最优控制	70250102	2 学分	考试
自适应控制理论与方法	70250202	2 学分	考试
通信信号处理	80250543	3 学分	考试
CIM 系统总体设计基础(英)	70250172	2 学分	考试
人工神经网络	70250323	3 学分	考试

续表

现代电子学及实验	80250013	2学分	考试
计算分子生物学引论	80250553	3学分	考试
多变量系统分析与设计	80250022	2学分	考试
高等过程控制	80250032	2学分	考试
稳定性理论	80250242	2学分	考试
微弱信号检测及处理	80250412	2学分	考试
鲁棒控制	80250282	2学分	考试
鲁棒辨识	80250232	2学分	考试
并行工程	80250322	2学分	考试
虚拟制造技术	80250332	2学分	考试
先进制造系统基础	80250372	2学分	考试
企业网络与系统集成	80250423	3学分	考试
图像分析与计算机视觉	80250443	3学分	考试
现代检测技术	80250102	2学分	考试
控制网络及现场总线	80250452	2学分	考试
认知科学引论	80250112	2学分	考试
离散事件动态系统	80250142	2学分	考试
动态系统的故障诊断与容错控制	80250152	2学分	考试
敏捷供需链管理	80250252	2学分	考试
统计学习理论导论	80250272	2学分	考试
模糊控制系统的分析与设计	80250303	2学分	考试
智能交通系统概论	82050342	2学分	考试
高频数字系统设计方法	80250312	2学分	考试
软计算理论及应用	80250362	2学分	考试
电子技术专题	80250132	2学分	考试
复杂网络系统的建模与优化(英)	80250463	3学分	考试
复杂系统性能评价和优化(英)	90250052	2学分	考试
微系统技术	80250402	2学分	考试
通信技术的研究问题与创业机会(英)	80250522	2学分	考试
摄动分析、马尔可夫决策和强化学习(英)	90250062	2学分	考试
工业数据通信与控制网络	80250563	3学分	考试
工业数据统计分析与利用	80250532	2学分	考试
高级IT项目管理	80250631	1学分	考试
企业建模理论与方法	80250622	2学分	考试
生产调度及其智能优化	80250612	2学分	考试
约束逻辑与算法设计	80250512	2学分	考试
供应链协调和信息的动态性	80250591	1学分	考试
盲信号处理	70250312	2学分	考试
网络安全	70250332	2学分	考试
数字电视	80258003	3学分	考试
宽带信息网络	80250382	2学分	考试
制造过程调度理论及其应用	70250342	2学分	考试

续表

产品数据与生命周期管理	70250352	2学分	考试
系统与控制中的随机方法	70250362	2学分	考试
现代运动控制理论与技术	80250663	3学分	考试
多媒体数据智能处理技术	80250672	2学分	考试
工业工程建模与优化	80250042	2学分	考试
科学精神、道德与表达	70250371	1学分	考试
统计学方法及其应用	70250383	3学分	考试
数字家庭网络技术	80250712	2学分	考试
视频处理和宽带通信	80250773	3学分	考试
(二) 选修课程(不少于6学分,其中考试学分不少于2学分)			
视频处理及通信(双语)	80250692	2学分	考试
智能信息处理专题	80250222	2学分	考试
互联网信息处理专题	80250262	2学分	考试
英文科研成果报告及相关问题	60250101	1学分	考查
综合自动化理论与方法	80250582	2学分	考试
经营过程重构和系统集成	80250602	2学分	考试
CIMS应用工程案例	80250292	2学分	考试
多媒体技术与应用	80250192	2学分	考试
嵌入式系统的软硬件设计	80250503	3学分	考试
单片机及其开发系统*	80250172	2学分	考试
计算机控制系统*	80250183	3学分	考试
现代控制理论*	60250074	4学分	考试
运筹学*	70250124	4学分	考试
计算机软件技术基础*	60250033	3学分	考试
计算机网络与多媒体应用技术*	60250094	4学分	考试
微处理器应用系统设计*	60250084	4学分	考试
数据结构	60240023	3学分	考试
测试技术	60130623	3学分	考试
软件工程技术和设计	60240033	3学分	考试
数字视频及音频信号处理	70230082	2学分	考试
宽带用户接入网	80230241	1学分	考试
技术经济评价理论与方法	70510103	3学分	考试
管理信息系统	80510283	3学分	考试
可持续发展引论	90050012	2学分	考试
生物信息学专题	80250682	2学分	考试
Petri网应用	80250752	2学分	考试

注：带有*的课程不对本系本科毕业的研究生开。也可选修经导师同意的其他领域的课程。

(三) 必修环节(1学分)

1. 文献综述与选题报告　　　　　(69990021)　　1学分　　(考查)
2. 中期汇报　　　　　　　　　　(69998000)　　　　　　(考查)

(四) 补修课程

　　凡在本领域上欠缺本科层次业务基础的硕士研究生,应根据课题需要,由导师指定补修的主干课程及门数。补修课程学分不计入学位要求学分。

续表

六、学位论文工作要求
1. 选题
    论文选题应直接来源于生产实际或具有明确的生产背景和应用价值,可以是一个完整的系统、信息以及控制工程类的工程技术项目或工程项目的规划或研究,工程设计项目或技术改造项目,可以是技术攻关研究专题也可以是新的自动化装置、检测仪表、传感器的研制与开发课题,也可以是应用基础性研究、预研专题。论文选题应有一定的技术难度、先进性和工作量,能体现作者综合运用科学理论、研究方法和技术手段解决工程实际问题的能力。论文选题引用的参考文献至少在20篇以上。
2. 论文形式
(1) 工程设计或新产品开发报告
(2) 应用基础性研究、预研专题或结合工程项目的研究论文
3. 论文工作的指导
(1) 工程硕士论文由校内导师和从厂矿、企业等单位聘请业务素质和责任层次较高的高级工程技术人员作为联合导师共同指导。联合指导老师的职责是负责具体指导研究生的学位论文研究和撰写工作。
(2) 校内导师职责:校内导师主要在论文选题和学位论文定稿上把关。在学位论文工作期间,校内导师可通过各种方式(包括去现场)对研究生进行经常性的学术指导。
(3) 工程硕士在论文工作期间,必须主动定期向其校内导师书面汇报论文工作进展情况。
4. 评审与答辩
(1) 工程硕士学位论文的评价标准应侧重于考核作者综合运用科学理论、研究方法和技术手段解决工程实际问题的能力;侧重于审查学位论文的技术难度,先进性和工作量;侧重于考查其解决工程实际问题的新思想、新方法和新进展;考查其新工艺、新技术和新设计的先进性和实用性;考查其创造的经济效益或社会效益。
(2) 攻读工程硕士学位的研究生完成培养方案中规定的所有环节且成绩合格,方可申请参加学位论文答辩。
(3) 工程硕士学位论文评阅人应为2位具有高级技术职称的专家;答辩委员会应由5位专家组成,其中三分之二以上必须具有高级技术职称;评阅人和答辩委员中至少应有1位来自工程第一线的具有高级技术职称的专家。
七、学位授予
学位授予执行清华大学研究生院有关规定。

5. 针对大数据方向工程硕士设置的培养方案

    自动化系在控制科学与工程一级学科下于2014年开始进行数据科学与工程方向硕士研究生培养,分别制订了数据科学与工程方向工学硕士、工程硕士培养方案。大数据全日制工程硕士(贵州)自2016年启动招生。

    数据科学与工程工学硕士学位主要培养了解本学科最新研究成果和发展动向,能用一门外国语熟练阅读专业资料及撰写科技论文,在数据科学等学科方向具有较强的解决实际问题的能力、良好的职业素养和发展潜力,具有从事科学研究和独立担负专门技术工作的能力的高层次科研、

应用结合的专门人才。

6. 工程管理硕士

2016年,学校设置工程管理硕士专业学位项目,下设能源与环境管理、设计与制造管理和信息管理三个方向,自动化系属依托单位之一。

7. 国际化联合培养项目

为培养具有国际视野、良好的国际交流能力和国际竞争力的高水平研究生,特设立研究生的国际化联合培养项目。由自动化系主持的国际化项目包括：

（1）2013年,"清华大学—南加州大学双硕士学位项目"签约,按规定完成培养要求,可同时获得清华大学和南加州大学的工学硕士学位,学习年限一般为2.5~3年。

（2）2016年5月,清华大学和波士顿大学签署了全面合作协议,作为第一个合作项目,签署了清华大学自动化系和波士顿大学系统工程学院"4+X"联合培养研究生项目,将在智慧城市、智能交通和智能机器人等方面开展科研合作和研究生培养。"4+X"项目是一个本硕贯通、国际化培养的综合性项目。

三、博士研究生的培养

1. 建立博士研究生培养制度（1981年）

1966年前,清华大学没有建立博士研究生制度。1981年,经国务院批准,由国务院学位委员会下达清华大学首批可授予博士学位的学科和专业,自动化系首批可授予博士、硕士学科、专业及首批博士生导师见表3.9。

表3.9 自动化系首批可授予博士、硕士学科、专业及博士生导师

序号	学科、专业	导师
1	自动控制	方崇智
2	自动化仪表与装置	童诗白
3	模式识别与智能控制	常𬊈
4	系统工程	郑维敏

1981年,自动化系开始招收工学博士生,采用博士生导师负责和集体培养相结合的方式,各教研组成立以博士生导师为首的博士生指导组,协助导师进行培养工作。根据培养基本要求、学科方向、科研任务,由导师

负责制订培养计划。

1982年,校长工作会议通过了《清华大学攻读博士学位研究生培养工作试行办法》。工学博士主要培养掌握坚实宽广的基础理论和系统深入的专门知识,具有独立从事相关学科科学理论研究和解决工程技术问题的能力,具有组织科学研究、技术开发与专业教学的能力,熟悉本学科最新研究成果和发展动态的高层次学术创新人才。自动化系首批招收的博士生徐向东(师从方崇智,现任清华大学热能工程系教授)和周小川(师从郑维敏,曾任中国人民银行行长)于1985年被授予博士学位。

随着时间的推移,博士生导师资格由国务院学位办审定改为清华大学研究生院审定,硕士生和博士生的生源也逐渐由往届本科毕业生变为主要是应届本科毕业生。

2. 按4个二级学科培养博士研究生的方案

从1991年开始,清华大学试行在应届本科毕业生中招收直接攻读博士学位的直博生,时间为4~5年。在攻读博士学位期间提交一份相当于硕士论文的阶段性成果,在获得博士学位的同时即可获得硕士学位。

1991年,自动化系根据《清华大学攻读博士学位研究生培养工作试行办法》修订原有的研究生培养方案。该阶段研究生培养方案的显著特点:①课程设置按照四个二级学科(自动控制理论及应用、系统工程、模式识别与智能控制、自动化仪表及装置)分别制订,对培养目标、学习年限、培养方式、政治思想教育、课程学习、实际环节、学位论文及论文答辩(包括博士生的论文选题、中期考核、论文要求)等做了详细统一规定。②培养目标明确:培养又红又专,德、智、体全面发展的高级技术人才。③学位课程的总学分不低于23,非学位课程包括必修环节7学分,考试课程所得学分不得低于28。

按4个二级学科学制订的典型博士研究生培养方案见表3.10。

表3.10 自动化系攻读工学博士学位研究生培养基本要求(1992年,4个二级学科)

一、专业及研究方向
1. 专业名称:自动控制理论及应用专业   专业代码 080901 学科研究方向名称: (1)控制工程 (2)控制理论

续表

(3) 控制系统仿真
(4) 制造系统自动化
(5) 工业过程计算机控制与管理
2. 专业名称：自动化仪表及装置　　　专业代码　080903
学科研究方向名称：
(1) 电子技术及微型机应用
(2) 自动检测及仪表
(3) 电力电子及其控制技术
3. 专业名称：系统工程　　　专业代码　080904
学科研究方向名称：
大系统理论及应用
4. 专业名称：模式识别与智能控制　　　专业代码　080905
学科研究方向名称：
(1) 信号处理理论和应用
(2) 模式识别、人工智能的理论和应用
(3) 智能控制的理论和应用

二、培养方式和培养环节
1. 培养方式

实行博士生导师负责和集体培养相结合的方式，各教研组成立以博士生导师为首的博士生指导组，协助导师进行培养工作。指导小组成员应具有副高级职称或具有博士学位，必要时可由导师提名，经系主任批准，聘请具有副高级以上职称副导师帮助指导。

2. 培养计划

博士生入学后由导师负责，根据培养基本要求、学科方向、科研任务和博士生本人特点在半年内制订出培养计划。计划内容包括研究方向、课程学习、文选阅读、科学研究、选题报告、学位论文和实践环节等项的要求和进度。

3. 论文选题

博士生在课程学习的同时，进行文献阅读和调查研究，确定研究题目，提交包括书面报告和口头报告两部分组成的选题报告。书面报告不少于8000字，内容包括文献综述、论文选题及其意义、主要研究内容、工作特色及难点、预期成果及可能创新点、工作计划等，其中应用文献应不少于20篇，口头报告应在教研组范围内进行，有博士生指导小组进行评分。

论文选题报告应在第三学期完成，直博生可在第五学期内完成。

4. 中期考核

第三学期内(直博生于第五学期内)，要对博士生进行中期考核，考核内容包括德、智、体三个方面，根据博士生的政治思想表现、课程学习、论文进展、完成助教工作情况以及体育锻炼分别进行考核，奖优罚差，具体工作由系主管部门统一组织。

5. 学术活动

(1) 博士生经综合考试后，每年在教研组或全校研究生学术活动上至少做一次学术报告。

(2) 在博士生期间至少参加一次国内或国际学术会议。

(3) 在博士生期间参加学校、系、教研组学术活动应不少于10次。

续表

6. 社会实践

直博生应在第二学期末安排参加社会实践,由系主管部门统一组织,其他博士生免参加社会实践。

三、课程学习的基本要求

1. 博士生课程学习的时间应不少于半年。
2. 博士生课程学习由 3 部分组成：
   （1）马克思主义理论(见研究生院统一规定)
   （2）外国语(见研究生院统一规定)
   （3）基础理论和专业课
3. 博士生的学分要求

内　　容		学分
（1）现代科学技术革命与马克思主义(包括哲学论文)		3
（2）第一外国语	基础部分	4
	专业部分	1
（3）外国语		2
（4）学科综合	基础理论	2
	专业	2
（5）辅修课		1~3
（6）文献综述与选题		2
（7）学术活动与学术报告		1

至少修满 20 学分(论文除外)

4. 基础理论和专业课应包括三个方面：
   （1）拓宽和加深基础理论和专业理论；
   （2）反映学科前沿的理论专著、文献专题等课程；
   （3）适应学科交叉的需要,学习跨学科的课程。
5. 来自非本专业的硕士生应加修专业课程,加修课由导师确认,并纳入培养计划,所修成绩应在 80 分以上,不足者重修。
6. 学科综合考试
   （1）基础理论课应参加选课考试,成绩计入综合考试；
   （2）专业课部分考试应有笔试和口试两部分,每部分考试时间不少于一小时,必要时加试实验。
   （3）由导师提名,自动化学位分委员会批准,由三至五位同学科及相近学科教授、副教授组成各专业方向考试委员会主持考试,评定成绩。该委员会相对固定,每三年进行调整换届。
   （4）如综合考试不及格,允许在三个月后有一次补考机会,补考仍不及格者,按学籍管理规定,予以退学。
   （5）综合考试的时间：博士生安排在第三学期,助教博士生安排在第三或第四学期,本科直博生安排在第五学期。

四、博士学位论文要求

1. 博士生从事科研和论文工作不得少于两年；
2. 博士生科学研究和论文工作可以侧重于应用理论研究(简称理论型)或侧重于高新技术或重大工程技术的开发研究(简称工程型)或介于两者之间。

续表

3. 博士生论文是系统的完整的学术论文,应具有一定的理论意义或实用价值,在学科或专门技术方面作出创造性的成果。理论性论文应有工程背景,并有在理论上有新的见解。工程型论文,其成果可以使用部门采用,有潜在的经济效益和社会效益。
4. 理论性论文作者应在毕业前至少发表三篇论文,其中应有一篇达到被国内外重要学术刊物(见附件二)接受并发表的水平。工程型论文作者可视情况适当放松要求,但应有使用部门关于论文成果实用性和效益的评价。

五、其他

1. 学籍管理

直博生的分流和淘汰在中期考核和综合考试后进行,直博生的分流标准:要求所选每门硕士学位课(第一外国语除外)的成绩均在 80 分以上,第一外国语必修通过国家六级水平考试,不满足上述要求者分流,在完成硕士学位论文后毕业分配,博士生的淘汰按学籍管理条理有关规定执行。

2. 论文答辩

博士生完成学位论文后,经导师同意,由本人提出答辩申请,根据博士生学位课程成绩和专家们对论文的评审意见,由系行政和分委员会批准后,进行博士生论文答辩,答辩通过后,由分委员会讨论,建议授予博士学位,上报学校,自校学位评定委员会批准授予博士学位后,三个月内如无异议,可颁发清华大学博士学位证书。

3. 试行时间

本博士生培养基本要求自 1992 年 9 月起试行。

3. 按一级学科(含 7 个二级学科)制订的博士研究生培养方案

2001 年 9 月,学校研究生院发出"关于调整研究生培养方案的通知",要求充分发挥各培养单位在研究生培养工作中的自主作用,推进按一级学科招收培养研究生,提高学校研究生的整体培养质量。

自动化系按一级学科制订适用于控制理论与控制工程,检测技术与自动化装置,系统工程,模式识别与智能系统,导航、制导与控制,企业信息化系统与工程和生物信息学 7 个二级学科的培养方案。

方案规定研究生获得学位的最低要求,将培养方案中的学位课、必修环节和非学位课学分一并改称为学位要求学分,淡化原学位课和非学位课的界限。学位要求学分分为两部分:一部分是公共必修学分,由研究生院负责协调组织和安排,另一部分是学科专业要求学分,由各培养单位自行规定。对于普博生,需获得学位总学分不少于 16(考试学分不少于 11);对于直博生,需获得学位总学分不少于 35(考试学分不少于 25),必修环节 5 学分。

为了加强综合素质培养,自动化系在全校率先开出了科学精神与学术道德、研究论文写作与学术报告 2 门课程,同时进一步加强了学科前沿报告活动的安排。截至2008年,自动化系为系内外开设86门研究生课程,及时更新并完善了自动化系"控制科学与工程"一级学科的知识体系,如陆续开设矩阵分析与应用、智能技术基础、信息论基础、复杂系统性能评价和优化(英)、复杂网络系统的建模与优化(英)、摄动分析、马尔可夫决策和强化学习(英)、智能交通系统建模和仿真(英)、计算分子生物学引论、生物学专题、稳定性理论、鲁棒控制、鲁棒辨识、工业数据通信与控制网络、工业数据统计分析与应用、工业过程建模与优化、生产调度及其智能优化、企业信息化及其系统分析与设计技术(英)、CIMS应用工程案例、敏捷供需链管理、并行工程与知识管理、企业建模理论与方法、离散事件动态系统等课程,进一步明确了来华留学和港澳台研究生公共课学习要求。

按一级学科制订的典型的博士研究生培养方案见表3.11。

表3.11 自动化系攻读工学博士学位研究生培养基本要求(2008年,一级学科)[①]

1. 适用学科 　　控制科学与工程(Control Science and Engineering),一级学科,工学门类,学科代码:081100 　　本方案适用于以下二级学科: 　　● 控制理论与控制工程　　　● 模式识别与智能系统 　　● 检测技术与自动化装置　　● 系统工程 　　● 企业信息化系统与工程　　● 生物信息学 　　● 导航、制导与控制
2. 培养目标 　　培养攻读"控制科学与工程"学科博士学位研究生应坚持德、智、体全面发展,要求他们做到: 　　1)进一步学习和掌握马列主义、毛泽东思想、邓小平理论和"三个代表"重要思想;热爱祖国,遵纪守法,诚信公正,有社会责任感。 　　2)掌握"控制科学与工程"学科领域坚实宽广的基础理论和系统深入的专门知识;熟练地掌握一门外国语;具有独立从事学术研究工作的能力;在所在学科领域做出创造性的成果。 　　3)具有健康的体格。
3. 培养方式 　　1)博士生的培养方式以科学研究工作为主,重点培养博士生独立从事学术研究工作的能力,并使博士生通过完成一定学分的课程学习,包括跨学科课程的学习,系统掌握所在学科领域的理论和方法,拓宽知识面,提高分析问题和解决问题的能力。

---

① 适用于2008级博士生。

续表

2) 博士生的培养工作由导师负责,并实行导师个别指导或导师负责与指导小组集体培养相结合的指导方式,一般不设副导师。如论文工作特殊需要,经审批同意后,导师可以聘任一名副教授及以上职称的专家担任其博士生的学位论文副指导教师。对从事交叉学科研究的博士生,应成立有相关学科导师参加的指导小组,必要时可聘请相关学科的博士生导师作为联合指导教师。

3) 副导师、联合指导教师经系主管负责人审查批准后,报校学位办公室备案。

4. 知识结构及课程学习的基本要求

1) 知识结构的基本要求

(1) 掌握本学科坚实宽广的基础理论,做到灵活应用,能够解决有关科学技术问题;

(2) 掌握本学科必要的专业基础知识,做到融会贯通,能够创造性地解决问题;

(3) 掌握本学科有关的前沿动态,在跟踪领域前沿的基础上提倡原创性的工作;

(4) 掌握一定的交叉学科知识,鼓励开展跨学科特别是新兴交叉学科的研究。

2) 课程学习及学分组成

(1) 普博生

攻读博士学位期间,要完成本学科规定的各项培养环节和要求,需获得学位学分不少于16(考试学分不少于11)。自学课程学分另记。相关学分要求及课程设置见附录。

(2) 直博生

攻读博士学位期间,要完成本学科规定的各项培养环节和要求,需获得学位学分不少于35(考试学分不少于25)。自学课程学分另记。相关学分要求及课程设置见附录。

5. 主要培养环节及有关要求

1) 制订个人培养计划

博士生培养计划包括课程计划和论文工作计划两部分。课程计划在入学三周内完成,经导师签字后报系业务办公室备案。计划执行过程中如因特殊情况需要变动,须征得导师同意后,在每学期选课期间修改。修改后的课程学习计划,经导师及系主管负责人签字后送系业务办公室备案。

论文工作计划在导师指导下完成。内容包括:研究方向、文献阅读、选题报告、科学研究、学术交流、学位论文及实践环节等方面的要求和进度计划。论文工作计划在入学后三个月内完成。

直博生的学习年限一般为4~5年,普博生的学习年限一般为3~4年。

2) 选题报告与资格考试

博士生的资格考试结合选题报告主要以口试的方式进行,每学期组织一次,由博士生本人提交书面申请,业务办公室统一安排。资格考试委员会由5~7名具有高级技术职称的教师组成。博士生首先要作论文选题报告,由资格考试委员会就选题报告内容、基础理论、专业知识、学科发展方向及其他有关问题提问,对博士生应具备的学科知识(包括基础理论和专业知识)、综合素质和能力进行全面考核。详见《自动化系博士生资格考试方案》。

选题报告应包括文献综述、论文选题及其意义、主要研究内容、可行性、工作特色及难点、预期成果及可能的创新点、论文工作计划、发表文章计划等。评审通过的选题报告以书面形式交系业务办公室备案。在论文研究工作过程中,如果论文课题有重大变动,应重新做选题报告。

选题报告与资格考试一般在博士生入学后第三学期初(直博生在入学后第五学期初)完成。

续表

3) 社会实践

按照"清华大学研究生社会实践管理条例"执行。

4) 学术活动与学术报告

实行博士生学术报告制度。博士生在学期间必须参加30次以上一级或二级学科的学术活动;至少有一次在全国性或国际学术会议上宣读自己撰写的论文。学术报告记录表由导师签字,申请答辩前交研究生科记载成绩。博士生完成规定的学术报告并取得要求的学分后方可申请答辩。

5) 论文中期检查

学位论文实行中期检查制度。在研究生学位论文工作的中期,研究所组织考查小组(3~5人组成)对研究生的综合能力、论文工作进展以及工作态度、精力投入等进行全方位的考查。通过者,准予继续进行工作。博士生的论文中期检查可与学术报告统筹安排。

6) 学术论文发表的要求

博士生在申请论文答辩时至少应在核心刊物上发表四篇论文。其中至少有一篇发表在SCI收录的期刊上,或有两篇发表在EI收录的期刊上(其中一篇可以是已被EI收录的国际会议论文)。发表的学术论文必须与博士学位论文工作有关,并以第一作者署名(当第一作者为导师时,可为第二作者)。详细说明参见《研究生在学期间发表论文基本要求》。

7) 最终学术报告

在博士学位论文工作基本完成以后,至迟于正式申请答辩前三个月,做一次论文工作总结报告,具体要求见《清华大学攻读博士学位研究生培养工作规定》。

6. 学位论文工作及要求

1) 博士学位论文是博士生培养质量和学术水平的集中反映,应在导师指导下由博士生独立完成。

2) 博士学位论文应是系统完整的学术论文,应在科学上或专门技术上作出创造性的学术成果,应能反映出博士生已经掌握了坚实宽广的基础理论和系统深入的专门知识,具备了独立从事教学或科学研究工作的能力。

3) 学位论文工作时间按研究生院的有关规定执行。

7. 课程与学分要求

1) 普博生修读科目及学分要求

攻读博士学位期间,研究生需获得学位学分不少于16(考试学分不少于11)。

(1) 公共必修课程(4学分)

| 现代科学技术革命与马克思主义 | 90610042 | 2学分 | 考试 |
| 博士生英语(或其他语种) | 90640012 | 2学分 | 考试 |

学科专业要求课程(考试学分不少于7)

(2) 基础理论课(任选一门,一般为数学,3~4学分,考试)

随机过程	60230014	4学分	考试
基础泛函分析	60420144	4学分	考试
系统与控制理论中的线性代数	60250013	3学分	考试
矩阵分析与应用	60250113	3学分	考试
应用随机过程	60420094	4学分	考试
组合数学	60420013	3学分	考试

续表

高等数值分析	60420024	4学分	考试
应用近世代数	60420153	3学分	考试
分形几何	70420144	4学分	考试

注：经学位分委员会主席批准，可在导师指导下选择其他数学和物理类研究生课程。

(3) 专业课程(≥2学分，考试)

智能技术基础	90250072	2学分	考试
复杂系统性能评价和优化(英)	90250052	2学分	考试
复杂网络系统的建模与优化(英)	80250463	3学分	考试
摄动分析、马尔可夫决策和强化学习(英)	90250062	2学分	考试

注：或由导师推荐的本一级学科中的其他课程。跨一级学科的学分不少于2学分。要求在导师指导下选修1门跨一级学科的课程，如：生物、物理、环境、通信、计算机、机械、化学工程、人文、社科、经济、管理或其他理科等类课程。

(4) 必修环节(5学分)

文献综述与选题报告	99990041	1学分	考查
资格考试	99990061	1学分	考试
学术活动与学术报告	99990032	2学分	考查
社会实践	69990041	1学分	考查

(5) 自学课程

其他涉及与研究课题有关的专门知识，由导师指定内容系统地自学，可列入个人培养计划，学分另记(但不能顶替学位课程学分)。

(6) 补修课程

凡在本门学科上欠缺本科基础的博士研究生，一般应在导师指导下补修有关课程。补修课可记非学位课程学分。

2) 直博生修读科目及学分要求

攻读博士学位期间，研究生需获得学位要求学分不少于35(考试学分不少于25)。

(1) 公共必修课程(6学分)

① 马克思主义理论课程(≥4学分，考试)

自然辩证法	60610012	2学分	考试
现代科学技术革命与马克思主义	90610042	2学分	考试

② 第一外国语(2学分，考试)

| 博士生英语(或其他语种) | 90640012 | 2学分 | 考试 |

(2) 学科专业要求课程(学分不少于24)

① 基础理论课(至少2门，≥7学分，考试)

随机过程	60230014	4学分	考试
基础泛函分析	60420144	4学分	考试
系统与控制理论中的线性代数	60250013	3学分	考试
矩阵分析与应用	60250113	3学分	考试
应用随机过程	60420094	4学分	考试
组合数学	60240013	3学分	考试
高等数值分析	60420024	4学分	考试
应用近世代数	60420153	3学分	考试
分形几何	70420144	4学分	考试

续表

注：经学位分委员会主席批准，可在导师指导下选择其他数学和物理类研究生课程。
② 专业基础课（≥7学分，考试）

实验设计与数据处理	60420123	3学分	考试
最优化理论与应用	70250293	3学分	考试
线性系统理论	70250023	3学分	考试
非线性系统理论	70250253	3学分	考试
系统辨识理论与实践	70250283	3学分	考试
多传感器融合理论与应用	70250302	2学分	考试
自动测试理论	70250273	3学分	考试
现代信号处理	70250033	3学分	考试
模式识别	70250043	3学分	考试
智能技术基础	90250072	2学分	考试
信息论基础	70250222	2学分	考试
统计学方法及其应用	70250383	3学分	考试
系统与控制中的随机方法	70250362	2学分	考试
应用软件系统分析与设计	60250023	3学分	考试
系统学	70250063	3学分	考试
系统分析理论与方法	70250262	2学分	考试
系统建模理论与方法	70250212	2学分	考试

注：经学位分委员会主席批准，可在导师指导下选择其他相关的研究生课程。
③ 专业课程（≥6学分，其中考试学分≥3）

英文科技论文写作与学术报告	60250101	1学分	考查
科学精神、道德与表达	70250371	1学分	考查
最优控制	70250102	2学分	考试
稳定性理论	80250242	2学分	考试
鲁棒控制	80250282	2学分	考试
鲁棒辨识	80250232	2学分	考试
模糊控制系统的分析与设计	80250303	3学分	考试
嵌入式系统的软硬件设计	80250503	3学分	考试
多媒体数据智能处理技术	80250672	2学分	考试
现代运动控制理论与技术	80250663	3学分	考试
视频处理和宽带通信	80250773	3学分	考试
计算机网络与多媒体技术实验与设计	60250093	3学分	考试
运筹学建模与算法（英）	80250763	3学分	考试
高等过程控制	80250032	2学分	考试
自适应控制理论与方法	70250202	2学分	考试
动态系统的故障诊断与容错控制	80250152	2学分	考试
综合自动化理论与方法	80250582	2学分	考试
工业数据通信与控制网络	80250563	3学分	考试
工业数据统计分析与应用	80250532	2学分	考试
工业过程建模与优化	80250042	2学分	考试
高频数字系统设计方法	80250312	2学分	考试

续表

生产调度及其智能优化	80250612	2学分	考试
企业网络与系统集成	80250423	3学分	考试
Petri网应用	80250752	2学分	考试
虚拟制造技术	80250332	2学分	考试
企业信息化及其系统分析与设计技术(英)	70250392	2学分	考试
高级IT项目管理	80250541	1学分	考试
经营过程重构与IT咨询技术	80250732	2学分	考试
产品数据与生命周期管理	70250352	2学分	考试
制造过程调度理论及其应用	70250342	2学分	考试
制造执行系统及其应用	80250723	3学分	考试
敏捷供需链管理	80250252	2学分	考试
CIMS应用工程案例	80250292	2学分	考试
并行工程与知识管理	80250642	2学分	考试
约束逻辑与算法设计	80250512	2学分	考试
企业建模理论与方法	80250622	2学分	考试
供应链协调和信息的动态性	80250591	1学分	考试
复杂系统性能评价和优化(英)	90250052	2学分	考试
复杂网络系统的建模与优化(英)	80250463	3学分	考试
电子技术专题	80250132	2学分	考试
现代电子学及实验	80250013	3学分	考试
微弱信号检测及处理	80250412	2学分	考试
控制网络及现场总线	80250452	2学分	考试
现代检测技术	80250102	2学分	考试
统计学习理论导论	80250272	2学分	考试
计算分子生物学引论	80250553	3学分	考试
生物信息学专题	80250682	2学分	考试
认知科学引论	80250112	2学分	考试
人工神经网络	70250323	3学分	考试
通信信号处理	80250543	1学分	考试
图像分析与计算机视觉	80250443	3学分	考试
盲信号处理	70250312	2学分	考试
网络安全	70250332	2学分	考试
信息服务	80250702	2学分	考试
智能信息处理专题	80250222	2学分	考查
软计算理论及应用	80250362	2学分	考试
智能交通系统概论	80250342	2学分	考试
离散事件动态系统	80250142	2学分	考试
通信技术的研究问题与创业机会(英)	80250522	2学分	考试
摄动分析、马尔可夫决策和强化学习	90250062	2学分	考试
智能交通系统建模和仿真(英)	80250782	2学分	考试
先进计算技术与应用	80250792	2学分	考试

注：经学位分委员会主席批准，可在导师指导下选择其他相关的研究生课程。
④ 跨一级学科的学分不少于4(要求在导师指导下选修1~2门跨一级学科的课程)

续表

分布式数据库系统	70240063	3学分	考试
数据结构	60240023	3学分	考试
计算机网络体系结构	70240023	3学分	考试
计算机图形学	70240243	3学分	考试
信息资源获取与专题应用	80750021	1学分	考查

注：要求在导师指导下选修1~2门跨一级学科的课程，如：生物、物理、环境、通信、计算机、机械、化学工程、人文、社科、经济、管理或其他理科等类课程。

3）必修环节（5学分）

文献综述与选题报告	99990041	1学分	考查
资格考试	99990061	1学分	考试
学术活动与学术报告	99990032	2学分	考查
社会实践	69990041	1学分	考查

4）自学课程

与研究课题有关的专门知识，可由导师指定内容系统地自学，并列入个人培养计划，学分另记（但不能顶替学位学分）。

4. 工程博士

2018年，国务院学位委员会通过了由全国工程专业学位研究生教育指导委员会制订的《工程类博士专业学位研究生培养模式改革方案》，首次开设创新领军工程博士项目，面向国家重点行业、地区、创新型企业，招收攻读工程类博士专业学位研究生，培养具有国际先进水平的科技创新领军人才，服务国家创新驱动发展战略，构建工程高端人才培养的新格局。具有五年以上工作经历且已获得硕士及以上学位，或获学士学位后具有十年以上工作经历，具有较丰富的工程实践经验、取得突出成果、并主持或者作为骨干参与重要工程项目者可以报名。2018年，创新领军工程博士按照电子信息、机械、材料与化工、资源与环境、能源动力和土木水利6个工程类专业学位类别招生，所有录取学生均为非脱产定向培养，学制3~5年，最长不超过8年。自动化系一期招收电子信息类10人，二期12人，交叉培养项目未来健康工程博士7人（2020年起不再单列招收名额）。

至此，自动化系人才培养逐渐形成了学术型人才与专业型人才并重的发展格局。

5. 博士生论坛

为促进博士生自己的学术交流、开阔学术眼界，自动化系从2002年开始不定期举办博士生论坛，就学术热点问题邀请知名教授和博士生做学术报告。

2002年10月,自动化系在清华大学三堡石门山庄举办了自动化系第一届博士生论坛,共有14位博士生导师、70名博士生参加。

2002年12月,自动化系第二届博士生论坛在清华大学核能与新能源技术研究院昌平科研基地举行,14位博士生导师、50余名博士生参加。

2003年,自动化系在清华大学三堡学术基地举办了自动化系第三次博士生论坛,50多名博士生做报告,10余名博士生导师现场点评。

2005年6月,清华大学第91期博士生学术论坛暨自动化系第五届博士生论坛在清华大学核能与新能源技术研究院昌平科研基地成功举办。本次论坛主题为"信息社会的自动化:前沿与前景",参与总人数达158人,创历史新高。

2006年,清华大学第121期博士生论坛暨自动化系第六届博士生学术论坛在清华大学三堡学术基地举行,本次论坛以"无处不在的自动化"为主题,参加总人数达142人。

2009年,自动化系承办的清华大学第231期博士生学术论坛在清华大学三堡学术基地成功举办,主题为"清华自动化,辉煌四十年",近150人参加。

2010年11月,自动化系承办清华大学第257期博士生论坛,围绕"Automate the Future"的主题,邀请李衍达等众多专家学者做特邀报告。在博士生论坛期间,自动化系还承办了环太平洋大学联盟(Association of Pacific Rim Universities, APRU)博士生大会启动仪式,进一步扩大了自动化系学术工作的影响力。

2011年,自动化系成立北京高校自动化研究生会联盟,组织首届学术论坛:"自动化与人生"讲坛戴汝为院士专场、"自动化与信息化技术的应用趋势"、系统工程设计走进校园系列等科普讲座活动。

2012年3月24—25日,清华大学博士生学术论坛暨第二届全国高校自动化研究生会联盟学术论坛举行,全国各知名高校自动化领域的数十位专家和学者、与来自全国19所高校自动化专业的200余名研究生共聚清华园。本次论坛以"Automation 2012"为题,积极探讨自动化发展的未来。论坛开幕式上,清华大学自动化系教授李衍达、美国爱荷华州立大学教授Domenico D'ALessandro、清华大学自动化系教授戴琼海分别就信息生命智能、量子系统控制、计算摄像学三个方向做了主题报告。

2007年,自动化系承办的清华大学第168期博士生学术论坛在清华大学三堡学术基地成功举办,本次论坛以"创新模式下的自动化技术"为主题。

博士生论坛在博士生培养过程中发挥了积极的作用。

四、学位授予和学位论文获奖

1982—2020年,自动化系授予工学硕士学位、全日制工程硕士学位、工程管理硕士学位和博士学位情况见表3.12。1987年起,清华大学开始每年评选优秀硕士学位论文,1996—2020年自动化系历届优秀硕士论文获得者名单见表3.13。1999年,教育部启动全国优秀博士学位论文评选工作(该评选2013年以后不再开展),自动化系获全国优秀博士论文提名者名单见表3.14。1989年起,清华大学开始每年评选优秀博士学位论文,2001—2020年自动化系清华大学优秀博士论文一等奖获得者名单见表3.15;2002—2018年自动化系清华大学优秀博士论文二等奖获得者名单见表3.16。

表3.12 1982—2020年自动化系授予工学(工程)硕士学位、博士学位情况表

年份	工学硕士学位人数	全日制工程硕士学位人数	工程管理硕士学位人数	在职工程硕士学位人数	工学博士学位人数	工程博士学位人数
1982	4					
1983	4					
1984	8					
1985	28				3	
1986	11				4	
1987	35				6	
1988	57				5	
1989	91				8	
1990	19				3	
1991	47				4	
1992	28				5	
1993	48				8	
1994	50				15	
1995	52				9	
1996	58				16	
1997	67				9	

续表

年份	工学硕士学位人数	全日制工程硕士学位人数	工程管理硕士学位人数	在职工程硕士学位人数	工学博士学位人数	工程博士学位人数
1998	66				22	
1999	82				17	
2000	81				23	
2001	92	8			24	
2002	134	23			22	
2003	106	27			18	
2004	104	36			23	
2005	120	36			26	
2006	161	38			37	
2007	116	58			41	
2008	111	25			50	
2009	93	37			64	
2010	83	35			37	
2011	92	31		26	38	
2012	102	42		21	35	
2013	79	50		29	37	
2014	109	33		13	60	
2015	63	43	2	22	49	
2016	68	38	2	19	67	
2017	70	57	4	33	51	
2018	83	40	18	35	54	
2019	80	44	10	21	44	
2020	54	53	5		35	

表3.13　1996—2020年自动化系获校级优秀硕士学位论文名单[①]

年份	作者	导师	题目
1996	刘 劼	萧德云	事故预测软件工具研究
1997	章天浩	杨家本	炼油厂购油计划质询系统研究
1997	刁以欣	王桂增	基于多变量投影方法的统计过程控制研究
1998	毛志宏	李衍达	模糊系统和随机神经网络函数逼近性研究
1998	陈惠民	王 普	ATM网路业务流量控制与计费策略研究
1999	俞 翔	张贤达	盲信道辨识和多用户检测问题的研究
1999	袁 超	张长水	关于人脸检测几种方法的研究
1999	刘 学	慕春棣	水声对抗中的算法及策略研究
1999	张铁水	袁 涛	HACCP法规相关温度记录系统研究与设计

---

① 资料来源：《自动化系年鉴》、清华大学档案馆、清华大学研究生院《清华大学研究生院年鉴》。

续表

年份	作者	导师	题目
2000	张丛喆	张 跃	厅堂音质设计和评价的虚拟环境系统的研究
	吕晓光	周 杰	基于方向特性的图像识别方法研究
	张泳健	周东华	非线性时滞系统变参数估计与故障诊断方法
	张 震	张曾科	Web应用系统专题技术研究
2001	周 晴	李衍达	基于进化计算与物种关系方程的生物进化模型
	郝 新	徐文力	全数字智能化大电流可控整流电源的设计与开发
	苏 菲	顾利忠	基于MEMS技术的微型手术器的磁跟踪系统的研究
	赵 琦	周东华	非线性系统的故障检测与诊断方法研究
	辛乐萍	周 杰	基于尺度方向信息的纹理分析方法
	陈 俊	张长水	基于皱纹的掌纹识别
	廖 璘	刘文煌	数据仓库系统的设计与实现
2002	俞 凯	季 梁	数字图像处理与分析若干问题研究及其在OCT系统中的应用
	计宏凯	季 梁	基于群体比较的选择性剪接和复杂疾病基因分析
	蔻真真	张学工	中药药效鉴定的图像分析方法案例研究
	腾树杰	张乃尧	模糊多变量控制方法及在核动力装置复杂系统中的应用
	高大山	周 杰	智能交通系统中运动目标检测方法研究
	刘 策	张长水	基于层次化形状模型的人脸自动定位
	何 山	熊光楞	产品设计过程中的成本评估系统及其关键·技术研究
	孙垂丽	徐博文	原油蒸馏过程模型集成平台设计与控制系统仿真研究
	程 昱	徐文立	超声电机模糊控制技术研究
	刘新宇	姚丹娅	基于特征的实时交通流检测方法
2003	王 玉	季 梁	双光子荧光图像序列中形变组织的定量分析
	陈新见	李春文	视频编码的实时性压缩算法研究
	五晨愉	周 杰	断文检测及其在指纹识别中的应用研究
	刘 丹	张乃尧	对施特劳斯圆舞曲的曲式识别和情感识别及应用研究
	雷伏容	钟宜生	超声电机数学建模及鲁棒控制方法的研究
	李 欣	吴 澄	行业性电子商务平台中的供应商选择问题研究
	蓝 海	王 雄	CIMS环境下的数据仓库与数据挖掘应用研究
2004	张 亮	王 凌	仿真优化问题基于序的智能算法研究
	范志民	周 杰	基于子空间约束的多运动物体分割
	袁 远	李衍达	肿瘤数据与选择性剪接相点研究
	赵 勇	张 莹	大型露天矿卡车调度系统的设计与实现
	王井东	张长水	线性与核高斯模型及其混合模型的研究
	毛广智	解学书	轨道电路的数字仿真与半实物仿真
	林光国	戴琼海	流媒体集群负载均衡系统实现及存储系统研究
	刘换有	李春文	发控系统电磁兼容性设计研究
2005	顾金伟	周 杰	指纹特征表示的研究及应用
	张 晶	张学工	单体型块和重组热点的计算分析
	蒋 薇	戴琼海	基于内容的图像检索系统中基于学习的检索机制的研究
	彭春翌	张贤达	斜投影技术及其在多用户检测和盲信号分离应用的研究
	张 赫	刘文煌	第四方物流的系统设计和决策优化
	吴宏新	季 梁	基于共聚焦图像的细胞计量学若干基本问题研究
	邢华伟	周 彤	高温超导磁悬浮系统的鲁棒控制与辨识

续表

年份	作者	导师	题目
2006	熊光磊	季 梁	OCT成像和细胞图像分析的研究
	王 崇	王文渊	基于共生核的文本分类
	张 柏	周东华	粒子滤波器算法与应用研究
	冯 超	周 彤	随机传递函数样本生成及其在控制系统设计中的应用
	黄 河	邹红星	正友频分复用通信系统在快频率选择性衰落中的盲接收方法研究
	刘 飞	赵千川	无线网络的结构问题研究
	李彬彬	王 凌	快速智能优化算法及多目标调度算法研究
	王煜航	张贤达	决策反馈多用户检测算法研究
	杨 舟	季 梁	关于统计学习模型复杂性评价与估计的若干研究
	冯 舜	戴琼海	视频传输系统中的码率控制技术研究
2007	何 锶	王 凌	基于微粒群算法的约束优化算法
	柏文佳	季 梁	细胞图像量化分析的研究
	方 芳	张学工	从基因组序列预测GpG岛甲基化的倾向性
	王宏伟	张和明	分布式异构环境下多学科协同建模方法与仿真技术研究
	施 维	张贤达	路邦德自适应波束形成技术研究
	李 俊	张学工	人类基因组重组热点的计算分析
	杨 峰	戴琼海	分布式信源编码实现与应用研究
	倪行洁	赵 勇	基于斜光纤光栅的波长解调技术研究
	黄 樵	宋靖雁	分布式交通监测网路视频算法研究和节点软件设计
2008	陈煜东	张 毅	城市区域交通状态演化过程分析
	蒋 博	张学工	支持向量机在转录因子结合位点识别中的应用
	任国桥	邹红星	ZPW-2000A型无绝缘移频自动闭塞系统
	王钧炎	黄德先	化工过程模拟和优化及软测量应用研究
	薛 苏	戴琼海	基于单幅数字图像的分析与编辑
	崔靖宇	张长水	基于内容的图像检索中若干机器学习问题研究
	张 丹	赵南元	标注信息不足的多示例学习
2009	贾扬清	张长水	基于正则化的半监督学习研究
	吴雪兵	江 瑞	基于生物网路的人类基因与疾病关系研究
	王荣蓉	李春文	直接甲醇燃料电池电源系统研究
	赵 斌	赵南元	最大间隔学习中的若干问题
	王 熙	周 杰	聚类融合算法研究
	王 犇	袁 涛	基于加速度传感器的步态身份识别研究
	赵彦博	叶朝辉	智能家居安全协议研究
2010	李灵坡	王 凌	复杂优化问题基于差分进化的混合算法研究
	张 强	陆文凯	时域分析及其在地震信号处理中的应用
	顾全全	周 杰	基于非负矩阵分解的聚类和半监督学习方法研究
	吴城磊	戴琼海	多视觉多光照条件下三维建模的关键技术研究
	林路灿	王俊杰	基于FDI/DIM技术的设备描述软件的研究与开发

续表

年份	作者	导师	题目
2011	张望舒	江 瑞	蛋白质结构域与人类疾病关联性的预测方法
	韩书丽	刘文煌	基于矩阵分解方法的个性化推荐模型研究
	虚化予	范文慧	动态多车型路径规划问题的禁忌搜索算法研究
	郑 亮	张贤达	协同波束成形技术：性能分析与算法设计
	李 栋	戴琼海	AVS 双目立体视频编码关键技术研究
	张佳宏	戴琼海	全自动 2D 转 3D 关键技术及软件系统
2012	赵世文	李 梢	基于生物网路模块性的药物靶标和功能研究
	周 刚	王 凌	基于人工蜂群算法的柔性调度问题研究
	陈晨屹	胡坚明	基于车路协同的交通网路建模、预测与诱导技术研究
	张 磊	戴琼海	三维动态网路压缩关键技术研究
	李隆基	杨 根	永磁直驱风电系统高性能控制的若干问题研究
	郝 伟	戴琼海	全自动平面视频转立体视频硬件系统的设计
	王 贺	晨 农	飞行管理系统性能计算与制导技术研究
2013	杨云杰	彭黎辉	电容成像测量策略设计及图像重建算法研究
	李成海	黄必清	基于属性匹配的云制造服务资源搜索系统设计与实现
	沈健翔	贾庆山	基于仿真的策略改进方法研究及在建筑节能中的应用
	李 宁	谢旭东	基于 HMM 的脱机手写阿拉伯文字的无切分识别
	李方显	陆文凯	基于视频分布的地震信号谱分析
	马 茜	戴琼海	立体视频编码模块决策优化算法研究
	闫军政	杨士元	固态功率控制器结温无损伤测量技术研究与实现
2014	高福信	李 秀	海底观察网影像系统的研究与设计
	李月标	李志恒	交通流缺失数据补偿算法的研究
	张 新	王好谦	基于图像不变特征的物体识别与分割
	马鑫云	张学工	基于 RNA 测序技术进行剪接异构体表达值估计方法的研究
	黄容生	李 秀	CT 构架下传感器集成中间件的研究与实现
2015	郑环宇	王 凌	不确定多目标约束项目的混合调度算法研究
	宁 超	周东华	面向多工况化工过程的故障检测与重构方法研究
	姚 马	王焕钢	非线性间歇过程监控方法研究
	李晨阳	金 欣	面向 FTV 编码的视点合成失真预测模型研究
	王 犀	袁 博	基于 GPU 的并行频繁模式挖掘技术研究
2016	肖志博	王焕钢	基于稀疏表示的复杂工业过程监控方法研究
	刘 谨	王 凌	分布式流水车间调度及其竞争型混合算法研究
	赵 璐	陈茂银	具有隐蔽故障复杂系统周期性维修决策研究
	宋靖东	李 秀	基于科学工作流海底观测数据处理关键技术研究
	律慧谨	张永兵	光场深度图获取及超分辨率算法研究
2017	谢宏祥	高飞飞	基于阵列信号处理的大规模 MIMO 通信理论与关键技术研究
	李 晗	范文慧	基于局部密度信息的多模态工业过程监控方法研究
	陈启明	吴热冰	脉宽调制技术在时变量子系统模拟与控制中的应用
	李淑珍	耿 华	链式 STATCOM 分布式控制方法及系统实现
	蒋伟鑫	张永兵	基于 FPM 系统的计算显微成像算法研究
	张宇伦	张永兵	快速高质量超分辨率图像重建算法研究
	童秋卉	袁 博	基于边缘点的分布式聚类算法研究

续表

年份	作者	导师	题目
2018	王晶晶	王 凌	分布式流水线调度的协同智能算法研究
	尹丽丽	范文慧	基于主动学习的工业过程异常检测与故障分类方法研究
	韩海旭	金 欣	全光数据的高效压缩算法研究
	孙鸿儒	高飞飞	磁谐振耦合无线能量传输系统中的优化问题研究
	张甜甜	袁 博	基于密度和多尺度分析的强噪声数据聚类算法研究
	夏 博	王学谦	基于虚拟分解原理的空间机器人控制方法研究
	宋鹏鸣	张永兵	FPM 系统的偏差矫正算法研究
2019	陆佳文	王 凌	复杂车辆路径问题的协同优化策略研究
	贾 壮	陆文凯	基于机器学习方法的陆上地震资料干扰压制研究
	刘 洋	戴琼海	时空域互易计算成像研究
	林纯泽	鲁继文	基于多粒度深度特征学习的行人检测
	董伉伉	刘厚德	空间机器人在轨服务的力柔顺控制研究
	王周平	金 欣	透过散射层的高质量三维重建研究
	孙 杨	张 涛	基于 LPV 建模的空间机器人容错控制技术研究
2020	孙斌奇	王 凌	面向装配线平衡的数据与模型共融智能优化
	戚怀宇	李 秀	基于生成对抗网络的定量相位成像技术研究及应用
	王 培	金 欣	视差与聚焦鲁棒的光场拼接算法研究
	于延涛	袁 博	基于深度学习的点击率预估算法研究
	张志远	王学谦	新型气动软体机械臂系统设计与算法研究
	崔晨星	李宛洲	钛合金热成形机过程控制方法研究与实践

表 3.14　自动化系控制科学与工程专业获全国优秀博士学位论文奖和提名奖名单[①]

年份	作者	导师	题目	获奖类别
2004	邹红星	李衍达	参数化时频信号表示研究	论文奖
2006	孙 凯	郑大钟	大型电网突变下基于 OBDD 的收搜解列策略的三阶段方法	论文奖
2010	汪小我	李衍达	MicroRNA 相关问题的计算分析	论文奖
2011	王 飞	张长水	图上的半监督学习算法研究	论文奖
	杜朴风	李衍达	RNA 编辑的计算预测与功能分析	提名奖
2013	陈芳林	周 杰	指纹特征提取与多特征提取	提名奖

表 3.15　2001—2020 年自动化系获校级优秀博士学位论文一等奖名单[②]

年份	作者	导师	题目
2001	王 凌	郑大钟	混合优化策略和神经网络中若干问题研究
	时 宇	张贤达	特征估计与提取方法研究在雷达目标识别中的应用

---

① 资料来源：《清华大学校志》第一卷 504-509 页、《自动化系年鉴》。
② 资料来源：《清华大学校志》第一卷 498-504 页、《自动化系年鉴》；表中 2019—2020 年为校级优秀博士学位论文。

续表

年份	作者	导师	题目
2002	邹红星	李衍达	参数化时频信号表示研究
2003	叶德建	吴秋峰	流媒体系统的视听质量和发送速率控制研究
2004	孙 凯	郑大钟	大型电网突变下基于OBDD的收搜解列策略的三阶段方法
2005	黄 颖	李衍达	机器学习在蛋白质分类中的应用研究
2006	蔡 军	李衍达	可变翻译起始现象及蛋白质互相作用的研究
2006	贾庆山	何毓琦	增强序优化理论及应用
2007	王世军	张长水	复杂网路建模及分类器网络的研究
2008	汪小我	李衍达	MicroRNA相关问题的计算分析
2008	王 飞	张长水	图上的半监督学习算法研究
2009	聂飞平	张长水	子空间学习相关问题的研究
2010	杜朴风	李衍达	RNA编辑的计算预测与功能分析
2011	陈芳林	周 杰	指纹特征提取与多特征提取
2012	曹 汛	戴琼海	光谱与深度视频捕捉研究
2013	邓 岳	戴琼海	高维低质视觉信息的结构化感知与理解
2014	代季峰	周 杰	高分辨率掌纹的特征提取与匹配
2015	黄 高	吴 澄	基于机会约束的机器学习方法及其应用
2016	尚 超	黄德先	数据驱动的流程工业过程动态建模方法及应用研究
2017	刘钦源	何 潇	无线传感器网路的分布式状态估计
2018	丁见亚	吴 澄	节能生产调度问题的建模与分解优化
2019	吴嘉敏	戴琼海	相空间计算显微成像
2019	段岳圻	周 杰	非监督二值视觉特征学习
2019	鲍 峰	索津莉	生物缺失数据的计算恢复研究
2019	侯 琛	赵千川	物联网若干关键问题研究
2020	唐彦嵩	周 杰	复杂场景下的视频人体动作识别与评价
2020	张 元	周 彤	大规模网络化系统的基本特性分析与结构优化
2020	封 硕	张 毅	自动驾驶汽车智能测试理论与场景库生成方法

表3.16 2002—2018年自动化系获校级优秀博士学位论文二等奖名单[①]

年份	作者	导师	题目
2002	李星野	王书宁	连续分片线性模型的紧凑表示、建模算法及其应用研究
2002	张 萍	王桂增	采样数据的故障检测方法
2003	程轶平	郑大钟	基于极大极小函数的非线性离散事件动态系统研究
2003	刘 飞	胡东成	图像分割的理论研究与应用
2004	谢杰成	徐文立	小波图像去噪的方法与理论研究
2005	王焕钢	徐文立	感应电动机电机磁链与转矩的非线性控制
2005	陈弘原	李衍达	无线网路中MAC协议性能分析与改善
2006	张 靖	李春文	开放量子系统退相干抑制及纠缠控制研究
2006	温成涛	王书宁	分片线性函数紧凑表示理论及在非线性函数逼近中的应用

---

① 资料来源:《自动化系年鉴》、清华大学档案馆、清华大学研究生院《清华大学研究生院年鉴》。

续表

年份	作者	导师	题目
2007	朱峰	张贤达	基于高分辨率雷达距离像的参数特征提取与多视分类器设计
	许可	吴澄	网路服务流的状态 Pi 演算形式化验证技术研究与应用
	孙向青	李衍达	复杂疾病的多位点遗传关联研究
2008	王友清	周东华	非线性连续过程和间歇过程的容错控制研究
	金锋	吴澄	调度问题结构性质及其在大规模生产调度中的应用
	李细林	张贤达	盲信号分离中的联合对角化和相位恢复问题的研究
2009	万定锐	周杰	双目 PTZ 视觉系统的研究
	古槿	李衍达	MicroRNA 及其相关调控元件的计算识别与功能分析
	杨敬钰	徐文立	自适应双树离散小波包及其应用
	钱斌	王雄	复杂生产过程基于混合差分进化的高度理论与方法研究
	王海峰	严厚民	具有多维顾客偏好库存管理问题
2010	何勇	龚维博	802.11 无线局域网中的能耗管理机制研究
	何潇	周东华	网路化系统中的鲁棒故障检测与容错控制
	汤万万	李衍达	基于遗传信息的复杂疾病多位点关联研究
2011	李刚	周东华	工业过程质量相关故障的诊断与预测方法
	周宏林	杨耕	大容量双馈风力发电系统并网关键问题研究
	盖坤	张长水	运动混叠图像的盲分离方法研究
2012	黄晓霖	王书宁	基于连续分片线性模型的非线性系统建模与优化
	徐枫	戴琼海	视频运动重建与生成技术研究
	王庆	徐文立	视频目标跟踪关键技术研究
2013	陈忠	张贤达	认知无线电路中高性能频谱感知技术的研究
	王曦元	张贤达	广播与中继通信中的线性传输技术研究
	李晗	萧德云	基于数据变换的故障诊断方法及应用研究
2014	徐烨	王凌	柔性调度问题的解码策略与智能优化算法研究
	董希旺	钟宜生	高阶线性群系统编队合围控制
	曾峰	张学工	DNA 测序数据分析与遗传变异检测方法研究
	郭伟龙	张奇伟	单碱基分辨率的 DNA 甲基化图谱的绘制与分析
	冯定成	徐文立	变量依赖关系学习
2015	王圣尧	王凌	基于分布算法的柔性生存调度调度
	江奔奔	黄德先	基于数据驱动技术及因果分析的工业过程监控方法
	林星	戴琼海	计算成像中深度、光场与光谱等问题研究
2016	冯会娟	张学工	基于高通量测序研究选择性剪接的功能与调控
	肖英超	徐文立	单类样本分类器的参数优化和鲁棒性研究
	马晨光	戴琼海	时空编码计算成像研究
	刘洋	周东华	基于模型的闭环系统故障诊断
	吴佳欣	李衍达	整合多基因组学数据识别致病遗传变异
2017	郑晓龙	王凌	复杂资源约束调度问题及其混合果蝇算法研究
	郑志祥	周杰	面向快速视觉检索的非线性哈希学习
	黄科科	郑小平	基于大规模疏散群体异质性合作行为演化研究
	王玉旺	戴琼海	多维数据耦合计算成像研究
2018	边丽蘅	陈峰	动态和抗散射的高分辨率计算成像
	尚骏	周东华	基于滑窗统计特征提取的早期故障诊断与非平稳过程监测
	刘昊	周杰	基于深度神经网络的人脸关键点检测

第4章

教师队伍建设

1970年建系时,自动化系有教职工261人,其中教授2人(方崇智、童诗白),副教授5人(郑维敏、蔡宣三、顾廉楚、孙家炘、吴白纯),讲师34人,助教43人,1970年毕业留校的新教师(时称"新工人")87人。

一、采取措施提升教师队伍水平

1. 提高原有教师队伍的业务水平

"文化大革命"期间正是世界信息技术快速发展的时期,而在此期间,学校正常的教学和科研工作几乎完全停止,教师或去干校劳动,或在学校搞"斗、批、改",没有机会学习业务知识和进行正常的教学、科研活动,更没有机会和条件去了解与学习国外的最新科技发展成果(缺乏国外的科技资料,与国外学术交流几乎完全中断),专业知识严重老化。新留校的教师由于"文化大革命"的影响,缺少系统的专业学习。为适应教学和科研的新形势,学校采取了一系列必要的措施,以尽快提高教师队伍的业务水平。

(1) 为原有教师开设一些新课程,提供再学习的机会,如开设英语课("文化大革命"前主要学习俄语)、线性代数课("文化大革命"前工科系很少开设线性代数课)、计算机原理和计算机语言课程("文化大革命"前普遍使用的是计算尺,少数使用机械式手摇计算机,一般工科系没有这类课程)、现代控制理论和系统工程等课程。

(2) 开设硕士研究生班,招收刚留校的新教师在职学习。

(3) 在教育部的政策指导下,有计划地派出教师到美国、英国、加拿大、德国和日本等国进修或攻读研究生学位。

(4) 为了缩小与国际学术水平的差距,除鼓励年轻教师积极参加国际性的学术会议、安排短期进修和合作外,还邀请国外知名学者来校进行学术交流与科研合作。

通过上述措施,学校提高了原有教师的业务水平,培养了一批业务骨干。

2. 一批高学历的年轻人加入教师队伍

1978年,自动化系开始招收工学硕士研究生。1981年,首批被批准的博士生导师为常迵、方崇智、童诗白和郑维敏4位教授,开始招收博士研究生。1986年,自动化系设立了博士后流动站。自此,优秀的硕士研究生、博士研究生和博士后留校成为新教师的主要来源,一支学历高、掌握最新专业知识的年轻教师队伍逐步形成。

为进一步提高教师队伍的质量和适应新学科的发展需要,自动化系还陆续引进了一些国内外高水平的优秀人才。

二、加快高质量教师队伍建设

1. 岗位聘任机制的实施

1999年,在学校的统一部署下,自动化系实施人事制度的改革和相应的岗位聘任制度,建立相应的激励机制(设立岗位津贴),从制度上保证教师队伍水平的不断提高。

新的聘任制度明确各专业岗位的职责和任务,能胜任并完成相应岗位职责的教师将继续聘任并获得相应的岗位津贴,持续不能完成任务或不能胜任岗位职责的将降低岗位津贴等级,或不予聘任。

聘任制度的实施有效地激励了广大教师的积极性,为教师队伍水平的不断提高提供了制度保证。

2. 人事制度的全面改革

2014年12月,在全校统一部署下,自动化系启动人事制度改革。自动化系人事制度改革的总体目标是建设世界一流的自动化学科,在自动化学科的基本理论、方法和技术及国民经济和社会发展方面开展世界一流的科学与技术研究,不断培养出在国际学术界具有竞争力和在国民经济和社会发展中发挥重要作用的高水平学术人才。人事制度改革的重点是建立教师队伍分系列管理制度,建立科学合理的聘任、考核和薪酬体系。教师队伍分为教研系列、研究系列和教学系列,教师队伍建设进入新阶段。2017—2020年,自动化系新引进9位青年教师,戴琼海、管晓宏两位教授当选为中国工程院和中国科学院院士,先后有8名教师入选国家级人才计划。

三、名师荟萃

清华大学自动化系拥有一支国内一流、国际上处于高水平行列的骨干教师队伍。

在1970年建系之初,20世纪60年代以前毕业的教师是主力,是中坚,他们在教学和科学研究方面为自动化系作出了重要贡献,常迵、方崇智、童诗白和郑维敏是他们中的杰出代表。

1. 四大教授

常迵(1917—1991),中国科学院院士(1980年当选为中国科学院学部委员),我国著名无线电工程学家,清华大学电子系、自动化系教授,自动化系控制科学与工程一级学科奠基人之一,模式识别与智能控制二级学科创始人。图4.1为常迵工作时的照片。

图4.1 常迵

常迵于1940年毕业于国立西南联合大学电机工程系,后赴美留学,1945年获麻省理工学院硕士学位,1947年获哈佛大学博士学位,回国后先后在清华大学无线电系和自动化系任教,为我国的科技与教育事业奉献终生。

早在20世纪50年代,常迵就参与了我国第一台微波多路通信设备的研制,所著《无线电信号与线路原理》为高校普遍采用。20世纪60—70年代,常迵在国内率先开展信息科学的研究,在清华大学筹建和领导了信号处理与模式识别教研组。1981年被批准为我国首批博士生导师,设立了信号处理与模式识别博士点和博士后流动站。1986年被授予全国教育系统劳动模范并获"人民教师奖章"。1989年,他所领导的博士点获首届国家级普通高校教学成果特等奖。

方崇智(1919—2012),我国著名控制工程学家,我国过程控制教育的开拓者和创始人之一,清华大学自动化系教授,自动化系控制理论与科学一级学科奠基人之一,控制理论与控制工程二级学科的带头人,1981年被批准为我国首批博士生导师,为我国的科技与教育事业奉献终生(图4.2)。

图4.2 方崇智

方崇智毕业于国立中央大学,1949年获得伦敦大学玛丽女王学院(Queen Mary University of London,QMUL)机械工程学科哲学博士学位,同年回国受聘于北京大学工学院机械系,1952年调任清华大学动力机械系,1960年晋升为教授,1970年调入自动化系,创建并领导过程控制教研组(前身为热工量测及自动控制教研组)。

方崇智于20世纪80年代初率先在自动化系开设了过程辨识课程,并出版了教材,为全国高校广泛采用。方崇智的主要科研领域包括系统控制、建模与优化、动态系统故障诊断等。20世纪80年代初,他开辟和参与的动态系统故障诊断的研究成果"控制系统实时故障检测、分离与估计理论与方法"获2012年国家自然科学奖二等奖。

童诗白(1920—2005,图4.3),1946年在国立西南联合大学电机工程系毕业后在清华大学电机工程学系任教。1948年赴美留学,1949年获硕士学位,1951年获博士学位,几经周折于1955年6月经香港回到母校清华大学电机系任教,创建了清华大学电子学教研组,任教研组主任。1970年

图4.3 童诗白

调入自动化系，1981年被批准为我国首批博士生导师，是自动化系控制理论与科学一级学科奠基人之一，检测技术与自动化装置二级学科的带头人。

20世纪60年代初，童诗白主持编写了我国最早出版的电子学教材（电子管），1971—1974年与清华大学电子工程系和自动化系有关教师合编了《晶体管电路》和《晶体管脉冲数字电路》两套教材。20世纪80年代初，童诗白又积极组织教研组教师编写出版了包括《模拟电子技术基础》在内的14种教材和习题集。他所编写的教材既反映了电子技术发展的过程，又反映了我国高等院校电子技术课程改革的历程，对我国高等教育课程的建设具有深远的影响。1989年，他所领导的电子学课程的建设和改革获国家优秀教学成果奖特等奖。1993年，他主编的《模拟电子技术基础（第二版）》获国家级优秀教材奖。

郑维敏（1923—2012）（见图4.4），1947年毕业于清华大学电机系并留校任助教。1948年获奖学金赴英国茂伟电气制造公司（Metropolitan-Vickers，MV）实习，获得工程师资格。郑维敏原计划由英国去美国加州理工学院（California Institute of Technology，Caltech）进一步深造，中华人民共和国成立后，因渴望能早日为新生的社会主义祖国服务，放弃了去美国学习的机会，于1951年10月回国，在华北大学工学院电机系任教，1954年回到清华大学电机系工作，1970年调入自动化系，1979年主持建立了系统工程研

图4.4　郑维敏在工作（左一）

究室,并相继设立了博士点,成为系统工程学科的带头人。1981年被批准为我国首批博士生导师,是自动化系控制理论与科学一级学科奠基人之一,系统工程二级学科的带头人。1987年调清华大学经济管理学院工作。

1982年,由美国国家科学基金会(National Science Foundation, United States, NSF)及上海环保局资助,郑维敏与美国密西根大学合作研究上海黄浦江污染治理的规划,提出了一种规划方案,大大减少了投资,提高了可行性。

20世纪80年代末至90年代初,郑维敏为了使作物育种过程向科学化、工程化方向发展,以提高育种效率,同时丰富与发展生物系统工程的理论及方法,开拓了新的领域——作物遗传过程建模与控制。

2. 院士

自动化系历史上共有中国科学院院士2名:常迥(1991年去世)和李衍达(1991年当选);中国工程院院士2名:吴澄(1995年当选)和戴琼海(2017年当选);兼职中国科学院院士1名:管晓宏(2017年当选)。

李衍达(图4.5),1936年生于广东东莞,1954年进入清华大学电机工程系,1959年毕业留校,1978—1981年赴美国麻省理工学院进修,1985年评为教授,1991年当选中国科学院院士。曾任清华大学自动化系系主任、清华大学信息科学与技术学院院长、清华大学校务委员会委员、清华大学校学术委员会主任、中国自动化学会副理事长、国务院学位委员会委员。

图4.5 李衍达

李衍达长期从事智能信号处理理论方法及应用的研究,特别是将部分数据重构信号、小波分析、分形信号处理等方法成功地用于油气勘探与开发的地震信号处理中。1991年"地球物理信号处理与识别方法及其应用"获国家教委科学技术进步奖一等奖、1993年获国家自然科学奖四等奖。1996年,李衍达创建了清华大学生物信息学研究所,开始进行生物信息学的研究,将复杂系统的信息处理方法应用到分子生物学中。在基因组序列的信息结构、基因调控网络的建模和仿真等方面进行开创性的研究。出版《信号重构理论及应用》《神经网络信号处理》等多部著作。1989年,"高水平严要求努力建设世界一流的高层次人才培养基地"获国家优秀教学成果奖特等奖。1996年"信号重构理论及应用"获第三届全国工科电子类专业优秀教材奖一等奖。1999年"神经网络理论及其智能信息处理应用基础"获教育部科学技术进步奖一等奖。

图4.6 吴澄

吴澄(图4.6),1962年本科毕业于清华大学电机工程系,1966年在清华大学硕士研究生毕业后留校任教,1981—1983年在美国凯斯西储大学(Case Western Reserve University,CWRU)进修,1995年当选为中国工程院院士。清华大学自动化系教授、自动控制专家,博士生导师,国家CIMS工程技术研究中心主任。2017年担任清华大学智能无人系统研究中心主任。

吴澄主要研究领域包括复杂生产系统的优化调度、复杂工业自动化系统的建模、设计、优化及实现等。1987—1992年,吴澄院士主持多学科科技人员联合攻关,共同完成了中国第一个计算机集成制造系统实验工程,解决了中国企业综合信息化的总体关键技术。1993年获国家教委科技进步奖一等奖。1994年他所领导的"国家CIMS工程技术研究中心"获美国制造工程师学会(Society of Manufacturing Engineers,SME)颁发的大学领先奖。1995年,"CIMS实验系统的软件开发及信息集成"获国家科学技术进步奖二等奖。

戴琼海(图4.7),1987年本科毕业于陕西师范大学,进入新疆跃进钢铁厂任工程师,1992年考入东北大学计算机应用专业攻读硕士和博士学位,1996年获博士学位,1997—1998年于清华大学自动化系博士后,出站后留校工作。清华大学自动化系教授,中国工程院院士(2017年),国家杰出青年科学基金获得者(2005年),长江学者特聘教授(2009年),2014年入选国家"新世纪百千万人才工程"。曾任清华大学自动化系副系主任,清华大学信息科学与技术学院院长、脑与认知科学研究院院长,清华大学多媒体中心常务主任、北京信息科学与技术国家研究中心主任、清

图4.7 戴琼海

华深圳研究生院宽带网多媒体中心主任、国家广播电视协会副主任委员、电子与电气工程师协会(International Electronic and Electrical Enigneers，IEEE)高级会员，中国人工智能学会理事长等。

戴琼海长期致力于立体视觉、计算摄像学和人工智能等领域的基础理论和关键技术研究，在立体视觉、三维重建和计算摄像仪器等方面做了基础性和开拓性工作。近年来主要从事国际交叉前沿——脑科学与新一代人工智能理论的研究，包括多维多尺度计算摄像仪器、光电认知计算的理论架构、算法与芯片等。主持和承担"973"项目、国家自然科学基金重大仪器项目等国家级重大科研项目，以第一完成人在立体视频重建与显示、新一代立体视觉理论与关键技术等方面获得突破性成果。2008年"基于网络融合的流媒体服务新技术"获国家技术发明奖二等奖。2012年，"立体视频重建与显示技术及装置"获国家技术发明奖一等奖。2016年"新一代立体视觉关键技术及产业化"获国家科学技术进步奖二等奖。出版《数字多媒体基础与应用》等3部专著，发表论文百余篇，授权发明专利76件。2018年获中共北京市委、市政府授予2017—2018年度"首都精神文明建设奖"荣誉称号。2010年8月受聘为国务院参事。

管晓宏(兼职)，1955年11月出生于四川省泸州市，1977年就读于清华大学自动化系，1985年3月获清华大学自动化系工学硕士学位，后就职于西安交通大学，1993年5月获美国康涅狄格大学(University of Connecticut, UConn)电机与系统工程系博士学位，1999年访问美国哈佛大学(Harvard University)工程与应用科学系。2017年11月28日当选中国科学院院士。长江学者特聘教授、西安交通大学电子信息工程学院院长、智能网络与网络安全教育部重点实验室首席科学家，博士生导师。清华大学自动化系讲席教授组成员、双聘教授、智能与网络化系统研究中心主任。曾任清华大学自动化系主任(2003—2008)。

管晓宏多年来在电力等生产制造系统优化调度、网络信息安全等领域做出了重要贡献，得到了国际学术界的高度认可。主要研究领域是网络化系统的经济与安全性、电力与制造系统资源优化调度、电力市场竞标策略与博弈分析、计

图4.8 管晓宏

算机网络安全、传感器网络等,在以上领域均取得了重要研究成果。获 1996 年美国李氏基金杰出成就奖、1997 年获国家杰出青年基金、2004 年度教育部自然科学奖一等奖(第一完成人)、2005 年国家自然科学奖二等奖(第一完成人)、2006 年国家科学技术进步奖二等奖等奖励(第五完成人)。2006 年当选 IEEE Fellow,2008 年当选 IEEE 机器人与自动化学会杰出讲座人。

3. **教学名师**

胡东成,1970 年毕业于清华大学电机工程系,清华大学自动化系教授。1983 年由国家公派赴德国慕尼黑工业大学学习。1994—1997 年任清华大学自动化系主任,1999 年 3 月被任命为副校长,负责学校的国际合作与交流、继续教育与现代远程教育、信息网络建设与应用,以及人文社会科学学科建设等工作。

胡东成深入钻研模拟电子技术基础课程的特点和教学方法,探索如何调动学生听课的积极性和主动性,把启发式、范例式、发现式的教学法融入课堂教学中。他讲课思路清晰,重点突出,语言生动,板书规范。1989 年,他主导的电子课程建设和改革荣获国家教委颁发的"优秀教学成果国家级特等奖",1991 年被人事部和国家教委表彰为"有突出贡献的留学回国人员""全国教育系统劳动模范",授予"人民教师奖章"。1992 年获时任中共中央政治局常委、中央书记处书记的胡锦涛同志接见(图 4.9)。

图 4.9　1992 年胡东成获时任中共中央政治局常委胡锦涛同志的亲切接见

华成英(图4.10),1970年毕业于清华大学电机工程系。清华大学自动化系教授,曾任清华大学电子学教研组主任、现代电子技术实验室主任,首届国家级精品课程"电子技术基础"课程负责人、首届国家级在线精品课程"模拟电子技术基础"课程负责人和国家级"控制工程"优秀教学团队负责人。曾任全国高等学校电子技术教学研究会理事长、北京市高教研究会电子线路分研究会理事长、北京市电子学会电子线路分会理事长等。

图4.10 华成英

主要教授电子技术基础及其相关实验课,遍及全校6个院系,主持的模拟电子技术基础在线课程学生数逾十万。主编出版的教材共15种,700多万字,其中由高等教育出版社出版的《模拟电子技术基础》第三、四、五版印刷总数达数百万册,被近300所高等院校选用。

华成英主持了国家"九五"重点科技项目、教指委立项项目、清华大学"211"工程项目、"985"电子技术基础教学项目等十余项教改项目,均取得很好的成果。获得包括国家级教学成果奖二等奖、北京市教学成果奖一等奖、北京市经典教材奖、清华大学教学成果奖一等奖、清华大学优秀教材奖特等奖、清华大学实验成果一等奖等各种教学成果奖近20项;获得包括国家级教学名师奖、北京市教学名师奖、北京市优秀教师、清华大学优秀教师等个人奖近20项。

在完成教学工作的同时,华成英主要从事电子技术和微机应用方面的科学研究工作,涉及测控系统、信息管理系统、数据压缩技术和运动图像处理等。

师丽(图4.11),1988年毕业于大连理工大学电子系并获硕士学位,2007年获上海大学博士学位,1988—2014年任职于郑州大学电气学院,2014年调任清华大学,任自动化系教授。作为第一完成人获得国家级教学成果奖二等奖、国家级教学团队、国家级精品课程、国家双语教学示范课程、国家级优质网络资源课程等国家级教学成果5项,河南省教学成果特等奖1项,河南省教学成果一等奖2项。

图4.11 师丽

作为主编在清华大学出版社和科学出版社出版论著3部,其中《智能控制理论及应用》被评为国家"十二五规划教材"。获得第五届(2009年)国家教学名师、全国模范教师、全国教育系统巾帼建功标兵、河南省优秀科技专家、宝钢优秀教师特等奖等荣誉称号。

4. 讲席教授组

在进行教师队伍自身建设的同时,学校于2000年开始建立讲席教授制度,以引进境外的高水平的人才来校工作,进一步促进教师水平的提高和学校的国际化水平。

何毓琦讲席教授组于2001年10月15日正式成立,成为清华大学最早酝酿和设立的讲席教授组,成员包括美国康涅狄格大学教授陆宝森、香港科技大学教授曹希仁、美国马萨诸塞大学Amherst分校教授龚维博、西安交通大学教授管晓宏、香港中文大学教授严厚民。在讲席教授组的基础上建立了智能与网络化系统研究中心,管晓宏任主任,全国政协副主席、中国工程院院长、自动化系兼职教授宋健与何毓琦共同担任研究中心首席科学家。图4.12所示为时任校长王大中会见何毓琦讲席教授组全体成员。

图4.12 时任校长王大中会见何毓琦讲席教授组全体成员

2005年,在讲席教授组及研究中心的基础上组成的"111"引智创新基地智能与网络化系统研究获国家支持,成为清华大学第一个、也是全国同类学科第一个获得此项计划支持的团队。基地主要由讲席教授组和学科国际合作中的学术带头人组成,每年有数位世界知名的学者来中心访问和交流,来访的学者中包括 10 余名美国工程院院士、30 余名 IEEE Fellow 及多位 IEEE/ACM Transactions 主编,负责人为管晓宏。

2008 年 5 月,自动化系的第二个讲席教授组、我国第一个生物信息学与系统生物学方面的讲席教授组——Michael Waterman 生物信息学和系统生物学讲席教授组聘任仪式暨学术报告会在清华大学隆重举行。讲席教授组由美国科学院院士、生物信息学奠基人之一、美国南加州大学教授 Michael Waterman 担任首席,成员包括美国冷泉实验室教授 Michael Q. Zhang(张奇伟)、斯坦福大学统计系主任 Wing H. Wong(2009 年当选美国科学院院士)、哈佛大学统计系教授 Jun S Liu(刘军)、加州大学河滨分校计算机系教授 Tao Jiang(姜涛)和南加州大学生物系教授 Fengzhu Sun(孙丰珠)。Michael Q. Zhang(张奇伟)自 2009 年 6 月不再担任讲席教授组教授,增补美国冷泉实验室 Thomas R. Gingeras 为讲席教授组成员。

讲席教授组成员每年定期到本学科点工作一段时间,开设高水平课程,指导研究生,与本学科的青年教师开展高水平的科研合作,对建设世界一流学科起到了重要的推动作用。

5. 兼职教授、客座教授、名誉教授、顾问教授

(1) 兼职教授

宋健,著名控制理论专家,原国务委员,中国科学院院士。

程民德,著名数学家,中国科学院院士、北京大学教授。

蒋新松(已故),著名机器人和自动化系专家、中国工程院院士。

柴天佑,中国工程院院士、东北大学教授。

郭雷,著名控制理论专家,中国科学院院士、中国科学院数学与系统科学研究院研究员。

朱良漪,著名自动化技术与仪表专家。

邓寿鹏,国务院发展研究中心局长、研究员。

马颂德,著名人工智能专家,中国科学院自动化所研究员。

杨兆升,吉林大学智能交通系统研究室主任、教授。

杨保华,中国空间技术研究院院长、研究员。

张大鹏,香港理工大学电子计算机系教授。

孙柏林,军事科学院研究员。

吴宏鑫,中国空间技术研究院502所研究员,中国科学院院士。

(2) 客座教授

何毓琦,美籍著名控制理论专家,IEEE Fellow,美国工程院院士、中国科学院与中国工程院外籍院士、哈佛大学教授。

谈自忠,美国华盛顿大学系统科学与数学系教授。

E. Schurfur,检测技术信号处理专家,德国慕尼黑工业大学教授(1994.11)。

刘瑞文,美国诺特丹大学(University of Notre Dame)工程学院教授。

高木冬二,日本Mektron株式会社电子技术专家(1994.4)。

张奇伟(Michael Q. Zhang),美国冷泉港实验室教授、纽约州立大学石溪分校兼职教授(2003.10)。

沈向洋,微软亚洲研究院副院长(2005年)。

李实恭,IBM中国研究院院长(2007年)。

尚卡·萨斯特瑞(Shankar Sastry),美国加州大学伯克利分校工学院教授(2010.7)。

徐扬生,香港中文大学教授(2004.11)。

(3) 名誉教授

Kirtley,美国麻省理工学院教授(2017)。

Yannis,美国南加州大学教授。

(4) 访问教授

芮勇,联想集团(2017)。

(5) 顾问教授

李森能,香港合荣实业有限公司董事长兼总经理、清华大学电机系1959届校友,1995年和2017年两次为自动化系捐款365万元。为表彰他对自动化系实验室建设和学科发展所作出的贡献,授予其自动化系顾问教授的荣誉称号。

6. 曾在自动化系任职的教授、研究员名单

有 * 者为院士。

姓名(任职时间)	姓名(任职时间)	姓名(任职时间)
*常 迥(1947—1991病逝)	*李衍达(1985至今)	*吴 澄(1988至今)
童诗白(1961—1990退休)	方崇智(1961—1990退休)	郑维敏(1978—1987调经管学院)
师克宽(1983—1992退休)	吴 麒(1985—1995退休)	顾廉楚(1985—1986调图书馆)
边肇祺(1986—2001退休)	韩曾晋(1986—1997退休)	夏绍玮(1987—1999退休)
吕 林(1987—1994退休)	王家桢(1987—1993退休)	郑学坚(1987—1987退休)
王 森(1988—1995退休)	许道荣(1988—1995退休)	阎平凡(1988—1999退休)
阎 石(1988—2003退休)	茅于杭(1988—1993退休)	冯元琨(1989—1998退休)
徐用懋(1989—2001退休)	任守渠(1989—2002退休)	陈禹六(1989—2003退休)
吴秋峰(1990—2002退休)	胡东成(1990—1997调学校)	熊光楞(1990—2002退休)
郑大钟(1990—2002退休)	戴忠达(1990—1991退休)	金以慧(1991—2002退休)
解学书(1991—1999退休)	高 龙(1991—1992退休)	金国芬(1991—1993退休)
杨家本(1992—2001退休)	褚家晋(1992—1993退休)	夏 凯(1992—1999退休)
刘松盛(1992—1994退休)	徐文立(1992—2013退休)	李清泉(1992—1998退休)
张贤达(1992—2011退休)	王桂增(1993—2007退休)	王文渊(1993—2007退休)
朱善君(1993—2010退休)	肖田元(1993—2013退休)	周俊人(1993—1994退休)
李鹤轩(1993—1993退休)	何世忠(1993—1994调国务院台湾事务办公室)	杨素行(1993—1999退休)
王诗宓(1994—2007退休)	李芳芸(1994—1999退休)	孙建华(1994—1994退休)
李春文(1994—2023退休)	肖德云(1994—2011退休)	赵南元(1994—2009退休)
张宝芬(1995—2001退休)	杨士元(1995—2011退休)	孙崇正(1995—1997调北京工业大学)
徐博文(1995—1996退休)	翁 樟(1995—1995退休)	陈崇端(1995—1996退休)
郭仲伟(1995—1996退休)	郭尚来(1995—1997退休)	吴年宇(1995—1996退休)
钟宜生(1996—2024退休)	高黛陵(1996—1997退休)	沈被娜(1996—1996退休)
季 梁(1996—2006退休)	荣 钢(1996—2008退休)	邵贝恩(1996调入—2010退休)
王书宁(1996调入—2021退休)	张曾科(1997—2013退休)	阳宪惠(1997—2012退休)
周东华(1997至今)	余孟尝(1997—1997退休)	刘祖照(1998—2005退休)
刘文煌(1998—2004调深圳研究生院)	王 雄(1998—2010退休)	李九龄(1998—2000退休)
范玉顺(1998至今)	慕春棣(1999—2011退休)	张乃尧(1999—2011退休)
张长水(2000至今)	王俊杰(2000—2009退休)	周 彤(2000至今)
杜继宏(2000—2002退休)	杨 耕(2000调入—2023退休)	黄德先(2000调入—2024退休)
张大力(2001—2009退休)	唐竞新(2001—2006退休)	柴跃廷(2001至今)
华成英(2002—2006退休)	张 毅(2002至今)	张学工(2002至今)
赵千川(2003至今)	周 杰(2003至今)	唐光荣(2003—2006退休)
管晓宏(2003调入至今)	孙梅生(2003—2005退休)	崔德光(2003—2007退休)
罗予频(2004—2020退休)	张 佐(2004至今)	孙政顺(2004—2005退休)

续表

姓名(任职时间)	姓名(任职时间)	姓名(任职时间)
张　莹(2004—2006退休)	范全义(2004—2005退休)	袁睿翕(2004调入—2013调出)
宋靖雁(2005—2024退休)	戴琼海(2005至今)	曹玉金(2005—2006退休)
王锦标(2005—2005退休)	王宏宝(2005—2008退休)	陈慧蓉(2005—2006退休)
宋士吉(2006至今)	高晋占(2006—2006退休)	陆文凯(2006至今)
钱利民(2006—2009退休)	张福义(2006—2010退休)	王　普(2006—2006退休)
叶　昊(2007至今)	刘　民(2007至今)	梁　斌(2007调入至今)
程　农(2007调入—2023退休)	王　凌(2008至今)	李　梢(2009至今)
邹红星(2009—2014调出)	彭黎辉(2010至今)	王子栋(2010调入—2014调出)
张和明(2011至今)	陈　峰(2011至今)	吉吟东(2011至今)
刘云浩(2012至今)	范文慧(2012至今)	张　涛(2012至今)
郑小平(2013至今)	李　清(2013至今)	师　丽(2014调入至今)
黄必清(2014至今)	季向阳(2014至今)	王　红(2018至今)
赵明国(2019至今)	朱松纯(2020调入至今)	汪小我(2020至今)
贾庆山(2020至今)		

第5章

教学实验基地建设

建系之初,自动化系有电子技术、控制理论等技术基础课实验室和检测技术(热工计量室)、运动控制、过程控制等专业教学实验室,还有为学生提供实践场地的系生产车间。由于经济和技术的原因,实验设备的数量比较少,技术也比较落后。各实验室发扬艰苦奋斗精神,自行研制了许多新型实验装置,例如可控硅自动调速系统、电子线路学习机、数字随动系统、倒立摆、水力模型控制实验台等。这些装置不仅在校内获得清华大学实验技术成果奖(过程控制实验室 1992 年被评为清华大学一级实验室),而且为很多高校所采用,受到好评。

截至 1993 年,自动化系有电子学、控制理论、检测技术及自动化仪表、运动控制、过程控制、系统仿真等 10 个实验室。

一、自动化系教学实验研究中心的成立

为了加强实验室的建设与管理,1996 年成立了自动化系教学实验中心(阳宪惠任主任)。实验中心含系公用教学计算机房、计算机网络室、控制理论实验室、清华—西门子自动化技术培训中心,以及分布在各教研组的微机系统及应用、现场总线、传感器技术、自动化技术、智能交通系统、数字媒体、智能多媒体实验室等。

2005 年 6 月 28—30 日,在上海举行的第九届国际工业自动化与控制技术展览会、测试测量及自动化技术展览会、第九届国际传感器展览会上,自动化系代表清华大学参加了高校展团的实践教学仪器设备展示活动。自动化自行研制的 5 套自动化实践教学用实验装置:过程控制工程研究所的 FFBUS 三容水槽实验装置和小型多参数过程控制实验台、控制理论与技术研究所的嵌入式系统学习机、检测与电子技术研究所的 AS-i 总线实验装置和电子技术学习机等参展,受到了与会代表和业内同

行的好评。

2006年，在原自动化系教学实验中心的基础上成立了自动化实验教学研究中心（杨耕任主任）。中心下设11个分室：计算机软件、工厂自动化与网络化控制、机器人控制、系统建模、嵌入式系统、过程控制、电力电子与运动控制（清华-Rockwell自动化实验室）、控制理论、传感器与检测、清华-NEC单片机技术研究与培训中心和系统监控与演示中心。新的实验教学研究中心位于中央主楼5楼，实验中心扩大了面积，加强了力量，更新和增加了实验设备，成为国内一流水平的自动化教学实验基地。

从20世纪90年代起，自动化系先后与多家国际跨国公司建立联合实验室，1996年建立了清华-Festo（德国）自动化技术中心，1997年建立了清华-NEC（日本）单片机实验室，1998年建立了清华-Rockwell（美国）实验室，2001年建立了清华大学-P+F（德国）感器与AS-i技术实验室。这些实验室的建立对自动化系的教学与科研工作发挥了积极作用。

据统计，1993年自动化系各实验室总面积为$3192m^2$，实验室总资产898万元。2009年实验室总面积为$3840m^2$，实验室总资产4415万元。上述实验室面积和实验室总资产包括各研究所的科研用房和仪器设备。自动化系实验室发展概况见表5.1。

表5.1 自动化系实验室发展概况

序号	实验室名称	建立年份	备注
1	电子学	1970	1999年合并到校电工、电子实验中心
2	运动控制	1970	
3	检测技术及自动化仪表	1970	
4	过程控制	1970	
5	系统仿真	1978	2003年合并到CIMS工程研究中心
6	控制理论	1980	
7	系统工程	1986	
8	信号处理与模式识别（智能技术与系统国家重点实验室分室）	1987	
9	电力电子技术	1988	与运动控制合并，成为自动化实验教学研究中心的一个分室
10	微机系统与应用	1989	
11	自动化系教学实验中心	1996	2006年改为自动化实验教学研究中心

续表

序号	实验室名称	建立年份	备注
12	多媒体网络实验室(李森能捐赠)	1996	
13	清华-Festo 自动化技术中心	1996	1996 年合并到自动化系教学实验中心
14	清华-NEC 单片机技术研究与培训中心	1997	
15	清华-OMRON 自动化技术实验室	1997	1996 年合并到自动化系教学实验中心
16	清华-Rockwell 自动化实验室	1998	
17	宽带网数字媒体技术实验室	2001	
18	清华大学-P+F 传感器与 AS-i 技术实验室	2001	
19	现代电子技术实验室	2002	
20	生物信息学实验室(教育部重点实验室分室)	2002	
21	自动化实验教学研究中心	2006	

进入 21 世纪后,各学科交叉融合的趋势日益显著,对学生工程实践能力、综合素质和创新精神的培养要求更加迫切。为了满足人才培养模式的改革和现代实践教学的新需求,2005 年,自动化系决定在原有教学实验中心的基础上,整合相关专业的实验室,并将其更名为"清华大学自动化实验教学研究中心"(以下简称"中心")。

2007 年,中心被评为北京市实验教学示范中心和清华大学一级实验室。2010 年和 2013 年,中心通过了清华大学一级实验室复评。2013 年,通过了北京市实验教学示范中心验收。2016 年,中心成为国家级实验教学示范中心和国家级虚拟仿真实验教学中心,成为清华大学三个国家级"双中心"之一,是一个校、系两级管理的独立实践教学实体,负责自动化专业的"工程技术基础实践"和"专业综合实践"教学,以及全校非自动化专业信息、控制类课程的课内实验教学;同时承担了大量以国际、国内科技赛事为特征的课外实践教学任务。

2017 年,中心成立了教学指导委员会,聘请了原北京理工大学副校长陈杰、原南京理工大学自动化系主任吴晓蓓、浙江大学控制科学与工程学院院长张光新、北京航空航天大学自动化科学与电气工程学院党委书记胡晓光、清华大学自动化系副主任王红、清华大学自动化实验教学中心主任杨耕等 6 位校内外知名自动化专业教育方面的专家。2018 年,中心新增设了智能机器人和复杂系统虚拟仿真两个实验室分室。

中心秉承以学生为本,以能力培养为核心,坚持科研引领、开放创新的教学理念,培养具有"健全人格、创新思维、宽厚基础、全球视野和社会责任感"的高素质自动化人才。

长期以来,几代建设者建立、健全了有利于培养学生实践能力和创新能力的实践教育体系,建成了设备先进、资源共享、服务开放的实践教学环境和高效的运行管理机制,造就了高素质的实验教学队伍,对国内相关专业的实验室建设和实践教学产生了深远的影响。

主要实验室均位于清华大学中央主楼的 5 层,使用面积约 $1500m^2$。到 2018 年底,仪器设备 1727 台件,固定资产 2033.8 万元。中心的组织架构如图 5.1 所示。

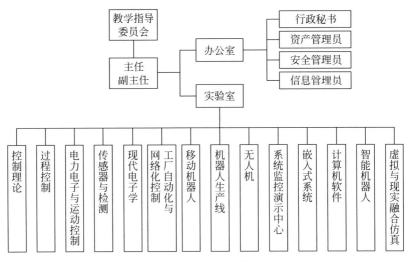

图 5.1 中心组织架构图

1. 控制理论实验室

实验室主要设备有自行研制的模拟仿真实验箱和小功率随动控制系统、直线倒立摆和旋转运动控制系统等。主要承担国家级精品课《自动控制理论》课程实验,同时开设了独立实验课程《控制理论专题实验》。实验室面向本科生、研究生,每年接纳自动化系、工程力学系、航天航空学院、电机工程与应用电子技术系、生物医学工程系等专业本科学生 500 人,完成实验 1 万多人时。实验室采用开放式的管理模式,学生可以通过网络平台自行选定实验内容和实验时间。实验室采用课程实验与专题实验相互结合、验证型实验与综合设计型实验互为补充的方式,以深化学生对控制理论知识的理解,培养学生运用控制理论分析问题、解决问题的能力,鼓励学生运用实验手段进行创造性研究工作。

2. 过程控制实验室

过程控制实验室是为过程控制的实践教学服务的专业教学实验室,是清华大学一级实验室。实验室的设备和实验涵盖了从典型流程对象到传感器、执行器和控制器等主要环节,包含了从简单到复杂、从传统到现代的多数典型过程控制技术。实验室承担与过程控制相关的实验教学和实践教学环节,支持包括流程工业综合自动化、过程建模与优化、先进控制、故障诊断与容错控制、工业数据通信、现场总线技术、流程模拟与仿真、过程物流与供应链、间歇过程控制等课程的实验研究。

本实验室目前支持 9 门本科生课程的总计 41 个实验,包括化工过程控制、智能优化算法及其应用、控制系列课专题实验、过程控制专题实验、现场总线技术及其应用、自动化专业实践。此外,本实验室还支持 SRT (student research training)项目和本科综合论文训练课题。

3. 电力电子与运动控制实验室

电力电子与运动控制实验室主要承担本科生专业基础课电力电子技术和电力拖动与运动控制的教学实验、本科生运动控制系列专题实验课的教学和实验,以及研究生选修课企业网络与系统集成的部分实验内容。

本实验室自行设计和开发实验平台 19 套,与美国的罗克韦尔自动化公司合作引进了具有先进技术的自动化设备和网络控制平台,如 ControlLogix 控制器、工业变频器、EtherNet、ControlNet 和 DeviceNet 等网络体系设备。这些设备可以满足不同学生的实验要求,还可以进行课程设计专业实践和综合论文训练等工作。

4. 传感器与检测实验室

传感器与检测实验室主要用于传感器和各种参数检测技术以及现场总线技术的教学和研究。实验课程包括检测原理、现代检测技术基础、智能传感与检测技术等课程的课内实验,每年实验人数约 180 人。检测技术系列实验课程每年有 50~100 名学生选修。

实验室配备了多种参数检测的实验设备，包括应变片检测悬臂梁振动、差动电容和差动变压器式微小位移检测、光栅莫尔条纹位移检测、热电偶和热敏电阻测温、CCD 和 CMOS 图像传感器检测位移和振动、LED 光谱和发光角的测量、热释电和压电陶瓷片的特性实验等。实验室还开发了基于虚拟仪器的压力检测检定实验系统和液位变送器自动校验实验系统、基于远程过程接口模块的高温管式炉的温度监控实验系统等。此外，实验室开发的流量测量与流量计标定实验系统的平台上包含了转子流量计、电磁流量计、孔板流量计、差压变送器和超声流量计等基于多种测量原理的自动化仪表，可以充分展示检测原理的多样性。

实验室多年来得到德国倍加福公司（P+F 公司）在传感器和 AS-i 总线实验设备方面的捐赠，针对所捐赠的模块产品进行了二次开发，除完成开关量和模拟量传感器的总线连接、故障诊断信息判定外，还可以进行开关量和模拟量的输出控制，推出了基于 AS-i 总线的电动轨道小火车运行监控系统实验、基于 AS-i/PROFIBUS 的识别分类自动传输系统等实验，编写了相关实验教材。支持学生专业实践、本科毕业设计及国内访问学者的课题研究，开发的实验内容多次获得清华大学实验技术成果奖励以及学生实验室建设贡献奖。

5. 现代电子学实验室

现代电子学实验室是清华大学一级实验室。实验室的设备主要为计算机（配备各类 EDA 软件），常用电子仪器如示波器、函数发生器、数字万用表、直流电源等，以及先进的实验套件，如可编程片上系统实验套件、ARM CortexM4 实验套件、FPGA 实验套件、ispPAC 实验套件、各类传感器及执行器套件等。

实验室紧密配合自动化系的教学工作，承担学校自动化专业和非自动化专业与电子技术相关课程，包括现代电子系统设计、电子技术课程设计、现代电子技术、电子测量、电子电路可测性及可靠性设计等的实验教学和实践教学环节，同时还支持学生课外科技活动、专业实践和本科毕业设计。

实验室与德州仪器、Cypress、NI 等企业建立了合作关系，支持电子技术相关的教学和科研。

第5章 教学实验基地建设

6. 工厂自动化与网络化控制实验室

工厂自动化与网络化控制分室主要承担基于 PLC 的工业控制系统及计算机网络与多媒体技术相关的实验教学。实验室配备了多种实验教学设备,包括 8 套球杆控制系统、8 套电梯模型控制系统、3 套生产流水线模型和西门子公司赠送的基于工业网络的 PLC 控制系统、5 套三层交换机、10 套二层交换机等。

实验室面向本科生课程计算机控制系统、企业信息化概论、计算机网络及研究生课程计算机网络与多媒体技术、企业网络与系统集成、微处理器应用系统设计等开设课程实验,并面向学生开展 SRT 训练、专业实践及综合论文训练。

7. 移动机器人实验室

移动机器人分室是实验教学中心的一个研究型实践教学基地,以机器人控制实验、SRT 项目、国内外机器人竞赛三者相结合为特色,以 RoboCup 中的相关研究为手段培养本科生在实践中综合运用所学知识和合作创新的能力。实验室开设的实验课程有机器人综合控制实验、实验探究课——行走机器人的步态控制、机器人智能控制等。

实验室总面积 $80m^2$,其中包括 RoboCup 人形组比赛场地一块和四组终端实验台。现有的教学机器人包括:Sony Aibo ERS210A 四足机器人 8 台,Aibo ERS7 四足机器人 8 台,自制轮式移动机器人 2 台,自制人形机器人 5 台,RM501 机械臂 1 台。

实验室每年参加 RoboCup 队伍的本科成员 8 人,每学期接纳 SRT 学生 4~8 人,每年接收暑期实习学生 2~4 人,本科毕业设计 4~6 人。近年来实验室设立的 SRT 项目获得校 SRT 优秀成果一等奖、二等奖各一项。

实验室开发的 RoboCup 四腿组比赛实验平台获得 2004 年校学生实验室贡献一等奖(集体);Stepper 系列机器人教学平台获 2008 年清华大学学生实验室科研贡献奖一等奖(集体奖);被动行走机器人的研发与教学实践获 2012 年清华大学学生实验室科研贡献奖一等奖。

8. 机器人生产线实验室

机器人生产线实验室成立于 2008 年,是为机器人控制的实验教学和学生创新能力培养服务的实验室,开设包括与课程内容密切结合的常规实验和以培养解决实际问题能力为目标的开放性实验两部分。

实验设备是一整套以传送线为传输设备、机器人为操作主体的分层递阶控制的多机器人装配平台,包括一个双环传送线、2 台 Motoman-HP3 六自由度工业机器人、一台 Motoman-RTLab 六自由度开放式机器人、6 个摄像头、2 个六维力传感器、3 台工控机及其他计算机等。常规实验包括机器人示教再现实验、六维力/力矩检测实验、六自由度机械臂运动学/逆运动学验证实验,以及以此平台中的机器人为研究对象的动力学仿真实验。开放性实验基于 Motoman-HP3 六自由度机器人或 Motoman-RTLab 六自由度开放式机器人和摄像头等外部传感器,由学生根据任课教师要求自主设定题目,与教师讨论确定可行性后独立实施。目前已完成的实验包括:基于形状(或颜色)的机器人零件分类、机器人拼图、机器人拼七巧板、机器人与人下五子棋、机器人转魔方、机器人画图、机器人写硬笔书法、机器人写软笔书法、机器人玩华容道、机器人弹电子琴、机器人学习人的手臂运动等,内容还在不断扩展中。

该实验室先后为机器人智能控制、数字图像处理、检测原理、控制工程专题研究课等课程提供实验支持。此外,本实验室先后支持了 6 个 SRT 项目,参与学生 22 人,本科论文综合训练 3 人。

9. 无人机实验室

无人机实验室主要配合自动化系的研究生教学和培养工作,以无人机控制系统为实际背景,承担相关研究生课程的实验教学和实践教学环节,并为研究生开展相关研究课题提供实验平台。

无人机实验室主要开展旋翼无人机控制系统的实验教学和实验研究。实验室的设备包括三自由度无人直升机、四旋翼无人直升机和单旋翼无人直升机等共 10 余架,可以开展无人直升机动力学分析和建模、无人直升机控制系统分析和设计、无人直升机飞行控制、无人直升机群协同飞行控制、无人直升机故障诊断和容错控制等相关教学实验和实验研究。

本实验室支持的研究生课程包括最优控制、非线性控制、鲁棒控制、系统辨识、故障诊断与容错控制、飞行控制系统等,支持复杂动态系统控制方面的科研,包括无人直升机系统分析和建模、无人直升机最优姿态控制、无人直升机鲁棒飞行控制、无人直升机群自主空地协同控制、无人直升机群自主协同编队控制、无人直升机群故障诊断、无人直升机群容错控制、无人直升机群容错编队控制等。实验室每年支持了6名左右的本科生综合论文训练,5名硕士生和2名博士生的课题研究。

10. 系统监控演示中心实验室

实验室的核心设备是连续工业过程综合自动化的研究开发与演示平台。该平台是在霍尼韦尔公司捐赠的管控一体化软件的基础上,结合我中心在连续工业过程综合自动化方面的长期研究成果新建立的,可以提供高度逼近实际生产过程的虚拟被控对象和综合自动化控制系统,可用于研究新理论、开发新技术和进行面向大型生产过程的综合自动化实验设计和研究的综合实验研究平台,是兼具实验研究、工程设计实践和系统集成,并具有高度展示性的实验研究平台。该平台具有如下特点:①涵盖连续工业过程的主要典型生产过程,具有灵活方便的可扩充性;②涵盖连续工业过程综合自动化领域的主要方法、技术和产品的研究、开发、集成和测试环境,支持各种综合自动化理论与技术的实验研究、工程设计实践、集成与测试工作;③以虚拟现实技术作支撑,实现实验研究平台高度逼真实际生产过程且运行安全、维护方便的目标。

11. 嵌入式系统实验室

嵌入式系统分室主要承担各类嵌入式系统的教学与研究工作。实验室有自行研制的ARM9实验平台20套、美国TI公司赠送的DSP开发平台37套以及NEC公司赠送的单片机实验平台30套。

主要实验课程包括嵌入式系统软硬件设计(研)、嵌入式系统设计与应用(本)、微处理器应用系统设计(研)。

12. 计算机软件实验室

计算机软件分室承担了软件课程的实验教学任务,是学生学习软件和计算机操作的实践基地。实验室是中心的计算机房,用于本系本科生的教学上机。实验室占地面积约200m^2,配备了86台计算机、78台计算机原理实验箱和20台最新示波器。实验室还配有投影仪,方便在实验室直接演示和讲解。

本实验室开设了计算机原理与应用、多媒体技术及应用、CIMS系统导论、机器人控制综合实验、数据结构、计算机系统原理、C++程序设计与训练、计算机语言与程序设计、智能仪表设计、计算机网络及应用、探究课模拟企业、应用系统分析与设计(研)、计算机网络与多媒体技术实验与设计(研)、软件设计基础(研)、多媒体技术及应用(研)等15门课程。

13. 智能机器人实验室

智能机器人实验室依托全球创新学院(Global Innovation eXchange,GIX)的大量智能机器人设备和中心在人工智能、模式识别、机器人控制方面的科研成果和实验教学经验,开展面向服务领域的机器人与人智能交互的研究与实验教学。目前已拥有3台智能机器人,面向学生开展SRT、毕业设计等训练。

14. 复杂系统虚拟仿真实验室

复杂系统虚拟仿真实验室是国家级虚拟仿真实验教学中心的主实验室。本实验室一方面通过远程的方式集中展示虚拟仿真技术在连续、离散等复杂系统自动化实验教学上的应用,呈现其他实验室的连续过程及其控制仿真、离散生产线建模与仿真的大型虚拟仿真系统;另一方面也承担系统仿真理论与技术的实验教学。实验室拥有AR(增强现实)实验台、3D打印机等设备,可开展基于AR技术的仓储过程自动化的虚拟仿真实验。

实验教学中心每年承接的教学实验和实践教学达到10万多人时。表5.2所示为实验教学中心承接课程的情况的汇总。

表5.2 实验教学中心承接教学实验和实践情况一览

序号	专业名称(课程名称)	学生人数	人时数
1	计算机语言与程序设计	262	12576
2	C++程序设计与训练	180	9720
3	企业信息化概论	10	300
4	电子技术实验	172	8256
5	电子电路实验	142	6816
6	现代电子系统设计	25	1600
7	电子技术课程设计(春)	12	768
8	电子技术课程设计(夏)	132	8448
9	电子技术课程设计(春)	126	4032
10	电子技术课程设计(夏)	30	960
11	模拟电子技术基础	57	1197
12	数字电子技术基础	89	890
13	数字电子技术基础	43	602

续表

序号	专业名称(课程名称)	学生人数	人时数
14	计算机原理与应用	183	5490
15	计算机原理实验	170	5100
16	计算机网络及应用(春)	24	576
17	计算机网络及应用(秋)	130	3120
18	数据库系统原理	28	672
19	多媒体技术及应用	43	1032
20	自动控制理论(1)(春)	66	1056
21	自动控制理论(1)(秋)	190	3040
22	电力电子技术基础	186	5952
23	电力拖动与运动控制	49	1176
24	过程控制	94	3384
25	检测原理	150	2400
26	机器人智能控制	14	476
27	系统辨识基础	11	132
28	计算机控制系统	12	288
29	控制理论专题实验(1)	93	2976
30	控制理论专题实验(2)	9	288
31	过程控制专题实验(1)	65	2080
32	过程控制专题实验(2)	3	96
33	运动控制专题实验(1)	13	416
34	运动控制专题实验(2)	5	160
35	检测系列实验(1)	31	992
36	检测系列实验(2)	11	352
37	交叉项目综合训练(春)	60	1920
38	交叉项目综合训练(秋)	69	2208
39	实验室科研探究课	576	1152
40	综合自动化理论与方法	5	30

二、电工、电子实验中心

电子技术实验室是一个为全校电子学课程服务的实验室,长期以来主要用于验证学生所学知识,培养学生分析与设计模拟与数字电路的能力,是很重要的技术基础实验室。

1999年10月,在学校"985"工程建设的大背景下,由信息学院牵头,将原分散在自动化系、电机工程与应用电子技术系和电子工程系的电工、电子类教学实验室集中起来,重新组建成校一级的电工电子教学实验中心。原属于自动化系的电子技术实验室的大部分人员、设备和实验教学任务,从中央主楼迁到西主楼电工、电子学实验中心。实验室仍保留了一个电子技术专业实验室,主要为自动化系的本科生课程模拟电子技术基础、现代电子系统设计的仿真用,同时为研究所的研究生开设现代电子技术实验、系统可靠性设计课程等。该实验室于2010年搬迁到中央主楼5楼自动化系教学实验研究中心,改名为现代电子学实验室。

经过几年建设,电工电子学实验中心的实验设备在"985"经费和世界银行贷款的支持下全部更新,自己研制的实验学习机也几经换代,实验室的开放程度大大提高。除了原来配合理论教学承担的实验教学任务以外,还开辟了电工电子计算机辅助设计(computer aided design,CAD)及综合实验室,独立新开了电路分析与设计、数字系统设计、可编程逻辑器件及门阵列应用等选修课及学生科技活动SRT和专题竞赛等活动,为实现个性化的人才培养创造了条件。

电工电子中心拥有两个实验室:电子技术实验室和电子设计自动化(electronic design automation,EDA)实验室,检测与电子技术研究所先后有近十位老师在此工作,为自动化系、电机工程与应用电子技术系、生物医学工程系、软件学院、工程物理系、计算机系、计算机科学实验班(姚班)、新雅书院等院系开设课程或承担实验教学。

依托实验室的发展和教学仪器的研发,实验课程也在不断地更新发展。从最初1个学期的1门选修课,发展到现在3个学期开设6门必修课、2门选修课、3门理论课的课内实验,每年可达到近3万生/学时。针对各专业培养目标及各院系学生的特点,采用多种方式开展教学,真正实现因材施教。例如,对自动化系、电机工程与应用电子技术系和新雅书院采用独立设课的方式,开设电子技术实验、电子电路实验和电子技术课程设计等课程;对计算机科学实验班(姚班)、软件学院和工程物理系等则安排理论课的课内实验。在完成实验教学工作之余,实验室老师们还开展了电子技术在线实践教学资源建设,先后完成了模电MOOC(massive open online course)课程的17个硬件实验和13个EDA实验、数电MOOC课程的8个EDA实验的设计与录制,均已在"学堂在线"上线。

图5.2所示为位于中央主楼5层的清华大学自动化系实验研究中

心。图 5.3 为工厂自动化与网络化控制实验室。

图 5.2　自动化系实验研究中心

图 5.3　工厂自动化与网络化控制实验室

第6章

科 学 研 究

一、回顾

自动化系自1970年建系,至1997年,一直沿袭学校的教研组体制,教研组以教学为主,兼做一些科研工作。为体现自动化系的科研力量,便于承接科研项目,作为全系科研力量的承载体,自动化系于1981年成立自动化科学与技术研究所,常迵担任首任所长。1994年撤销该研究所。

为把清华大学办成世界一流的研究型大学,1997年,学校决定将教研组体制改为研究所体制,自动化系相应成立了6个研究所:系统集成研究所、信息处理研究所、过程控制工程研究所、控制理论与技术研究所、检测与电子技术研究所和系统工程研究所,保留CIMS工程研究中心和自动化系教学实验研究中心。2007年5月自动化系新成立导航与控制研究中心。

2014年12月,自动化系启动人事制度改革,进一步优化师资队伍。系人事制度改革的重点是建立教师队伍分系列管理制度,教师队伍分教研系列、教学系列和研究系列。研究系列是一支专门的研究队伍,主要以科研团队形式在重大前沿方向开展深入研究对前沿重大基础问题的攻关、承担重大的技术研究开发项目,不断做出对科学技术发展和对国民经济与社会发展有重要意义的成果。

2020年,自动化系再次对各研究所进行调整,调整后的研究所分别为:工业智能与系统研究所(原系统集成研究所)、信息处理研究所、控制与决策研究所(对应于控制理论与控制工程二级学科方向)、系统工程研究所、检测与电子技术研究所、导航与控制研究所、脑与认知科学研究所(新开辟的研究方向)。

自动化系的结构调整和人事制度的改革为全系科学研究的发展提供了制度上的保证。下面的一组数据从侧面说明了自动化系科学研究和学术水平的快速发展：

1992年，全系在研的科研项目100项，总经费约1800万元，在国际国内重要学术刊物上发表论文232篇。

2001年，全系在研科研项目179项，合同经费总额6701.53万元，发表学术论文472篇，SCI收录30篇。

2011年，全系在研科研开发项目434项，总经费14300万元，发表文章409篇，SCI收录110篇。

2019年，全系在研科研开发项目397项，总经费20860万元，发表文章397篇，SCI收录158篇。

二、恢复调整

1966年，学校的教学与科研活动基本停止，部分教师到江西鲤鱼洲农场劳动。1970年工农兵学员进校后，教学活动逐渐开始恢复，但真正从事科学研究工作的力量很少，留校的教师对国外科学技术的发展水平知之甚少，科研水平与国际先进水平相比相差甚远。1977年恢复全国统一高考，1978年召开全国科学技术大会，同年清华大学恢复硕士研究生招生，大批老师从江西鲤鱼洲农场返校。这一系列的措施为学校科研工作的恢复创造了外部环境和内部条件。

1978年，在"文化大革命"结束后首次召开的全国科学技术大会上，自动化系老师在"文化大革命"期间完成或参与的一些研究、开发成果获全国科学大会奖，它们是：20KC/可控硅、顺序控制器、双频激光干涉仪、XPK-01型数控铣床、数字五轴刻字机、MK-4城市煤气管网调度自动化"四遥"远动装置等。

这一时期的科研活动主要是根据企业的需要，运用电子技术、计算机技术和控制技术对企业进行技术改造与技术开发，如"小型化变电站微处理机集控系统"(1989年获国家科学技术进步奖三等奖)、"自适应和专家系统相结合的高炉铁水含硅量预报计算机系统"(1990年获国家科学技术进步奖二等奖)、"青霉素发酵多模型智能集散系统"(1993年获国家科学技术进步奖三等奖)、"天津石化公司化工厂芳烃联合装置计算机监控系统"、"大型深凹露天矿高效运输系统及强化开采技术研究"、"江铜集团铜矿石选矿过程控制系统研究与应用"等。

三、创新发展

面对世界高技术蓬勃发展、国际竞争日趋激烈的严峻挑战的情况，1986年3月启动实施的旨在提高我国自主创新能力，坚持以前沿技术研究发展为重点，统筹部署高技术的集成应用和产业化示范项目（"863"计划），充分发挥了高技术引领未来发展的先导作用。

1997年，国家实施重点基础研究发展计划（"973"计划），旨在解决国家战略需求中的重大科学问题及对人类认识世界将会起到重要作用的科学前沿问题。

"863"计划和"973"计划的实施，为我国科学技术的发展提供了强大的动力和经费上的保证。自动化系也积极调整了科研指导思想和科研布局，提出在直接为企业的技术进步服务的同时，开始探索并承担前瞻性技术和交叉学科的探索与研究，明确提出三个结合：服务国民经济主战场与前沿学科研究相结合；传统优势研究方向与新兴、交叉学科方向相结合；民用科学技术研究与国防科学技术研究相结合。

在这一思想的指导下，自动化系不仅在传统优势方向的研究规模不断扩大，研究水平不断提高，而且在前沿技术、技术基础和交叉学科等方面的研究得到了快速发展，如信号处理、计算机集成制造系统、生物信息、复杂工程系统的故障诊断、智能网络系统和智能交通系统、量子控制、现代检测技术、导航与控制等，并得到国家"863"项目、"973"项目、国家自然科学基金和国家五年计划攻关项目等的支持，取得了可喜的成绩。

1. 信号处理和模式识别方向

1978年，在中国科学院院士常迵的主持下，自动化系开始在模式识别和信号处理方面进行研究，将地震信号处理方法用于石油及天然气勘探并取得突破，1993年获国家自然科学奖四等奖。

1993年，由边肇祺、荣钢等完成的"CAFIS指纹自动识别系统"在理论及方法上达到国际先进水平，获国家科学技术进步奖二等奖。2018年，由周杰、冯建江等完成的"大人群指掌纹高精度识别技术及应用"获国家技术发明奖二等奖。这两个项目历时十多年，在低质量指纹、掌纹的特征提取、配准、比对等关键问题上取得了重要进展,成果在我国电子护照、港澳通行证、身份证登记等重大工程中获广泛应用,有效防止了非法出入境、身份冒用,在全国刑侦领域占有率居首位,产生了重大社会影响。

1997年,张贤达等完成的"关于 ARMA 模型辨识与谐波恢复的研究"获国家自然科学奖四等奖。

2002年,张学工、陆文凯等完成的"海上中深层高分辨率地震勘探技术"获国家科学技术进步奖二等奖。

其他典型项目有:"神经网络理论及其智能信息处理应用基础"、"海上中深层高分辨率地震勘探技术"、"从跨媒体数据和常识知识构建因果图谱"、"视觉模式分析与识别"、"面向服务机器人的人体动作分析与识别"等。

2. 生物信息方向

自动化系生物信息学研究中心是在李衍达带领下从20世纪90年代开始发展的前沿交叉学科研究基地,是清华大学交叉学科的学术特区。2002年6月,清华大学生物信息学教育部重点实验室自动化系分室同时成立。2017年,该分室获得国家自然科学基金创新研究群体称号。

生命科学与信息科学的深度交叉与融合是未来科学发展的一个重要趋势,随着人类对基因组信息认识从局部到系统、从只读到读写、从解读到设计的飞速发展,生命系统已经成为信息科学的重要研究对象之一。

早期的研究方向包括功能基因组学与复杂基因组调控系统研究、中医药生物信息与系统生物学、复杂生物网络系统的计算与实验研究、机器学习和高通量组学数据挖掘等。

2004年,李梢等完成的"复方丹参药效物质及作用机理研究"获国家科学技术进步奖二等奖。

典型的项目有:"复方丹参药效物质及作用机理研究"、"基于生物网络的病证结合研究方法"、"多种类型细胞中基因组与表观基因组信息网络的综合分析"、"消化道炎癌转化共性网络机制的集成研究"、"肿瘤生物信息学"等。

3. 计算机集成制造系统方向

在1987年开始的国家高技术自动化领域重点项目计算机集成制造系统 CIMS 实验工程任务中,自动化系承担了方案论证、总体设计及实施、系统设计方法及辅助软件、仿真、递阶调度及控制等许多方面的研究开发课题。1992年通过国家鉴定,总体系统的水平达到20世纪80年代末90年代初的国际水平。实验工程建成以后,被命名为"国家CIMS工程技术研究中心",吴澄任中心主任。1994年获美国制造工程师学会授予的CIMS应用与开发"大学领先奖"(University Leadership and Excellent of Application and Development in CIM)。

之后,CIMS的概念发展成为现代集成制造系统(contemporary integrated manufacturing system),将信息技术、现代管理技术和制造技术相结合,并应用于企业全生命周期各个阶段,以提高企业的竞争力。

2003年,自动化系正式确立企业信息化系统与工程为自主设立的二级学科,主要研究方向为企业集成与服务科学、网络化制造、系统仿真与虚拟制造、现代物流与电子商务等。

典型的研究方向与项目有:"CIMS实验系统的软件开发及信息集成"、"中国控制系统计算机辅助设计软件系统"、"成都飞机工业公司CIMS应用工程"、"加速纺机产品结构优化升级的信息集成与虚拟产品开发技术"、"大规模复杂生产过程管理调度与优化技术研究及应用"、"山西经纬纺织机械有限公司CIMS工程"、"纺织业大规模生产过程智能调度技术研究与应用"、"复杂制造环境下的协同控制与决策理论方法"、"无人加工生产线动态重构、人机共融智能交互与动态调度技术"、"基于最少反馈信息的网络化控制系统分析与设计"等。

4. 系统仿真方向

计算技术的发展为仿真技术提供了强有力的手段和工具。由于在计算机上建立、运行系统的数学模型十分经济、方便和灵活,并可提高系统实验、调试及训练过程中的安全性,系统仿真成为航空、航天、反应堆、潜艇系统等研究的必要手段。

在熊光楞的领导下,自动化系是全国范围内较早建立系统模拟实验室(后改名为系统仿真实验室、系统仿真研究室,1997年与系统集成研究所合并)的院系,对全国系统仿真学科的建设和仿真事业的发展起到了推动作用。

典型项目有:"彩色微型机控制的船舶操纵训练仿真系统"、"汽车转向系统摆振问题的仿真研究"、"一汽解放牌汽车转向系统摆振问题研究"、

"中国控制系统计算机辅助设计软件系统"、"海军战术训练仿真系统"等。

5. 系统工程方向

1979年,在郑维敏的主持下,自动化系建立了系统工程研究室。主要研究方向有非线性系统建模理论与方法、智能交通系统工程、复杂网络化系统理论与分析、复杂系统的优化与调度、智能决策理论与应用、传感器网络等。

1) 复杂系统的优化与调度

由郑维敏负责的"冶金部金堆城露天钼矿最优开发计划的研究"项目,在露天矿有限个取样点的条件下,把矿床划分成 15m×15m×15m 的矿块,采用估值技术,对每个矿块进行钼品位估值,再采用最优规划方法,制订出基于矿块钼品位的最优开采计划。

"上海黄浦江污染治理的规划"项目的研究成果在上海市水环境系统分析中得到了实际应用,在上海市领导的对黄浦江水环境污染治理决策中起到了辅助作用。

其他典型项目有:"动态投入产出模型及其交互软件在中长期宏观经济规划及大型目评价中的应用"、"莺歌海崖 13-1 天然气开发利用可行性研究"、"2000 年中国经济结构的定量分析"、"三峡工程综合经济分析—国力分析"等。

2) 智能交通系统

1991年,系统工程研究所开始进行智能交通系统的研究,先后完成"兰州市智能交通管理指挥中心系统设计与集成"、"城市交通信息融合、集成与计算实验"、"奥运车辆智能识别检测系统与示范研究"、"奥运交通应急指挥系统关键技术与示范工程"、"新一代智能化交通控制集成关键技术研究及应用"、"大城市交通拥堵瓶颈的基础科学问题研究"、"城市交通流诱导系统理论和方法研究"、"城市交通基础信息系统研究"等项目。

2000年,研究所开始以无人系统为依托,开展车路协同环境下新型混合交通群体智能控制和基于车路协同的自动驾驶理论方法与关键技术的研究,先后完成"车路协同系统设计、信息交互和集成实验研究"、"群体协同控制系统设计与信息可信交互机制研究"、"车路协同环境下车辆群体智能控制理论与测试验证"、"人机共驾云学习与云决策的一体化支撑技术"等项目。

3）智能网络化系统

2001年10月15日,智能与网络化系统研究中心成立。2016年1月,该研究中心与系统工程研究所合并,开展以能量网络模型为核心的信息物理融合能源系统和群智能分布式分层智能决策机制的研究,以智慧城市为融合目标,融合交通能源系统,构建智慧城市的信息物理系统,并基于智能与网络化复杂系统,研究智能群体决策与控制理论体系。典型的研究项目有:"网络化系统安全优化理论与方法及在能源电力等系统的应用"、"事件驱动的网络化动态系统的建模与控制"、"新型建筑智能化系统平台技术"等。

6. 动态系统建模、控制与优化方向

新型控制系统的主要研究方向包括郑大钟开辟的离散事件动态系统(discrete event dynamic system,DEDS)的鲁棒性的研究、在客座教授谈自忠的倡导下开展的量子控制研究和吴麒教授主导的多变量系统分析等。

典型的研究项目有:"离散事件动态系统的优化理论与方法"、"量子力学系统退相干抑制的控制方法研究"、"量子与微纳系统控制"、"量子测控集成系统及其在超导量子计算实验中的应用"、"微纳量子控制的研究"、"多变量控制系统的智能设计及软件"、"不确定非线性系统建模理论与智能学习方法"等。

以流程工业为对象的研究涉及建模(包括机理建模与辨识建模)、控制与优化等方面的内容。典型的研究方向与项目有:"分布式协同控制的混合智能优化与稳定性"、"福建炼油化工有限公司计算机集成生产系统(FR-CIMS)"、"常压蒸馏系统的建模与优化控制系统"、"石化生产过程多变量预估控制技术开发应用"、"模型集辨识及其在控制系统中的应用"、"基于计算智能的混合优化与调度方法"、"基于工艺机理、专家知识和智能学习的精馏过程优化控制技术"、"面向智能电网的火电机组涉网性能动态评价与优化控制技术及应用"、"基于多专业协同的高铁运行智能优化调度理论与在线策略调整学习方法"等。

7. 动态系统故障诊断方向

1）复杂动态系统的故障诊断

20世纪80年代初,以方崇智为首的科研团队在学校科研基金和国家

自然科学基金的资助下,以长距离输送管道的泄漏检测与定位作为结合点进行动态系统的故障诊断方法的研究,提出了以尽量少的观测器实现最大数量故障分离的鲁棒故障检测观测器设计方法,得到了国际学术界的高度评价。长距离液体输送管道的泄漏检测与定位方面的应用成果在国内起到了引领作用。

典型的研究方向和项目有:"生产过程故障诊断方法的研究"、"控制系统实时故障检测、分离与估计理论和方法"、"动态系统运行安全性评估理论与方法"、"强跟踪滤波器理论及其应用"、"复杂网络化系统的滤波、诊断与协同控制"、"动态系统的剩余寿命估计与可靠性预测理论和方法"、"石化装备智能故障诊断与运维关键技术及应用"、"深海载人潜水器的精细容错控制与自救技术"、"复杂条件下的网络化控制系统故障检测技术"、"高速列车信息控制系统间歇故障实时诊断理论与方法"等。

2) 数字电路的故障诊断

20 世纪 80 年代,由童诗白、杨士元等组成的科研组开始进行有关电子电路系统的自动测试和故障诊断方面的研究,"数字电路的故障诊断"的研究成果受到有关部门的重视。主要研究项目有:"数字电路故障诊断测试集自动生成"、"模拟电路故障字典开发平台"、"非线性模拟电路软故障诊断字典法的研究"、"数字 VLSI 电路测试技术研究"等。

8. 新型检测技术方向

20 世纪 80 年代,自动化系开始进行两相流流量测量的研究,先后完成的项目有:"电容层析成像系统的软场特性及信息处理技术"、"用于测量气固两相流质量流量的梯度相关方法的研究"、"基于电学成像技术多相流测量研究"、"基于多频率激励的电阻层析成像关键技术研究"等。

21 世纪初,面向化学毒剂恐怖袭击事件和重大高危化学品工业事故等的应急处置需求,自动化系开展了高危化学品大气红外探测、危害态势评估和群体疏散应急等关键技术的研究,开辟了一个新的研究方向,研究成果为重大活动安保发挥了重要作用。主要的研究项目有"危险化学品事故遥测预警与群体疏散应急技术"和"危险化学品泄漏源定位技术与系统"。

自动化系还探索利用太赫兹技术进行痕量探测的研究,典型项目有:

"太赫兹痕量探测分析仪"等。

9. 导航与控制方向

2005年,"863"计划"空间机械手原型样机综合测试"项目开启了自动化系在导航、制导与控制方向的实质性工作。2007年5月,自动化系导航与控制研究中心成立,2016年正式成立导航与控制研究所。主要研究方向为:飞行控制系统、多信息源综合导航系统、飞行管理系统、空间机器人、多无人体智能协同控制、可视导航技术等。典型项目有:"机器人遥操作系统设计及关键技术"、"空间机器人多臂协同理论与关键技术"、"微小卫星模拟器和空间机器人地面测试系统"、"综合导航系统、飞行控制系统和飞行管理系统"、"飞机先进自主飞控技术"、"小型无人直升机自主导航与控制"等。

10. 立体视频技术

立体视频技术是数字媒体领域重要发展方向,旨在实现场景的立体感知与高临场感。

2011年3月20日,由自动化系和清华信息科学与技术国家实验室(筹)联合举行由戴琼海负责、自主研发的"清立方"立体视频芯片新闻发布会,芯片能高质量地实现平面视频的立体转换,为推动数字电视、移动终端与影视制作等产业迈进立体视频领域提供了具有核心竞争力的高端技术支持。

在国家有关部门和产业界的支持下,历经十余年攻关,自动化系在平面视频立体转换、立体视频采集、制作、编码传输和播放等方面形成了一系列具有自主知识产权的立体视觉关键技术,具有高动态、宽视场、高分辨和高精层析等特征。立体视频重建与显示技术及装置的研究,率先提出了视角—光照协同立体视频三维建模方法等。编码摄像关键技术及应用的研究,通过对光照、光路等成像要素进行编码调制与计算重构,实现大纵深场景全清晰感知、复杂环境精确深度感知,突破传统光学成像在景深、时空分辨率等性能瓶颈和信息维度缺失局限,取得了一系列突破性成果。

主要研究项目有:"基于网络融合的流媒体服务新技术"、"面向大规模城域监控的流媒体关键技术及设备"、"立体视频重建与显示技术及装置"、"新一代立体视觉关键技术及产业化"、"立体视频获取与重建技术及装置"、"立体视觉感知、建模关键技术及应用"、"动态立体视觉系统关键技术及应用"、"增强现实影视摄制技术、系统及应用"、"编码摄像关键技术及应用"、"光谱视频计算摄像技术及装置"、"阵列像感器宽视场高分辨光场成像关键技术与应用"、"视觉信息智能三维重建关键技术与应用"、"编码摄像理论与方法研究"、"大范围场景地图构建、自主定位、透彻感知与动态认知"、"双光子光场计算显微仪器"、"大范围场景地图构建、自主定位、透彻感知与动态认知"、"多维多尺度高分辨率计算摄像仪器"、"无人系统自主智能精准感知与操控"等。

四、2020年体制调整后各研究所主要研究方向

1. 工业智能与系统研究所

原CIMS研究所的研究方向为复杂制造系统建模、控制与优化,企业集成与服务科学,网络化制造,系统仿真与虚拟制造,现代物流与电子商务等。

随着智能技术的发展,研究所将研究方向确定为"工业智能与系统",瞄准智能感知、智能交互与机器学习、智能研发设计、虚拟仿真与数字孪生、智能优化与调度、分布式控制与智能决策、设备健康管理与智能维护、智能服务与企业集成、众智科学与工程、人工智能驱动的学科交叉研究、工业自主无人系统等。

2. 信息处理研究所

该研究所主要包含两个大的研究领域:模式识别与智能系统和生物信息。

1)模式识别与智能系统

主要研究方向为:指纹识别、模式识别、机器学习、图像分析、信号处理的理论、方法与技术,智能信息处理在机器视觉、智能交通系统、地震信号处理、通信信号处理、数字通信等多个领域中的应用。

2)生物信息

生命科学与信息科学的深度交叉与融合是未来科学发展的一个重要趋势,随着人类对基因组信息认识从局部到系统、从只读到读写、从解读到设计的飞速发展,生命系统已经成为信息科学的重要研究对象之一。

随着研究的深入,生物信息学把研究方向瞄准为生物和医学大数据的机器学习和人工智能分析的理论、方法与应用,单细胞基因组学与人类细胞图谱,网络药理学与中医药现代化,合成与系统生物学,各种新一代测序数据的分析,医学遗传学,医学影像与医学大数据区块链应用等。

3. 控制与决策研究所

主要以运动体、流程工业和大型特种装备为对象,系统研究建模(包括机理建模、系统辨识与机器学习、软测量等)、复杂控制系统的分析与设计(包括先进控制、鲁棒控制、多变量控制系统,离散事件动态系统的控制、非线性控制、模糊控制、随机控制、学习控制、安全控制、间歇控制、分级分布控制等)、智能优化与决策(包括智能优化、仿真优化、操作优化、调度优化、智能决策、知识工程等)、故障诊断与智能维护(包括故障诊断、容错控制、预测维护与实时可靠性等)、工业以太网与现场总线等理论与技术,以及复杂工业过程和复杂运动对象的全流程智能一体化优化理论和技术,分布式协同控制的混合智能优化与稳定性等。

4. 系统工程

主要研究非线性系统建模理论与方法、智能交通系统工程、复杂网络化系统理论与分析、智能决策理论与应用、智能交通系统和传感器网络等。

重点以无人系统为依托,开展车路协同环境下新型混合交通群体智能控制和基于车路协同的自动驾驶理论方法与关键技术的研究;以工业智能为依托,开展以能量网络模型为核心的信息物理融合,能源系统和群智能分布式分层智能决策机制的研究;以智慧城市为融合目标,融合交通能源系统,构建智慧城市的信息物理系统,并基于智能与网络化复杂系统,研究智能群体决策与控制理论体系。

5. 导航与控制研究所

主要研究方向为针对天基、空基、地基等特种智能机器人系统,开展了系统总体设计、智能导航与控制、行为规划和博弈决策等关键理论与技术研究。主要研究对象包括智能机器人与系统、多智能体理论与技术、飞行控制系统、飞行管理系统、空中交通管理、航天器导航与控制等。

6. 检测与电子技术研究所

主要研究方向为两相流的检测、多传感器信号融合、太赫兹痕量探测方法与技术、红外痕量探测方法与技术、埋地亚铁磁性目标磁法探测方法与技术、逃生群体行为演化理论与方法、智能化检测方法与技术、多传感器信号融合理论与技术、新型大功率电源变流技术、网络型信号检测与处理技术、智能家电技术等。

7. 脑与认知科学研究所

主要研究方向包括以"脑观测"为切入点,构建多模态和多尺度的新型脑观测技术体系与仪器架构;以"脑机理"为着力点,架设连接脑结构与功能的桥梁,在微观、介观、宏观三个层次上研究重要脑功能的环路机理;探索脑精神性认知的智能特质,形成颠覆式的计算认知模型,建立理论创新高地;深入研究认知智能的计算和迁移机制,集中突破类脑计算范式与架构瓶颈;研究认知智能与无人系统的交叉发展途径,构建自主无人系统平台;发展量子控制的基础前沿研究,推动新型量子机器学习理论与算法。

五、自动化系历年获省(市)部级奖励和国家级奖励的科研项目

1978—2020年,自动化系共获得国家级奖励45项,包括全国科学大会奖7项、国家自然科学奖8项、国家技术发明奖5项、国家科学技术进步奖27项,详见表6.1。

表6.1　自动化系获省(市)部级奖励和国家级奖励的科研项目

年份	获奖项目名称	奖励名称	等级	获奖人
1978	20KC/100A 高频可控硅	全国科学大会奖		
1978	顺序控制器	全国科学大会奖		
1978	双频激光干涉仪	全国科学大会奖		
1978	XPK-01型数控铣床及102型测量机	全国科学大会奖		
1978	数控五轴刻字机	全国科学大会奖		
1978	煤气管道运行自动化	全国科学大会奖		
1978	MK-4城市煤气管网调度自动化"四遥"远动装置	全国科学大会奖		
1981	双频激光自动补偿装置	国家技术发明奖	三等	张国贞等
1984	北京市城市发展规划研究	北京市科学技术进步奖	二等	杨家本等(合作单位:北京城市发展研究所)
1985	新型热水热量指示积算仪	国家技术发明奖	三等	刘震涛、王俊杰、肖德云、顾利忠等
1985	彩色微型机控制的舰船操纵仿真系统	国家科学技术进步奖	三等	熊光楞、肖田元、王扬

续表

年份	获奖项目名称	奖励名称	等级	获奖人
1985	汽车转向系统摆振问题的仿真研究	国家科学技术进步奖	三等	肖田元、熊光楞等
1985	莺歌海崖 13-1 天然气开发利用可行性研究	国家教委科学技术进步奖	一等	郭仲伟（合作单位：天津大学）
1986	莺歌海崖 13-1 天然气开发利用可行性研究	国家科学技术进步奖	二等	郭仲伟（合作单位：天津大学）
1986	饭店计算机管理软件开发及应用	北京市科学技术进步奖	一等	金国芬等
1986	地球物理信号处理的特殊处理方法	国家自然科学奖	学术奖	常迥、李衍达等
1986	海军战术训练仿真系统	国家教委科学技术进步奖	二等	教委
1986	中国控制系统计算机辅助设计软件系统中系统仿真与模型处理软件包	国家教委科学技术进步奖	二等	熊光楞、沈被娜等
1986	龙门壁板数控铣床（数控部分）	国家科学技术进步奖	二等	许道荣、阎石、吴年宇
1986 1993	35kV 小型化变电站微处理机和集成电路 WJKX 型四合一集控台	1986 年河南省科技进步奖二等奖、1993 年山东省科技进步奖三等奖、河北省科技进步奖三等奖	二等 三等	董登武、徐文立等
1988	海军战术训练仿真系统	国家科学技术进步奖	二等	熊光楞、李芳芸、肖田元、沈被娜等
1988	工业锅炉计算机控制	北京市科学技术进步奖	三等	阳宪惠、颜伦亮
1989	35kV 小型化变电站微处理机和集成电路 WJBX 型四合一集控及推广	国家科学技术进步奖	三等	董登武、徐文立等
1989	2000 年中国经济结构的定量分析	国家科学技术进步奖	一等	夏绍玮等
1990	自适应和专家系统相结合的高炉铁水含硅量预报计算机系统	国家教委科学技术进步奖	一等	韩曾晋、张乃尧
1990	自适应和专家系统相结合的高炉铁水含硅量预报计算机系统	国家科学技术进步奖	二等	韩曾晋、张乃尧
1990	自动编程系统 Auto-dBASE	北京市科学技术进步奖	三等	刘祖照、吴波
1991	网频时间码同步电影后期录音工艺	国家科学技术进步奖	二等	于晓林等（第二完成单位）
1991	地球物理信号处理与识别方法及其应用	国家科学技术进步奖	一等	常迥、李衍达、阎平凡、边肇祺

续表

年份	获奖项目名称	奖励名称	等级	获奖人
1991	解决美国 MAC-34 定向强辐射器的高科技研究、机理调整与区域网络平衡工程	中国船舶工业总公司科技进步奖	一等	赵良炳
1991	芳烃联合装置计算机监控系统	中国石油化工总公司科技进步奖	二等	王桂增、徐博文、杨佃福、张福义、郑庆生等
1991	墙体构件热工性能测试装置——热箱装置	北京市科学技术进步奖	三等	曹玉金、李志忠
1991	宏观质量评估支持系统	国家教委科学技术进步奖	三等	郭仲伟
1992	CAFIS 指纹图像计算机自动识别系统	北京市科学技术进步奖	一等	边肇祺、荣钢、董晓雪、李小平
1992	三峡工程综合经济分析——国力分析	国家科委科学技术进步奖	一等	夏绍玮、胡方杞、倪恩、王亚利
1992	生产过程故障诊断方法的研究	国家教委科学技术进步奖(基础研究类)	一等	方崇智、王桂增、萧德云等
1992	青霉素发酵多模型智能控制	国家教委科学技术进步奖(应用研究类)	二等	朱善君、张曾科、吉吟东
1992	模拟系统故障诊断与可测性研究	国家教委科学技术进步奖(基础研究类)	三等	童诗白、杨士元等
1992	动态投入产出模型及其交互软件在中长期宏观经济规划及大型项目评价中的应用	国家教委科学技术进步奖(基础研究类)	三等	夏绍玮、倪恩等
1992	工业炉窑节能控制系统	国家教委科学技术进步奖(应用研究类)	三等	徐用懋、阳宪惠、张福义、王锦标、杨佃福、颜伦亮、王雄
1993	地球物理信号处理与识别方法及其应用	国家自然科学奖	四等	常迥、李衍达等
1993	CAFIS 指纹自动识别系统	国家科学技术进步奖	二等	边肇祺、荣钢等
1993	青霉素发酵多模型智能集散系统	国家科学技术进步奖	三等	朱善君、张曾科等
1993	国家 CIMS 实验工程	国家教委科学技术进步奖	一等	吴澄、熊光楞、马力忠、董名垂等
1994	清华大学国家 CIMS 工程技术研究中心	美国制造工程师学会(SME)"大学领先奖"	国际奖	吴澄等

续表

年份	获奖项目名称	奖励名称	等级	获奖人
1995	CIMS 实验系统的软件开发及信息集成	国家科学技术进步奖	二等	吴澄、熊光楞等
1995	中国控制系统计算机辅助设计（CADCSC）软件系统	国家科学技术进步奖	三等	熊光楞、沈被娜等
1995	地震勘探智能信息处理系统	国家教委科学技术进步奖	二等	李衍达、李崇荣、刘业新、张学工
1995	造纸机的组合自适应控制	国家教委科学技术进步奖	二等	李清泉、张维存
1995	一体化制造仿真软件	国家教委科学技术进步奖	三等	熊光楞、肖田元、刘义
1995	自适应斜面元（ADA）法及在煤田地震资料处理中的应用	煤炭工业部科学技术进步奖	三等	李衍达、李崇荣
1996	关于 ARMA 模型辨识与谐波恢复的研究	国家教委科学技术进步奖	一等	张贤达、李衍达等
1996	旋转阀计算机监控系统	中国石化总公司科学技术进步奖	三等	杨佃福、张福义、刘一力、王桂增
1997	关于 ARMA 模型辨识与谐波恢复的研究	国家自然科学奖	四等	张贤达、李衍达等
1997	成都飞机工业公司 CIMS 应用工程	国家科学技术进步奖	二等	李芳芸、崔德光等
1997	经纬计算机集成制造系统工程（JW-CIMS 工程）	中国纺织总会科学技术进步奖	一等	肖田元
1997	成都飞机工业公司 CIMS 应用工程	中国航空工业总公司科学技术进步奖	一等	李芳芸、崔德光等
1997	北京二龙路医院全病案信息管理系统	北京市科学技术进步奖	三等	肖田元
1997	用于地震储层分析的 SOMA 方法	联合国技术信息促进系统中国国家分部"发明创造科技之星"奖		张学工
1997	多变量非线性控制的逆系统方法	国家教委科学技术进步奖（甲类）	二等	李春文、冯元琨、杜继红
1997	多数摄动控制系统的鲁棒性理论	国家教委科学技术进步奖（甲类）	三等	郑大钟
1997	导弹运输发射车行走系故障检测与诊断方法研究	中国航天工业总公司科学技术进步奖	三等	叶昊、王桂增（参加单位）
1997	抗干扰型交流稳压电源(标准)	电子部科学技术进步奖	二等	张乃国
1997	常压蒸馏系统的建模与优化控制系统	中国石化总公司科学技术进步奖	二等	徐用懋、徐博文

续表

年份	获奖项目名称	奖励名称	等级	获奖人
1998	广东华宝空调器厂CIMS工程	国家科学技术进步奖	二等	刘文煌等(参加单位)
1998	山西经纬纺织机械有限公司CIMS工程	教育部科学技术进步奖	一等	肖田元等
1998	基于全病案光盘存储管理的集成化医疗信息系统	北京市科学技术进步奖	三等	肖田元等
1998	福建炼油化工有限公司计算机集成生产系统(一期工程)	中国石化总公司科学技术进步奖	二等	徐用懋、萧德云、徐博文、杨家本、王雄等
1998	基于炼油过程仿真的优化生产计划/调度系统开发及应用	中国石化总公司科学技术进步奖	三等	杨家本、丁峰
1999	神经网络理论及其智能信息处理应用基础	教育部科学技术进步奖	一等	李衍达、阎平凡、罗发龙
1999	并行工程	教育部科学技术进步奖	二等	熊光楞
1999	北京玻璃仪器厂计算机集成制造系统(一期工程)	北京市科学技术进步奖	三等	张乃尧
1999	控制系统的故障检测与诊断技术	北京市科学技术进步奖	三等	周东华等
1999	大型过程工业自动化系统总体技术开发研究	北京市科学技术进步奖	二等	肖德云等
2000	加速纺机产品结构优化升级的信息集成与虚拟产品开发技术	国家科学技术进步奖	二等	肖田元等
2000	石化生产过程多变量预估控制技术开发应用	中国石化总公司科学技术进步奖	一等	金以慧等
2000	福建炼油化工有限公司计算机集成生产系统(FR-CIMS)二期工程	中国石化总公司科学技术进步奖	二等	王雄、徐用懋、徐博文、杨家本、阳宪惠、曹玉金、范全义等
2000	一类非线性系统的在线故障诊断理论研究	国防科学技术进步奖	三等	周东华等
2000	制造业CIMS应用集成平台	中国高校科学技术奖	二等	范玉顺等
2001	加速铁路货车更新换代的信息集成与并行工程方法和技术	北京市科学技术进步奖	二等	熊光楞等
2001	北京桑普电器有限公司CIMS应用示范工程	北京市科学技术进步奖	二等	柴跃廷等
2001	变电站综合自动化系统(MPS-4000系列)	北京市科学技术进步奖	三等	董登武等
2001	CAFIS指纹远程网络查询系统	江苏省科学技术进步奖	三等	荣钢、黄韬

续表

年份	获奖项目名称	奖励名称	等级	获奖人
2002	海上中深层高分辨率地震勘探技术	国家科学技术进步奖	二等	张学工、陆文凯（第三完成单位）
2002	中国航空行业现代集成制造系统的框架与支撑技术	北京市科学技术进步奖	二等	陈禹六、李清等
2003	模型集辨识及其在控制系统综合中的应用	提名国家科学技术进步奖、自然科学奖	一等	周彤、王凌、孙政顺
2004	复方丹参方药效物质及作用机理研究	国家科学技术进步奖	二等	李梢等
2004	大型深凹露天矿高效运输系统及强化开采技术研究	中国冶金矿山企业协会冶金矿山科学技术奖	特等	徐文立（参与单位）
2004	广东溢达纺织有限公司集成化智能信息系统	中国纺织工业协会科学技术奖	一等	刘民、吴澄等
2004	基于组件技术的DCS仿真培训系统及在华北石化公司联合装置上的应用	山东省科学技术进步奖	二等	黄德先等
2004	偏执型精神分裂症易感基因组合的研究——复杂疾病研究策略及方法的探索	北京市科学技术进步奖	二等	季梁等
2004	数字电路板故障诊断测试集自动生成	国防科学技术进步奖	三等	杨士元、王红等
2004	电解铝集成制造系统（YHA-CIMS）	广西省科学技术进步奖	二等	袁涛等
2004	气分MTBE先进控制系统的开发	中国石油和化工自动化应用协会科技进步奖	二等	徐用懋、熊智华、梁旻
2005	纺织业大规模生产过程智能调度技术研究与应用	广东省科学技术进步奖	一等	刘民、吴澄、张亚斌等
2005	基于速率平滑和缓冲区控制的主从式可扩展跨平台多请求流媒体服务器	上海市科学技术进步奖	二等	叶德建、吴秋峰、张佐
2006	大规模复杂生产过程智能调度与优化技术研究及应用	国家科学技术进步奖	二等	刘民、吴澄等
2006	数字电路板故障诊断测试集自动生成	军队科学技术进步奖	一等	杨士元、王红等
2006	XX模拟轰炸系统	军队科学技术进步奖	一等	周东华
2006	复杂产品虚拟样机关键技术、协同仿真平台及其工程应用	高等学校科学技术进步奖、中国电子学会电子信息科学技术进步奖	二等	张和明等
2007	大型深凹露天矿安全高效开采关键技术研究	国家科学技术进步奖	二等	徐文立（参与单位）

续表

年份	获奖项目名称	奖励名称	等级	获奖人
2007	首钢水厂铁矿深凹露天高效开采综合技术研究	中国金属学会冶金科学技术进步奖	特等	徐文立、张莹等
2008	基于网络融合的流媒体服务新技术	国家技术发明奖	二等	戴琼海、陈峰、徐文立、尔桂花等
2008	奥运交通指挥控制系统	北京市科学技术进步奖	一等	李志恒等
2008	异构网络下视频流媒体的处理与传输新技术	广东省科学技术进步奖	一等	戴琼海、谢旭东、季向阳、刘烨斌、尔桂花、徐文立等
2008	强跟踪滤波器理论及其应用	教育部高等学校科学研究优秀成果奖、自然科学奖	二等	周东华、金以慧、谢晓清、王东
2008	装备RAM仿真和备件配置优化技术研究	军队科学技术进步奖	三等	周东华
2008	精导武器景象匹配技术研究	军队科学技术进步奖	三等	周东华
2008	国防科技工业企业信息化集成框架参考模型标准化研究（20081340）	中国航空工业第一集团科技进步奖	三等	李清
2009	异构网络下视频流媒体的处理与传输新技术	广播、电视科学技术进步奖	一等	戴琼海
2009	离散事件动态系统的优化理论与方法	国家自然科学奖	二等	曹希仁、赵千川、陈曦、贾庆山等（第2完成单位）
2009	城市智能交通管理指挥控制系统	国家科学技术进步奖	一等	李志恒等（第2完成单位）
2010	现代港口综合物流信息平台研究与实施	青岛市科技进步奖	一等	柴跃廷等（第2完成单位）
2010	视频监控实时行为分析关键技术及应用	中国电子学会电子信息科学技术奖	三等	陈峰
2010	江铜集团铜矿石选矿过程控制系统研究与应用	中国有色金属工业科技进步奖	一等	王焕钢、徐文立等（第5完成单位）
2010	面向大规模城域监控的流媒体关键技术及装备	国家科学技术进步奖	二等	季向阳、丁贵广等（第2完成单位）
2011	指掌纹自动识别新技术与新设备	中国电子学会电子信息科学技术奖	一等	周杰、冯建江、荣钢等

145

续表

年份	获奖项目名称	奖励名称	等级	获奖人
2011	复杂网络化系统的滤波、诊断与协同控制	中国自动化学会自然科学奖	一等	陈茂银、周东华、叶昊、何潇等
2011	立体视频获取与重建技术及装置	教育部技术发明奖	一等	戴琼海、陈峰、索津莉等
2011	基于工艺机理、专家知识和智能学习的延迟焦化装置优化控制技术	中国石油和化工自动化行业科学技术奖	一等	黄德先、熊智华、吕文祥、江永亨、王京春、金以慧等
2011	机动车动态监控监管关键技术及应用	国家科学技术进步奖	二等	李志恒等
2012	立体视频重建与显示技术及装置	国家技术发明奖	一等	戴琼海、季向阳、刘烨斌等
2012	控制系统实时故障检测、分离与估计理论和方法	国家自然科学奖	二等	周东华、叶昊、钟麦英、方崇智、王桂增
2012	基于GIS的制造产业集群支撑技术服务系统	中国机械工业科学技术奖	二等	黄双喜（第4完成单位）
2012	城市区域交通状态分析理论与方法	中国智能交通协会科学技术奖	二等	张毅、李力、胡坚明、姚丹亚、李志恒、张佐
2013	基于工艺机理、专家知识和智能学习的精馏过程优化控制技术	中国石油和化工自动化行业科学技术奖	一等	黄德先、吕文祥、江永亨、王京春、熊智华等
2013	复杂疾病遗传与调控机制分析的模式识别理论与方法	中国自动化学会自然科学奖	二等	江瑞、汪小我、古槿、张学工、李衍达
2013	事件驱动的网络化动态系统的建模与控制	教育部自然科学奖	二等	赵千川、贾庆山、夏俐、陈曦
2013	面向人口健康的可配置服务技术、系统及应用	中国电子学会电子信息科学技术奖	二等	黄必清、朱鹏、李秀（第2完成单位）
2013	大规模智能视频监控新技术及应用	北京市科学技术进步奖	二等	陈峰、索津莉、张永兵、余肇飞、邓岳（第2完成单位）

第6章 科学研究

续表

年份	获奖项目名称	奖励名称	等级	获奖人
2013	基于GIS的制造产业集群支撑技术服务系统研究	安徽省科学技术进步奖	二等	黄双喜(第4完成单位)
2013	基于视觉飞行器自主控制及关键装备设计方法研究	中国自动化学会自然科学奖	二等	张涛、程朋、刘烨斌、徐文立
2013	直接甲醇燃料电池性能及控制系统	河南省科学技术进步奖	二等	李春文(第3完成单位)
2013	企业资源协同与优化配置理论及方法	中国电子学会电子信息科学技术奖	三等	黄必清(第2完成单位)
2014	××机器人系统总体设计与关键技术	军队科学技术进步奖	一等	梁斌等
2014	分布式协同控制的混合智能优化与稳定性	国家自然科学奖	二等	王凌等
2014	复杂环境下机器人智能自主运动控制研究	教育部自然科学奖	二等	张涛、赵明国、石宗英、徐文立
2014	专用项目	军队科学技术进步奖	二等	宋靖雁、张涛、翟坤、王天舒、卓晴、程农、朱海龙
2014	集成电路制造装备标准化集束式控制与整机检测平台	北京市科学技术进步奖	三等	徐华、邓俊辉、王焕钢、黄利平、王人成(第2完成单位)
2014	黄金矿山选矿全流程检测与优化控制技术开发与应用	山东省科学技术进步奖	三等	王焕钢(第3完成单位)
2015	网络化系统的状态估计与故障诊断	中国自动化学会科学技术奖	一等	周东华、何潇、王子栋、李钢
2015	立体视觉感知、建模关键技术及应用	中国电子学会电子信息科学技术奖	一等	戴琼海、索津莉、范静涛、季向阳、刘烨斌、李一鹏等
2015	动态立体视觉系统关键技术及应用	广东省科学技术进步奖	一等	戴琼海、范静涛等(第2完成单位)
2015	空间维护专用项目	国家科学技术进步奖	特等	梁斌、宋靖雁等
2015	指掌纹识别的统计建模理论与方法	教育部科学技术进步奖	二等	冯建江、郭振华、周杰

续表

年份	获奖项目名称	奖励名称	等级	获奖人
2016	动态系统的剩余寿命估计与可靠性预测理论和方法	中国自动化学会科学技术奖	一等	周东华等
2016	××机器人遥操作系统设计及关键技术	军队科学技术进步奖	一等	梁斌等
2016	新一代立体视觉关键技术及产业化	国家科学技术进步奖	二等	戴琼海、索津莉、范静涛等
2016	大规模群体紧急疏散理论与方法	中国石油和化学工业协会科学技术奖	三等	郑小平、王晓璐、程远
2016	交通流数据的统计建模理论与预测方法	教育部自然科学奖	二等	李力、张毅、姚丹亚、张佐、胡坚明
2016	不连续系统的渐近行为与镇定性研究	教育部自然科学奖	二等	宋士吉、吴澄（第2完成单位）
2016	选矿过程检测与智能优化控制技术研究与实践	北京市科学技术进步奖	三等	王焕钢（第2完成单位）
2016	选矿过程智能感知与全流程优化控制技术开发与应用	中国有色金属工业科学技术奖	二等	王焕钢（第2完成单位）
2017	石化装备智能故障诊断与运维关键技术及应用	石油和化工自动化行业科学技术奖	一等	周东华、何潇等
2017	智能车路协同系统仿真方法与测试验证应用关键技术	中国智能交通协会科学技术奖	一等	张毅、胡坚明、裴欣、张佐等（第2完成单位）
2017	大规模群体紧急疏散理论与方法	教育部自然科学奖	一等	郑小平等
2017	增强现实影视摄制技术、系统及应用	吉林省科学技术进步奖	一等	范静涛等
2017	协作通信参数学习机理与传输优化方法	中国通信学会科学技术奖	二等	高飞飞
2017	无人驾驶自行车	日内瓦国家发明展览会奖	银奖	赵明国、何家瑞、索毅、邓卡
2017	石化装备智能安全监测关键技术及应用	广东省科技进步奖	二等	周东华、何潇（第2完成单位）
2017	黄金矿山采选过程智能优化控制技术	山东省科学技术进步奖	二等	王焕钢（第3完成单位）
2017	复杂调度优化问题的混合智能求解理论与方法	云南省自然科学奖	三等	王凌（第3完成单位）

续表

年份	获奖项目名称	奖励名称	等级	获奖人
2017	基于物联网技术的火电厂燃烧全过程管理与智能掺烧系统建设与应用	浙江省科学技术进步奖	二等	张和明（第2完成单位）
2018	清华大学未来媒体创新团队	中国电子信息科技创新团队奖	一等	戴琼海、季向阳、刘烨斌、索津莉、范静涛、李一鹏等
2018	编码摄像关键技术及应用	中国电子学会科学技术奖	一等	季向阳等
2018	脑血管磁共振计算成像技术及应用（第2完成单位）	中国电子学会电子信息科学技术奖	一等	邵航、张新
2018	面向智能电网的火电机组涉网性能动态评价与优化控制技术及应用	中国自动化学会科学技术进步奖	一等	杨帆等
2018	非线性系统的不确定模型解析、推理与智能学习	吴文俊人工智能自然科学奖	一等	宋士吉、黄高、吴澄等
2018	动态系统运行安全性评估理论与方法	教育部自然科学奖	一等	周东华等
2018	机电装备故障智能诊断和预报方法的研究与应用	吉林省科学技术进步奖	一等	何潇等（第2完成单位）
2018	公安交通突发事件快速反应处理关键技术研究与应用	公安部科技进步奖	一等	张毅等（第8完成单位）
2018	危险化学品事故遥测预警与群体疏散应急技术	国家科学技术进步奖	二等	郑小平、程远、王晓璐
2018	网络化系统安全优化理论与方法及在能源电力等系统的应用	国家自然科学奖	二等	管晓宏、赵千川、贾庆山等（第2完成单位）
2018	大人群指掌纹高精度识别技术及应用	国家技术发明奖	二等	周杰、冯建江等
2018	基于编码光照的高分辨3D立体成像	纽伦堡国际发明展	金奖	季向阳
2018	用于模拟太赫兹大气传播的实验装置	日内瓦国际发明展	金奖	郑小平、姜兆宇、程远
2018	石化装备智能故障诊断与运行维修关键技术及应用	石油化工自动化行业科学技术进步奖	一等	周东华、何潇（第2完成单位）
2018	×××一体化综合设计技术	中国船舶工业集团科学技术进步奖	二等	范文慧（第3完成单位）
2018	信息化和工业化融合管理体系研制及产业应用	中国电子学会电子信息科学技术奖	二等	李清（第3完成单位）

续表

年份	获奖项目名称	奖励名称	等级	获奖人
2018	复杂网络上信息传播、耦合及同步问题建模与分析	甘肃省自然科学奖	二等	赵千川
2019	光谱视频计算摄像技术及装置	中国电子学会科学技术奖	一等	索津莉等（第2完成单位）
2019	阵列像感器宽视场高分辨光场成像关键技术与应用	中国电子学会科学技术奖	一等	郭雨晨等
2019	视觉信息智能三维重建关键技术与应用	中国电子学会科学技术奖	一等	刘烨斌、徐枫、李一鹏等
2019	电子商务基础信息设施技术及应用	中国物流与采购联合会科学技术奖	一等	柴跃廷、于潇、刘义等
2019	危险化学品泄漏源定位技术与系统	中国石油和化学工业协会科学技术奖	一等	郑小平、彭黎辉、邓晓娇等
2019	高性能大容量电能净化装备关键控制技术及工程应用	中国自动化学会科技进步奖	特等	耿华等（第3完成单位）
2019	指纹方向场的估计方法和装置	中国专利奖	银奖	周杰、冯建江等
2019	疾病生物网络关系推断的原理与方法	中国自动化学会自然科学奖	二等	李梢、古槿、谢震、李衍达
2019	复杂物理信息群系统的同步控制与运行安全监测理论	中国自动化学会自然科学奖	二等	陈茂银、尚骏、张瀚文、席霄鹏
2019	危险化学品的大气扩散过程与扩散源示踪系统装置	第十届国际发明展览会	金奖	郑小平
2019	编码摄像关键技术及应用	国家科学技术进步奖	二等	季向阳、王贵锦、张永兵、刘振宇、万鹏飞、施陈博、连晓聪
2019	动态系统运行安全性评估理论与方法	国家自然科学奖	二等	周东华、徐正国、李钢
2020	专用项目	教育部科学技术进步奖	一等	郑小平、孙振源、邓晓娇
2020	信息物理融合能源系统运行策略优化理论与方法	教育部自然科学奖	二等	贾庆山
2020	视觉信息的紧致特征表示理论与方法	中国电子学会电子信息科学技术奖	一等	鲁继文、周杰、郭振华
2020	大规模网络化系统基本特性分析与分布式鲁棒状态估计	中国自动化学会自然科学奖	一等	周彤

注：（1）表中所列1978年全国科学大会奖均无获奖人名单。

（2）表中一些项目的获奖时间不准确，前后相差1年，主要原因是：上年批准获奖项目次年才公布，或是上年获奖项目，次年自动化系年鉴才收录。

第7章 学术交流

自动化系重视与国内、外著名大学和研究机构的交流与合作,早在1979年就派出年轻的骨干教师到美国、英国、德国、加拿大、日本等国家的知名大学进修,邀请国外著名学者来校讲学、举办研讨班和学术报告、开展合作研究等。自动化系师生积极参加重要的国际、国内学术会议并在重要的国际、国内学术刊物上发表文章。积极的国内外学术交流活动,开阔了师生的学术眼界,促进了学术水平的提高,缩小了与国际先进水平的差距,一些研究方向的研究水平进入国际先进行列,如CIMS、模式识别、生物信息、动态系统故障诊断、立体视频获取与重建技术及装置等。近30年,随着我国改革开放的深入进行和国民经济的快速发展,自动化系的学术交流活动异常活跃。主要表现为:教师和研究生在国内外重要学术刊物上发表文章的数量和被引用的情况(见表7.1)、境外知名学者来访人数(见表7.2)、本系骨干教师受境外邀请出访或参加重要学术会议人数(见表7.3)均明显增加。自动化系教师担任国际期刊编委60余人(见表7.4)。

表7.1 1991年以来自动化系师生发表学术论文数与被引用的情况统计[①]

时间	文章总数	全国性会议文章数	国际会议文章数	国内刊物文章数	国外刊物文章数	EI收录数	ISTP收录数	SCI收录数(网络版)
1991		86	34	36	9			
1992	232	82	76	68	6			
1993	208	56	76	59	17	5	6	3
1994	297	122	57	105	18		61	6
1995	219	72	52	88	7	16	14	3
1996	266	63	64	124	15	19	14	3

① 表中EI、ISTP和SCI收录数均为前一年的统计数,表格空白处为无准确数据记录情况。

续表

时间	文章总数	全国性会议文章数	国际会议文章数	国内刊物文章数	国外刊物文章数	EI收录数	ISTP收录数	SCI收录数（网络版）
1997	251	36	52	155	8	32	45	4
1998	298	42	52	197	7	46	35	7
1999	355	44	67	228	16	94	10	5
2000	472	38	154	264	16	85	10	11
2001	472	32	122	300	17	91	59	30
2002	561	42	144	335	40			
2003	467	101	24	290	52	164	116	73
2004	476	17	154	265	40			88
2005	599	21	211	256	111			148
2006	537	22	156	225	134			155
2007	505	21	182	180	122			
2008	358	10	136	128	93			
2009	533	17	164	208	144			123
2010	517	40	158	189	130			124
2011	409	129	10	134	136			110
2012	402	40	113	89	160	164	116	139
2013	402	33	153	75	190			
2014	420	22	143	75	180			149
2015	414	19	141	67	187			158
2016	239	7	40	39	153			119
2017	395	32	96	91	176			155
2018	395	91	176	32	96			158
2019	397	32	112	84	169			158

表7.2　主请和顺访自动化系的境外专家情况统计①

时间	来访专家人数	各国家/地区专家人数
2001	10	美国4人,日本1人,德国2人,中国香港3人
2002	9	美国5人,英国1人,德国1人,中国香港1人,中国台湾1人
2003	22	美国8人,日本7人,英国2人,德国1人,俄罗斯1人,乌克兰1人,丹麦2人
2004	34	美国16人,日本3人,英国2人,德国2人,加拿大4人,新加坡1人,法国1人,瑞典4人,朝鲜1人
2005	73	美国20人,日本26人,英国6人,德国9人,韩国3人,巴西5人,中国香港4人
2006	67	美国42人,日本5人,印度1人,英国9人,荷兰2人,新西兰1人,韩国1人,芬兰2人,中国台湾1人,中国香港3人
2007	66	美国36人,日本5人,印度2人,英国9人,德国6人,韩国2人,中国台湾3人,中国香港3人

① 表中来访专家数主要来自清华大学自动化系年鉴。

续表

时间	来访专家人数	各国家/地区专家人数
2008	99	美国65人,新加坡4人,日本6人,德国9人,加拿大6人,英国3人,爱尔兰2人,中国香港4人
2009	133	美国76人,欧盟33人,英国1人,德国3人,荷兰1人,加拿大2人,日本13人,澳大利亚1人,中国香港3人
2010	93	美国15人,加拿大4人,澳大利亚8人,葡萄牙4人,芬兰4人,荷兰2人,意大利3人,西班牙1人,英国4人,法国10人,以色列1人,土耳其2人,新加坡2人,韩国1人,日本28人,中国香港4人
2011	101	德国1人,法国3人,加拿大3人,美国47人,挪威1人,日本11人,中国香港27人,新加坡1人,英国7人
2012	81	美国45人,日本4人,澳大利亚1人,新加坡2人,英国2人,西班牙2人,加拿大3人,芬兰1人,德国3人,韩国8人,瑞士1人,印度1人,法国1人,阿曼苏丹国1人,中国香港6人
2013	56	美国35人,英国3人,韩国2人,日本7人,澳大利亚1人,加拿大5人,瑞典1人,西班牙1人,中国香港1人
2014	92	美国43人,德国4人,英国6人,西班牙13人,澳大利亚1人,加拿大4人,比利时4人,日本7人,沙特阿拉伯2人,中国香港、中国澳门、中国台湾总计8人
2015	56	美国34人,荷兰3人,法国1人,德国4人,加拿大2人,新加坡2人,中国香港1人,英国6人,以色列2人,印度1人
2016	41	美国22人,新加坡7人,意大利4人,德国2人,英国1人,芬兰1人,澳大利亚1人,中国澳门1人,以色列1人,加拿大1人
2017	48	美国24人,巴西1人,新加坡3人,中国香港2人,英国4人,芬兰2人,法国2人,中国澳门1人,加拿大8人
2018	45	美国20人,加拿大3人,希腊4人,巴西1人,英国3人,巴基斯坦1人,瑞典1人,日本12人,中国澳门1人,中国香港1人
2019	65	美国29人,加拿大5人,德国3人,英国2人,法国1人,日本12人,意大利2人,荷兰1人,瑞典1人,瑞士1人,西班牙1人,澳大利亚1人,韩国3人,阿尔及利亚2人,中国香港1人

表 7.3 1991—2018 年自动化系教师出访情况统计[①]

时间	出访人员总数	短期出访人次 (会议、考察等)	长期出访人数 (进修、科研合作等)
1991	21	12	9
1992	33	28	5
1993	63	50	13
1994	60	54	6

---

① 表中的数字主要来自清华大学自动化系年鉴,表格空白处为无准确数据记录情况。

续表

时间	出访人员总数	短期出访人次（会议、考察等）	长期出访人数（进修、科研合作等）
1995	65	51	14
1996	101	94	7
1997	71	63	8
1998	71	60	11
1999	43	32	11
2000	75	65	10
2001	61	50	11
2002	70	61	9
2003	40	30	10
2004	92	82	10
2005	50	47	3
2006	51	49	2
2007	57	51	6
2008	47	45	2
2009	83	82	1
2010	84	81	3
2011	103	99	4
2012	136	133	3
2013	90	87	3
2014	127	123	4
2015	106	103	3
2016	125	123	2
2017	117	117	0
2018	132	132	0

表7.4　自动化系教师（曾）担任国际期刊编委情况

序号	期刊名称	任职	人员
1	Automatica	编委	周彤
2	Artificial Intelligence and Robotics Research	副主编	宋士吉
3	BMC Bioinformatics	编委	张学工
4	BMC Medical Genomics	副编辑	古槿
5	Computer Vision and Image Understanding	客座编委	鲁继文
6	Control Engineer Practice	编委	耿华
7	CPSS Trans. on Power Electronics and Application	编委	耿华
8	Chinese Journal of Electrical Engineering	编委	耿华
9	Control Theory and Technology	编委	贾庆山
10	Frontiers of Computer Science	编委	刘烨斌
11	International Journal of Computer Integrated Manufacturing	编委	范玉顺
12	International Journal of Digital Enterprise Technology	编委	范玉顺

续表

序号	期刊名称	任职	人员
13	Enterprise Information System	副主编	范玉顺
14	IEEE Transactions on SMC on Systems	编委	宋士吉
15	IEEE Transactions on Automation Science and Engineering	编委	赵千川
16	IEEE Transactions on Automation Science and Engineering	副编辑	贾庆山
17	IEEE Transactions on Automatic Control	编委	周 彤
18	Results in Control and Optimization	执行主编	贾庆山
19	IEEE Transactions on Image Processing	编委	戴琼海
20	IEEE Transactions on Neural Networks and Learning Systems	编委	戴琼海
21	IEEE Transactions on Image Processing	编委	鲁继文
22	IEEE Transactions on Biometrics, Behavior, and Identity Sciences	编委	鲁继文
23	IEEE/ASME Transactions on Mechatronics	编委	张 涛
24	IEEE Transactions on Smart Grid	编辑	管晓宏
25	IEEE Transactions on Intelligent Transportation System	编委	李 力
26	IEEE Transactions on Evolutionary Computation	副编辑	王 凌
27	IEEE Transactions on Cognitive Communications and Networking	编委	高飞飞
28	IEEE Communications Letters	编委	高飞飞
29	IEEE Signal Processing Letters	编委	高飞飞
30	IEEE Control Systems Letters	编委	游科友
31	IEEE Transactions on Cybernetics	编委	游科友
32	IEEE Trans. on Pattern Analysis and Machine Intelligence	编委	张长水
33	IEEE Robotics & Automation Magazine	编委	李 翔
34	IEEE Trans. on Sustainable Energy	编委	耿 华
35	IEEE Trans. on Energy Conversion	编委	耿 华
36	IEEE Power Engineering Letters	编委	耿 华
37	IEEE Trans. on Industry Applications	编委	耿 华
38	IEEE Signal Professing Letters	资深编委	赵 虹
39	IEEE Signal Processing Magazine	编委	赵 虹
40	IEEE Access	编委	鲁继文
41	IEEE Control Systems Letters	副编辑	贾庆山
42	IEEE Transactions on Instrumentation and Measurement	编委	彭黎辉
43	IEEE 控制系统协会 Conference Editorial Board	编委	游科友
44	International Journal of Automation and Control	主编	王 凌
45	IFAC Mechatronics	编委	吴 澄
46	International J of Artificial Intelligence and Soft Computing	编委	王 凌
47	Image and Vision Computing	客座编委	鲁继文
48	Journal of Optimization Theory and Application	编委	赵千川
49	Journal of Industrial and Management Optimization	编委	吴 澄
50	Journal of Optimization	编委	王 凌
51	Journal of Frank Institute	编委	何 潇
52	Journal of Visual Communication and Image Representation	编委	鲁继文
53	Journal of Control, Automation and Electrical Systems	编委	耿 华

续表

序号	期刊名称	任职	人员
54	Journal of Social Computing	编委	赵　虹
55	Mathematical Foundation of Computing	编委	宋士吉
56	Memetic Computing	编委	王　凌
57	Neurocomputing	编委	鲁继文
58	Pattern Recognition	编委	张长水
59	Pattern Recognition Letters	主编	鲁继文
60	Robotics and Computer-Integrated Manufacturing	编委	吴　澄
61	Science China Information Sciences	编委	贾庆山
62	Swarm and Evolutionary Computing	副编辑	王　凌
63	Systems & Control Letters	编委	游科友
64	Transport Reviews	编委	李　力
65	Transportation Research Part C	编委	李　力
66	Int. Journal of Robotics & Automation	副编辑	周　杰

值得一提的是,2006年2月,应哈佛大学公共卫生学院邀请,国家实验室生物信息学研究部主任张学工到哈佛公共卫生学院开设了为期三周的短期课程,讲授高通量生物数据分析中的机器学习方法,来自哈佛大学公共卫生学院、医学院及麻省总医院等附属医院的教师、研究生和博士后等共40多人参加。该课程结合实例,系统而简要地介绍了当前在功能基因组学中常用的模式识别和机器学习方法,对当时这一领域中存在的问题和需要避免的误区进行了深刻的分析,并与哈佛大学的博士 Xin Lu 一起安排了实验环节。课程受到了哈佛大学同行和广大听众的热烈欢迎和高度评价。

从20世纪80年代末开始,随着科学研究水平的不断提高,自动化系主办国内、外重要学术会议和学术研讨班的次数明显增加,不仅促进了学术交流,也扩大了自动化系在境内外的学术影响。

一、主办国内学术会议、研讨班

1989年11月,中国自动化学会过程控制专业委员会第3次会议在京举行,会议由自动化系主办,北京化工大学协办。

1991年,吴麒倡导组织首都高校自动控制学术报告会,杨嘉墀参加并发言,对学校和首都高校的学术活动起到了推动作用。

1991年8月,控制理论教研组主办了为期两周的 H 无穷控制理论研讨班,由自动化系控制理论教研组解学书和钟宜生、英国莱斯特大学(University of Leicester)教授、英国皇家工程院(The Royal Academy of Engineering,RAE)院士伊恩·波斯尔思韦特(Ian Postlethwaite)、中国留英学者顾大伟等中外学者6人共同讲授。来自全国31所高校和航空航天部两个研究所的54名教学、科研人员参加。

1992年3月19日,自动化系在北京举办CIMS应用工厂详细设计工作和出国考察交流会,出席代表40余人。

1992年8月24日,工业自动化最新发展学术会议在清华大学举行,出席会议的代表80多人。

1992年9月22日,首都高校第二届自动控制学术报告会在清华大学举办,参会代表350人,会议论文65篇。

1992年,由自动化系控制理论教研组郑大钟组织的全国离散事件动态系统学术报告会在清华大学举行,100余人出席。

1992年4月6—10日,国家科委和自动化系CIMS中心联合在清华大学主办了中欧CIMS技术合作项目管理培训班(与欧共体和比利时合作),参加人数39人。

1992年4月27—30日,国家科委和自动化系CIMS中心联合在北京友谊宾馆和清华大学主办了中欧合作方法论课题讲座(与欧共体和法国合作),参加人数20余人(外方4人)。

1993年,自动化系控制理论教研组举办首都高校第三届自动控制学术报告会、工程控制理论研讨班、多变量频域控制理论研讨班、非线性控制研讨班。

1993年,召开中国CIMS第三届学术会议,与会代表400人。

1994年6月,清华大学承办的首都高校第三届自动控制学术报告会在清华大学举行,参会200余人。

1999年5月,自动化系主办的中国自动化学会技术过程故障诊断与安全性专业委员会第一届学术会议在清华大学举行。

2000年8月,由自动化系主办的中国自动化学会过程控制专业委员会第11届年会在内蒙古呼和浩特举行,内蒙古工业大学电力学院协办。

2007年,全国生物信息学研究生暑期学校于7月26日—8月24日在清华大学举办。暑期学校由教育部和国家自然科学基金委员会共同主办,由清华大学研究生院、清华大学生物信息学教育部重点实验室、清华信息科学技术国家实验室(筹)生物信息学研究部与自动化系承办,自动化系负责具体组织工作。来自全国80所高校和科研院所的173名正式学员和30名旁听学员参加。

2007年,自动化系与中国自动化学会技术过程的故障诊断与安全性专业委员会联合主办"基于数据的异常工况诊断及其在半导体制造中的应用"研习班,由美国南加州大学化工系及电机系讲座教授、自动化系长江学者讲座教授秦泗钊主讲。

2012年12月2日,自动化系承办2012年北京自动化学会学术年会,来自清华大学、中国科学院自动化研究所、北京化工大学、北京科技大学、北京理工大学、冶金自动化研究设计院、北京建筑工程学院等单位的专家学者参加年会。

2017年5月,过程数据解析与控制应用研讨会在清华大学举行,研讨过程数据解析与控制应用方面的前沿进展和研究方向,来自清华大学、北京大学、北京化工大学、山东科技大学和加拿大、巴西、芬兰等国的专家学者总计30余人参加。

2017年8月7日上午,由自动化系和清华大学建筑节能研究中心联合举办的无中心智能建筑平台技术暑期学校在清华大学举行。

2020年1月,由自动化系、计算机系和北京信息科学与技术国家研究中心骨干教师组成的国家自然科学基金"生物信息学"创新群体在清华大学召开了"2020自动化、智能与健康"学术年会。国家基金委信息学部、中国科学院自动化研究所、中国科学院沈阳自动化研究所、清华大学自动化系、同济大学、四川大学、中南大学、电子科技大学、西北大学等有关单位学者参加了会议。

二、主办国际会议情况

1992年6月4—6日,CIMS国际学术会议在清华大学举行,78人参加(外宾24人),会议录用论文40余篇。

1992年10月31日,自动化系主办了1992智能信息处理与智能系统国际会议(1992 International Conference on Intelligent Information Processing and System),与会人数 130 余人,其中外宾 22 人。

1993 年 8 月,自动化系和电气与电子工程师协会国际机器人与自动化协会、中国自动化学会和中国人工智能学会在北京共同主办了第一届全球华人智能控制与智能自动化大会,如图 7.1 所示。自动化系客座教授、美国著名机器人学与自动控制专家谈自忠担任会议总主席,时任国务委员、国家科学技术委员会主任、中国科学院院士、自动化系兼职教授宋健出席开幕式和闭幕式并发表讲话。大会录用论文 446 篇,出席大会的代表共 376 人。

图 7.1　第一届全球华人智能控制与智能自动化大会

1993 年 9 月 23—25 日,系统仿真学会与 CIMS 中心联合组织"制造系统,建模与仿真的应用与发展"国际研讨会,出席 20 人,外方 8 人,录用论文 17 篇。

1995 年 10 月 11—13 日,国际自动控制联盟(International Federation of Automatic Control,IFAC)组织的第八届制造业信息控制(INCOM'95)国际会议在北京香山举行,来自美国、英国、德国、法国、加拿大等 20 多个国家的 100 多名代表参加。本次会议由国家"863"计划 CIMS 主题专家组主办,中国自动化学会、中华人民共和国国家自然科学基金委员会(National Natural Science Foundation of China,NSFC)等多家单位协办。

2004 年 10 月 11 日,由自动化系与西安交通大学系统工程研究所主办的 2004 智能与网络化系统国际研讨会（International Symposium on Intelligent and Networked Systems，ISINS '2004）在清华大学举行，讲席教授何毓琦在会上作主题为《网络化系统的分散控制与智能》的报告。

2006 年 8 月 30 日—9 月 1 日，自动化系承办了每三年 1 次的第六届 IFAC 技术过程的故障检测、监控与安全性国际会议（SAFEPROCESS 2006）。波兰的 Jozef Korbicz 教授任 IPC 主席，自动化系教授周东华任 NOC 主席、副教授叶昊任 NOC 副主席。这是 IFAC 故障诊断系列会议自 1991 于德国开始举办以来首次在发展中国家举办。会议录用论文 258 篇，201 位参会代表来自 28 个国家和地区，其中海外代表共 160 人，国内代表 41 人。图 7.2 所示为会议组织者合影，图 7.3 所示为大会现场。

图 7.2　IFAC 会议组织者与国际组织委员会主席合影

2009 年 1 月 13—16 日，自动化系承办第七届亚太生物信息学大会（APBC2009），来自美国、德国、澳大利亚等 20 多个国家和地区的近 300 位代表参加。此次会议由清华信息国家实验室生物信息学研究部、自动化系和生物信息学教育部重点实验室承办，李衍达和张学工担任大会共同主席。

2010 年，自动化系承办第二届立体视音频国际研讨会。本次会议由国家自然科学基金委员会、中国电子学会、清华大学信息科学与技术国家实验室（筹）主办，在为期两天的研讨会上，共进行 23 个报告，参会人数 120 人。

2012 年 5 月 18 日，系统与控制前沿国际研讨会（International Workshop

图 7.3 IFAC 技术过程的故障检测与安全性国际会议在清华大学举行(2006 年)

on Emerging Frontiers in System and Control)在清华大学举行。研讨会由自动化系智能与网络化系统研究中心和中国科学院数学与系统科学研究院联合组织。IEEE 控制系统协会主席、波士顿大学教授 Christos G. Cassandras，IEEE 控制系统协会副主席、日本东京理工大学教授 Masayuki Fujita，*IEEE Transactions on Automatic Control* 主编、美国诺特丹大学教授 Panos J. Antsaklis，智网中心讲席教授何毓琦，中国科学院院士陈翰馥和清华大学、西安交通大学、中国科学院数学与系统科学研究院系统研究所、中国科学院自动化研究所等的国内外专家学者参加。图 7.4 所示为与会嘉宾合影。

2012 年 5 月 19 日，IEEE 控制系统协会执行委员会议在清华大学举行，会议由自动化系智能与网络化系统研究中心协助举办。这也是 IEEE 控制系统协会首次在中国大陆举行执委会议，IEEE 控制协会的 14 名执行委员参会，共商国际控制与系统学科的发展大计。

2013 年 3 月 13 日，美国电气与电子工程师协会会士(IEEE Fellow)、IEEE 控制系统学会原主席、国际自动控制联合会会士(IFAC Fellow)、2005 年 IEEE 控制系统协会杰出会员奖获得者 Roberto Tempo 访问自动化系，作题为《网页级别计算的分布式随机算法》(*Distributed Randomized Algorithms for the PageRank Computation*)的报告。

2013 年 12 月 16—17 日，第二届立体视音频国际研讨会在清华大学

图 7.4 系统与控制前沿国际研讨会与会嘉宾合影

举行。本次会议由国家自然科学基金委员会、中国电子学会、清华大学信息科学与技术国家实验室(筹)主办,自动化系承办,120 余名专家学者参加会议。会议就立体视音频采集、立体信号处理、立体内容生成、立体视音频编码与传输、三维场景重建、虚拟合成与渲染、立体显示与立体质量评价等内容进行了研讨。美国纽约大学理工学院教授王瑶主持专题报告,IEEE CSVT 副主编、土耳其比尔肯特大学教授 Levent Onural,日本三菱电子研究中心教授 Anthony Vetro,电子信息通信协会通信系统研究特别委员会首席科学家、日本名古屋大学教授谷本正幸(Masayuki Tanimoto),IMAX 公司副总裁周子衡,IEEE Fellow、加拿大瑞尔森大学教授关凌分别作报告。

2013 年,英国萨里大学计算科学系计算智能学科首席教授、自然计算与技术研究组组长金耀初访问自动化系并作题为 *A Systems Approach to Evolutionary Optimization of Complex Systems* 的学术报告。金耀初是 IEEE 高级会员、INNS 委员,并担任 *IEEE Transactions on Neural Networks*、*IEEE Transactions on Systems, Man, and Cybernetics-Part C*、*IEEE Computational Intelligence Magazine* 等多个国际高水平学术刊物副主编。中国科学院数

学与系统科学研究院系统科学研究所、北京大学、北京航空航天大学、北京理工大学及清华大学计算机系、机械系等60多名师生参会。

2013年4月7—10日，第17届国际计算分子生物学年会（RECOMB 2013）及大规模并行测序卫星会议（RECOMB-Seq 2013）在清华大学举行，来自世界29个国家和地区的近500名学者参加了大会。RECOMB系列会议是国际生物信息学与计算生物学领域最有影响的学术会议，这是该会议首次在中国举办，也是17年来第3次在欧美国家之外举办。自动化系教授张学工任大会主席，讲席教授组成员、美国南加州大学教授孙丰珠任程序委员会主席，组织委员会由张学工、江瑞和北京大学邓明华担任。

2014年6月19—25日，自动化系在北京承办了第31届国际机器学习大会。该大会有1000余人参加，其中800多人来自国外，共收到投稿论文1238篇，论文作者遍布30多个国家和地区。

2014年，自动化系承办了第12届IEEE国际电子商务工程大会，20多个国家的200余名专家学者参加。

2015年5月7日，第5届系统与控制前沿国际研讨会（The 5th International Workshop on Emerging Frontiers in System and Control）在清华大学举行。此次研讨会由自动化系智能与网络化系统研究中心组织，旨在研讨本领域新兴的研究方向。来自中国科学院数学与系统科学研究院系统科学研究所、北京大学、美国伊利诺伊大学香槟分校与清华大学的知名专家学者和学生近100人参加了会议。智能与网络化系统研究中心讲席教授、智能与网络化系统研究中心首席科学家何毓琦致开幕词。伊利诺伊大学香槟分校教授、美国工程院院士、清华大学讲席教授Tamer Basar作了题为《控制科学的过去，现在和未来》的主题报告。中国科学院院士、中国科学院数学与系统所教授陈翰馥作了关于"迭代算法在控制问题的应用"的主题报告。北京大学力学与工程科学系副教授杨莹代表院士黄琳作了题为《控制理论的现状和挑战》的报告。IEEE Fellow、西安交通大学、清华大学双聘教授管晓宏作了以《物联网能源系统：系统和控制的挑战与机遇》为主题的报告。

2017年5月26日，过程数据解析与控制应用研讨会在中央主楼511举行。来自清华大学、北京大学、北京化工大学、山东科技大学等国内高校和加拿大、巴西、芬兰等国的专家学者30余人参会,研讨过程数据解析与控制应用方面的前沿进展和研究方向。

2018年10月11日,自动化系智能与网络化系统研究中心举行了第二届网络化系统控制与优化研讨会暨中国自动化学会控制理论专业委员会不确定系统建模与优化学组会议。会上,美国工程院院士、自动化系智能与网络化系统研究中心首席科学家、伊利诺伊大学香槟分校教授Tamer Basar,美国伊利诺伊大学香槟分校教授Petros Voulgaris,美国哈佛大学约翰·保尔森工程与应用科学学院院长Frank Doyle分别作主题报告,自动化系副教授张靖、李力、游科友、莫一林也分别作了报告。

2018年,由戴琼海主持的数字视频处理及通信系列讲座举行,美国佛罗里达大学电子与计算机工程系的吴大鹏作题为 *Distributed Video Coding for Sensor Networks* 的讲座,Polytechnic University 电子与计算机工程系教授王瑶分别作了题为 *Peer-Driven Video on Demand:Multiple Descriptions versus Layering* 和 *Cooperative Source and Channel Coding for Wireless Video Transmission* 的讲座。美国伊利诺伊州立大学电子与计算机工程系副教授马毅应邀来访,作了题为 *Multivariate Data Segmentation via Lossy Compression* 的学术报告。

附录 1

自动化系历届党政领导班子、各专业委员会成员名单

一、历届系主任、副主任名单

1. 历届系主任

张思敬 （1971—1976）

陶　森 （1976—1983）

王　森 （1983—1992）

李衍达 （1992—1993）

胡东成 （1993—1997）

王桂增 （1997—2003）

管晓宏 （2003—2008）

周东华 （2008—2015）

周　杰 （2015—2018）

张　涛 （2018.11 至今）

2. 历届系副主任

吴　麒	李志忠	马力忠	吕　林	郑大钟
金以慧	吴秋峰	刘震涛	吴　澄	刘祖照
李兆玉	董晓雪	何世忠	王　雄	滕人杰
张　毅	宋靖雁	张　佐	王宏宝	王京春
周东华	张长水	戴琼海	张　涛	王　红
贾庆山	范文慧	陈　峰	李　清	何　潇

二、历届系党委书记、副书记名单

1. 历届党委书记

张思敬 （1971—1975）

邝守仁 （1975—1976）

庞文弟 （1976—1978）

张慕葎 （1978—1980）

余兴坤 （1980—1984）

贺美英 （1984—1986）

刘松盛 （1986—1992）

孙崇正 （1992—1997）

刘文煌 （1997—2003）

张　毅 （2003—2006）

张　佐 （2006—2011）

周　杰 （2011—2015）

张　涛 （2015—2018.11）

张　佐 （2018.11—2023.5）

古　槿 （2023.5至今）

2. 历届系党委副书记

余兴坤	陶　森	贺美英	刘松盛	郭尚来
吴　澄	刘祖照	孙崇正	范全义	阳宪惠
杨振斌	杨　茜	王京春	程　朋	周　杰
耿　睿	江永亨	刘敏华	胡坚明	杨　帆
古　槿	耿　华			

三、历届系学术、学位、教学委员会主任和副主任、工会主席名单

1. 系学术委员会

（1）主任

常　迵（不详—1990）　李衍达（1991—1993）　金以慧（1994—2002）

钟宜生（2003—2006）　肖田元（2007—2010）　周　彤（2011—2013）

张学工（2014至今）

（2）副主任

| 金以慧 | 吴秋峰 | 张贤达 | 宋靖雁 | 萧德云 | 张学工 |
| 杨　耕 | 戴琼海 | 范文慧 | | | |

2. 系学位委员会

（1）主任

常　逈（1982—19881）　吴　麒（1988—1994）

阎平凡（1994—1997）　徐文立（1997—2011）

王书宁（2012—2019）　张长水（2019至今）

（2）副主任

金以慧　　王　雄　　张长水　　叶　昊　　张　涛　　陈　峰

王　凌

3. 系教学委员会

（1）主任

李衍达（1991—1993）　郑大钟（1994—2002）　萧德云（2002—2004）

杨　耕（2015—2020）　赵千川（2020至今）

2004年，根据学校安排，系教学委员会并入系学术委员会。2015年11月，重新建立教学委员会，杨耕任主任委员。

（2）副主任

胡东成　　王　雄　　张长水　　王　红　　贾庆山　　陈　峰

石宗英　　耿　华　　鲁继文　　裴　欣

4. 工会主席

童诗白　　董名垂　　余孟尝　　郭尚来　　王宏宝　　范全义

程　朋　　胡坚明　　古　槿

注：本附录中括号标注的时间为任职时间。

附录 2

曾在自动化系工作过的教职工名录

丁兆璋	丁　锋	于士静	于广瑞	于双喜	于晓林	于朝晖
于新才	干毅民	于　潇	马力忠	马　权	马　林	马钟璞
马振平	马喜庆	马喜春	马道松	公衍道	孔琳娜	尤　红
尤素英	戈红江	方光泽	方杰英	方崇智	毛祖楫	牛杏彬
牛德林	王卫东	王士敏	王士菊	王小兰	王广兴	王书宁
王文有	王文渊	王世源	王业英	王东辰	王幼毅	王永利
王永县	王永祥	王立刚	王亚利	王伊明	王光海	王　红
王　坚	王宏宝	王志岩	王志俊	王秀琴	王京春	王学秀
王宝忠	王建中	王忠俊	王　怡	王　林	王诗宓	王金凤
王俊杰	王　娜	王映雪	王春凤	王美旭	王　荣	王选民
王　凌	王家桢	王　峻	王恩臣	王　晓	王桂增	王　翀
王铁石	王焕钢	王　珺	王维丽	王菊英	王跃宣	王寒伟
王惠玲	王　普	王　森	王焰秋	王　辉	王　雄	王锦标
王静昐	王德祥	王慧玲	王露莎	王　薇	邓丽曼	邓泰林
邓晓娇	尹武良	乐正华	付克谨	付　罡	冯元琨	冯建江
冯春媚	冯恩波	卢崇文	卢增祥	古　槿	史文月	史田兰
叶　昊	叶海文	叶朝辉	宁永刚	尔桂花	归　琮	甘小杰
田文霞	田　明	白小笛	白文路	白　莲	石宗英	石秋萍
石海龙	边肇祺	邝守仁	仲甫林	任文郁	任守榘	任艳频
关敬敏	刘一力	刘　义	刘习静	刘中仁	刘　云	刘天慧
刘文凯	刘文煌	刘业新	刘　民	刘光峰	刘光辉	刘廷文
刘　志	刘连臣	刘　明	刘松盛	刘枢奇	刘　苹	刘金芳
刘春阳	刘祖照	刘　健	刘　涛	刘莉扬	刘敏华	刘淑萍

附录 2　曾在自动化系工作过的教职工名录

刘敬申	刘景武	刘新益	刘 群	刘蜀仁	刘云浩	刘震涛	
刘烨斌	华成英	吉吟东	吕汝良	吕 林	吕文祥	孙之荣	
孙 伟	孙红兵	孙建华	孙念增	孙昌龄	孙政顺	孙 星	
孙春兰	孙显平	孙家炘	孙崇正	孙梅生	孙新亚	孙 燕	
安允波	安亚凡	师克宽	师敬贤	师瑞杰	师 丽	成景文	
曲福杰	朱占星	朱亚尔	朱亚清	朱 军	朱向东	朱更新	
朱宝忠	朱 岳	朱炳华	朱美善	朱善君	朱德忠	江永亨	
江泽同	江 瑞	江奔奔	汤之永	汤延震	许文喜	许秀兰	
许俊华	许 淙	许道荣	邢协豪	阳宪惠	齐 锐	严文典	
严东生	严东昌	严厚民	严继昌	何世忠	何延生	何 江	
何俊昌	何 倩	何镇湖	何 潇	余加莉	余兴坤	余红江	
余红纪	余孟尝	余昌军	吴白纯	吴年宇	吴君鸣	吴来荣	
吴陆威	吴宝兴	吴 波	吴 勉	吴祚宝	吴秋峰	吴 峨	
吴热冰	吴淑荣	吴维宇	吴 琦	吴 澄	吴 麒	吴 耀	
宋士吉	宋建晨	宋海卫	宋靖雁	张乃尧	张乃国	张卫表	
张大力	张中琦	张丹虹	张凤春	张文才	张长水	张兰英	
张巨洪	张永祥	张玉云	张亚斌	张兆芳	张 军	张安廷	
张延文	张红立	张 佐	张志忠	张志斌	张秀芳	张肖虹	
张阿卜	张和明	张国贞	张学工	张宝芬	张岱兴	张建刚	
张 忠	张 昕	张林鍹	张贤达	张 彦	张彦青	张思敬	
张 洞	张 荣	张家善	张晓东	张 涛	张爱民	张 莹	
张通生	张崇真	张 敏	张清凤	张 跃	张景文	张曾科	
张瑞田	张福义	张 靖	张 毅	张燕云	张 霖	张孃采	
李九龄	李 力	李士连	李大义	李小平	李文华	李世鑫	
李永敏	李玉珍	李 节	李兆玉	李 军	李旭春	李丽珍	
李作臣	李志宜	李志忠	李志恒	李 秀	李秀云	李芳芸	
李迎春	李 运	李和平	李国柱	李孟范	李学农	李宛洲	
李宝宇	李建国	李泽培	李保学	李修亚	李剑锋	李春文	
李美莺	李荣坤	李衍达	李振民	李振刚	李晓阳	李 梢	
李崇荣	李 梅	李淑耕	李 清	李清泉	李 萍	李毓敏	
李 霆	李鹤轩	李一鹏	李 翔	杜龙生	杜 军	杜实宁	

杜继宏	束 为	来 军	杨 帆	杨士元	杨 军	杨 刚
杨吉江	杨存荣	杨佃福	杨秀清	杨学岗	杨建华	杨 明
杨朋信	杨 炘	杨 洪	杨 茜	杨家本	杨振清	杨振斌
杨海涛	杨素行	杨 耕	杨 盛	杨嘉理	杨漫琳	杨德发
杨 君	汪小我	汪斌茂	沈力虎	沈 刚	沈 芸	沈具东
沈明春	沈振基	沈被娜	沈琪英	沈锡臣	沈 樑	肖永林
肖田元	肖昌全	肖贵彬	肖燕斌	苏 信	苏 硕	苏 维
邵贝恩	邵明锋	邹红星	陆文凯	陆再沂	陆 耿	陆 强
陈卫民	陈兰英	陈加栋	陈玉秀	陈伟基	陈庆梅	陈 达
陈伯时	陈 陈	陈 岩	陈欣欣	陈武平	陈 泓	陈茂银
陈 剑	陈彦霞	陈 星	陈禹六	陈 荣	陈 峰	陈晓东
陈晓莉	陈莉平	陈崇端	陈慧荣	陈 瀛	陈 曦	陈 章
麦继平	卓 晴	周东华	周永川	周 彤	周明德	周 杰
周 英	周俊人	周培森	周景振	孟 军	孟庆和	孟祥然
孟艳茹	季 梁	季向阳	官海彪	居余马	岳文宇	庞文常
易全庚	易 茜	林大建	林永生	林向东	林宪占	林 越
林照广	欧 荣	武志义	武淑莲	尚 超	罗予频	罗发龙
罗兆海	罗兆梅	罗邵武	罗 晖	苗日新	苟剑波	范文慧
范玉顺	范全义	范鸣玉	范静涛	茅于杭	郁伟中	郑大钟
郑 冰	郑 同	郑庆生	郑学坚	郑忠华	郑培杰	郑维敏
郑小平	金文光	金以慧	金国芬	金积善	侯国屏	侯素芳
俞天珍	俞眉芳	姚小冬	姚丹亚	姜启源	姜爱蓉	姜 毅
施大鹏	柏玉光	柏玉兴	段双兰	洪文翠	洪 涛	洪 雁
洪筱翠	胡儿珊	胡方杞	胡长长	胡东成	胡尔珊	胡 延
胡坚明	荣 钢	贺子玲	贺美英	赵 虹	赵千川	赵世敏
赵纯均	赵良炳	赵佩琴	赵明国	赵金榜	赵 勇	赵南元
赵淑贤	赵淑珍	赵焕臣	赵银燕	赵惠民	赵满洲	赵鑫荣
郝雪静	闫海荣	钟宜生	钟道彩	倪 恩	唐 弘	唐光荣
唐旭东	唐劲松	唐 泓	唐晓英	唐祯连	唐竞新	夏小玲
夏 飞	夏 凯	夏绍玮	奚 良	徐文元	徐文立	徐文胜
徐功华	徐延融	徐 进	徐学余	徐岩融	徐金全	徐振英

附录2 曾在自动化系工作过的教职工名录

徐晓玲	徐海鸥	徐博文	徐滨秋	徐福明	徐　路	徐稼梅
柴跃廷	殷玉琴	殷宏斌	殷树勋	秦　俭	翁　力	翁　樟
耿　睿	耿　华	袁小和	袁永科	袁忠长	袁　涛	袁睿翕
索津莉	莫一林	贾仲山	贾庆山	贾　玮	贾金明	郭大成
郭元林	郭仲伟	郭传繁	郭晓华	郭继华	郭锦贯	郭　鹤
钱利民	钱唯德	陶　森	顾力威	顾利忠	顾　敏	顾涵芬
顾　萍	顾廉楚	顿满贵	高本贤	高汉忠	高　龙	高　杨
高　林	高晋占	高清才	高黛陵	高飞飞	崔子行	崔广新
崔淑妮	崔雪梅	崔德光	常　週	常戈群	常丽英	常沛田
常　越	曹玉金	曹礼廉	曹兴礼	曹　丽	曹艳芳	曹慈惠
梁亦群	梁任秋	梁红竹	梁　凯	梁　斌	梁德全	盛习春
盛永滨	章征文	萧德云	阎平凡	阎　石	阎秀玲	阎明德
阎俊卿	阎　勇	阎　捷	隋迎秋	黄双喜	黄长宇	黄必清
黄西士	黄松明	黄胜军	黄　戨	黄　莉	黄　潇	黄　镁
黄　韬	黄德先	黄　峨	黄　高	喻临丰	彭　进	彭　毅
彭黎辉	温远惠	焦保文	程　农	程　朋	程嘉良	程　振
童诗白	葛　卫	葛玉安	董立民	董立军	董亚南	董名垂
董　林	董晓雪	董鸿芳	董登武	董明宇	蒋小平	蒋予民
蒋新官	覃美珍	鲁继文	游科友	谢申鑑	谢旭东	谢　斌
谢新民	谢　浩	谢　震	韩文林	韩向利	韩芳明	韩　其
韩旺锁	韩曾晋	窦曰轩	虞哲廉	褚家晋	解学书	路海明
慕春棣	裴　顺	熊光楞	熊智华	管晓宏	蔡小强	蔡文华
蔡庆胜	蔡作乾	蔡敏学	蔡宣三	谭　鹏	谯莉芳	樊淑英
樊群柱	滕人杰	潘文明	颜伦亮	薛文轩	薛华成	薛景欣
霍宇翔	霍秀英	戴忠达	戴琼海	戴德慈	魏平田	瞿文良
籍传怡						

附录 3

自动化系教师出版的教材、专著和译著一览表

出版时间	著作名称	作者排序	出版单位
1973	晶体管电路(上册)	清华大学电子工程系,清华大学工业自动化系	科学出版社
1973	晶体管电路(下册)	清华大学电子工程系,清华大学工业自动化系	科学出版社
1980	晶体管电路习题解答	晶体管电路习题解答编写组	人民邮电出版社
1980	模拟电子技术基础(第1版)	童诗白、华成英	高等教育出版社
1981	模拟电子技术基础(上册)	童诗白、高杨、胡尔珊、孙梅生	人民教育出版社
1981	模拟电子技术基础(下册)	童诗白、高杨、胡尔珊、孙梅生	人民教育出版社
1981	数字电子技术基础(第1版)	阎石主编	高等教育出版社
1981	自动控制系统	陈伯时、韩曾晋	机械工业出版社
1982	控制系统计算机建模	熊光楞、李芳芸	清华大学出版社
1982	数字模拟化及数字仿真	熊光楞、李芳芸	清华大学出版社
1982	控制系统数字仿真	熊光楞	清华大学出版社
1982	过程控制系统(第二版)	[美]F. G. 欣斯基著,方崇智译	化学工业出版社
1983	BASIC语言程序库	张巨洪、朱军、刘祖照	清华大学出版社
1983	系统辨识:最小二乘法	[美]夏天长著,熊光楞、李芳芸译	清华大学出版社
1984	数字电子技术基础(第2版)	阎石主编	高等教育出版社
1985	数字仿真的算法与软件	熊光楞	清华大学出版社
1985	线性系统	[美]T. 凯拉斯著,李清泉、褚家晋、高龙译	科学出版社
1986	系统仿真	熊光楞	科学出版社
1986	最优控制理论及应用	解学书	清华大学出版社
1987	计算机软件技术基础(第1版)	李芳芸、沈被娜、王选民	清华大学出版社
1987	电动显示调节仪表	王家祯、顾利忠、刘蜀仁	清华大学出版社
1987	微型计算机控制应用实例集	黄胜军、翁樟、李九龄、杨朋信、董登武	清华大学出版社
1988	模拟电子技术基础(第二版)	童诗白、高杨、胡尔珊、孙梅生	人民教育出版社
1988	连续系统与离散系统仿真	熊光楞、肖田元	清华大学出版社
1988	计算机仿真应用	熊光楞、肖田元、张燕云	清华大学出版社

附录3 自动化系教师出版的教材、专著和译著一览表

续表

出版时间	著作名称	作者排序	出版单位
1988	数字控制系统(第一版)	李九龄、翁樟、董登武、吴秋峰	机械工业出版社
1988	大系统理论及应用	陈禹六	清华大学出版社
1988	过程辨识	方崇智、萧德云	清华大学出版社
1989	电子技术基础课程设计	孙梅生、李美英、徐振英	高等教育出版社
1989	数字电子技术基础(第3版)	阎石主编	高等教育出版社
1990	自适应控制系统理论、设计与应用	李清泉	科学出版社
1990	过程参数检测	师克宽、黄峨、魏平田、张宝芬	中国计量出版社
1990	线性系统理论(第1版)	郑大钟	清华大学出版社
1991	信号重构理论及其应用	李衍达、常迥	清华大学出版社
1991	数字仿真算法与软件	熊光楞	中国宇航出版社
1991	电子技术基础试题汇编(数字部分)	童诗白、何金茂主编	高等教育出版社
1991	自动控制理论基础	戴忠达、吕林	清华大学出版社
1991	IDEF0-IDEF1X复杂系统通用的设计分析方法	陈禹六、周之英、裴少鹏、俞盘祥、汤荷美	电子工业出版社
1992	电子技术基础试题汇编(模拟部分)	童诗白、何金茂主编	高等教育出版社
1992	过程计算机控制(第1版)	王锦标、方崇智	清华大学出版社
1992	自动控制原理(上册)	吴麒、杜继宏、解学书、慕春棣	清华大学出版社
1992	自动控制原理(下册)	吴麒、杜继宏、解学书、慕春棣	清华大学出版社
1992	计算机新技术：面向对象的系统分析方法	李芳芸、柴跃廷	清华大学出版社
1992	中文dBASE全自动编程系统：Auto-dBASE原理及应用	刘祖照、龚宇、吴波	清华大学出版社
1993	控制系统仿真与模型处理	熊光楞、沈被娜	清华大学出版社
1993	过程控制	金以慧等	清华大学出版社
1993	数字系统的故障诊断与可靠性设计	杨士元	清华大学出版社
1993	人工神经网络：模型、分析与应用	阎平凡、黄端旭	安徽教育出版社
1993	信息理论基础	常迥	清华大学出版社
1993	CIM规划和实施的技术指南	[美]T. J. Williams著，陈禹六、董亚男、张卫表、张建刚、刘文煌译	兵器工业出版社
1993	CIM规划和实施的技术指南：Purdue企业参考体系结构	[美]T. J. Williams著，陈禹六等译	兵器工业出版社
1994	现代电子学及应用	童诗白、徐振英	高等教育出版社
1994	协同计算机和认知	[德]H. Haken著，杨家本译	清华大学出版社
1994	H无穷控制理论	解学书、钟宜生	清华大学出版社

续表

出版时间	著作名称	作者排序	出版单位
1994	自适应控制	韩曾晋	清华大学出版社
1994	控制系统的故障检测与诊断技术	周东华、孙优贤	清华大学出版社
1995	微型计算机系统原理及应用（第1版）	杨素行	清华大学出版社
1995	可编程序控制器（PC）编程应用及维修	杨士元、李美莺等	清华大学出版社
1995	系统工程概论	杨家本、杨振斌	清华大学出版社
1996	多变量系统分析和设计	王诗宓	中国电力出版社
1996	CIMS环境下——集成化管理信息系统的分析、设计与实施	李芳芸、柴跃廷	清华大学出版社
1996	模糊理论与神经元网络基础与应用	赵振宇、徐用懋	清华大学出版社
1996	计算机集成制造系统的组成与实施	熊光楞、吴祚宝、徐光明编著	清华大学出版社
1996	计算机集成制造系统设计和实施方法论	陈禹六、谢斌、董亚南	清华大学出版社
1996	时间序列分析——高阶统计量方法	张贤达	清华大学出版社
1996	传感器与变送器	王家祯、王俊杰	清华大学出版社
1996	多变量非线性控制设计的逆系统方法	李春文、冯元琨	清华大学出版社
1996	先进仿真技术与仿真环境	熊光楞	国防工业出版社
1997	先进制造业运行模式	陈禹六	清华大学出版社
1997	信号处理中的线性代数	张贤达	清华大学出版社
1997	系统仿真导论	肖田元	清华大学出版社
1997	模糊数学在自动化技术中的应用	张曾科	清华大学出版社
1998	数字电子技术基础（第4版）	阎石主编	高等教育出版社
1998	X Windows/Motif编程速成	张学工、刘业新	清华大学出版社
1998	非平稳信号分析与处理	张贤达、保铮	国防工业出版社
1998	模拟电子技术基础问题指南	唐竞新	清华大学出版社
1998	神经网络模糊控制	张乃尧、阎平凡	清华大学出版社
1998	模拟电子技术简明教程	杨素行	高等教育出版社
1998	鲁棒与最优控制	周克敏、J. C. Doyle、K. Glover著，毛剑琴、钟宜生、林岩等译	国防工业出版社
1998	多变量频率域控制理论	高黛陵、吴麒	清华大学出版社
1998	模拟电子技术基础简明教程（第1版）	杨素行	高等教育出版社
1999	面向负荷的生产控制	肖田元、范玉顺、姚晓冬	清华大学出版社

续表

出版时间	著作名称	作者排序	出版单位
1999	智能信息处理和智能控制	边肇祺、荣钢、张长水	浙江科学技术出版社
1999	模拟、数字及电力电子技术（上册）	余孟尝、华成英	机械工业出版社
1999	智能仪器设计基础	赵新民、王祁、高晋占	哈尔滨工业大学出版社
1999	现场总线技术及其应用	阳宪惠	清华大学出版社
1999	面向负荷的生产控制	肖田元、范玉顺	清华大学出版社
1999	应用软件系统开发	柴跃廷、刘义	清华大学出版社
1999	IDEF 建模分析和设计方法	陈禹六	清华大学出版社
1999	多媒体技术及应用	吴秋峰、赵士滨、张佐、马喜春、关敬敏	机械工业出版社
1999	随机控制	郭尚来	清华大学出版社
2000	现代故障诊断与容错控制	周东华、叶银忠	清华大学出版社
2000	信息世界漫游	李衍达	清华大学出版社
2000	复杂系统的面向对象的建模、分析与设计	范玉顺、曹军威	清华大学出版社、Springer 出版社
2000	多变量统计过程控制	张杰、阳宪惠	化学工业出版社
2000	多级分布式控制与集散系统	何镇湖、吴锡祺、徐用懋	中国计量出版社
2000	面向负荷的生产计划与控制	肖田元、范玉顺、姚晓冬	清华大学出版社
2000	现代制造系统分析与设计	任守榘等	科学出版社
2000	炼油企业 CIMS 工程	王雄、范全义、徐用懋	中国经济出版社
2000	模式识别	边肇祺、张长水、张学工	清华大学出版社
2000	数字系统的故障诊断与可靠性设计	杨士元	清华大学出版社
2000	（三级 A）软件技术基础（修订版）	李芳芸、尔桂花	机械工业出版社
2000	运动控制系统	尔桂花、窦曰轩	清华大学出版社
2000	系统仿真导论	肖田元、张燕云、陈家栋	清华大学出版社
2000	人工神经网络与模拟进化计算	阎平凡、张长水	清华大学出版社
2000	统计学习理论的本质	[美] Vladimir N. Vapnik 著，张学工译	清华大学出版社
2000	计算机软件技术基础（第三版）	沈被娜、刘祖照、姚晓冬	清华大学出版社
2000	微型计算机应用技术（第1版）	唐光荣、李九龄、邓丽曼	清华大学出版社
2000	自动检测技术及仪表控制系统（第一版）	张宝芬	化学工业出版社
2001	模拟电子技术基础（第二版）	童诗白、华成英主编	高等教育出版社
2001	并行工程的理论与实践	熊光楞、徐文胜	清华大学出版社、Springer 出版社

续表

出版时间	著作名称	作者排序	出版单位
2001	通信信号处理	张贤达、保铮	国防工业出版社
2001	敏捷供需链管理	柴跃廷、刘义	清华大学出版社
2001	工作流管理技术基础：实现企业业务过程重组、过程管理与业务过程自动化的核心技术	范玉顺、罗海滨、林慧苹、赵虹	清华大学出版社、Springer出版社
2001	企业建模理论与方法学导论	范玉顺、王刚、高展	清华大学出版社、Springer出版社
2001	Computer Integrated Manufacturing Handbook of Industrial Engineering, 3rd Edition	吴澄、范玉顺、萧德云	John Wiley Sons
2001	智能优化算法及其应用	王凌	清华大学出版社
2001	自动化系统计算机网络	吴秋峰、张佐	机械工业出版社
2001	系统辨识（现代数学手册：经济学卷第15篇）	萧德云编著，方崇智审校	华中科技大学出版社
2001	经营过程重构和系统集成	陈禹六、李清、张锋	清华大学出版社
2001	单片机高级语言程序设计及其应用	袁涛、李月香、杨胜利	北京航空航天大学出版社
2001	离散事件动态系统	郑大钟、赵千川	清华大学出版社
2002	线性系统理论（第2版）	郑大钟	清华大学出版社
2002	高等过程控制	王桂增、王诗宓	清华大学出版社
2002	宽带信息网络	戴琼海	清华大学出版社
2002	自动控制理论例题、习题集	王诗宓、杜继宏、窦日轩	清华大学出版社
2002	检测技术及仪表	王俊杰	武汉理工大学出版社
2002	非线性系统的自适应控制导论	周东华	清华大学出版社
2002	多尺度估计理论及应用	文成林、周东华	清华大学出版社
2002	数字家庭网络技术及应用	杨士元	电子工业出版社
2002	模拟电子技术基础（第3版）教师手册	华成英	高等教育出版社
2002	数字电子技术基础	华成英、沈雅芬、王红	高等教育出版社
2002	模拟电子技术基础试题库	华成英	高等教育出版社
2002	多代理系统理论、方法与应用	范玉顺、曹军威	清华大学出版社
2002	信号处理（第2版）	张贤达	清华大学出版社
2002	系统工程概论（第1版）	杨家本、林锦国、黎明森、宋靖雁	武汉理工大学出版社
2003	车间调度及其遗传算法	王凌	清华大学出版社、Springer出版社
2003	工业数据通信与控制网络	阳宪惠	清华大学出版社
2003	数字电子电路	唐竞新	清华大学出版社

附录3 自动化系教师出版的教材、专著和译著一览表

续表

出版时间	著作名称	作者排序	出版单位
2003	计算机网络(第1版)	张曾科	清华大学出版社
2003	运动控制系统	尔桂花、窦曰轩	清华大学出版社
2003	系统化思维导论	[美]杰拉尔德-温伯格著,张佐、万起光、董菁译	清华大学出版社
2003	集成的信息系统体系结构(ARIS):经营过程建模	李清、张萍	机械工业出版社
2003	网络化制造系统及其应用实践	范玉顺、刘飞、祁国宁	机械工业出版社
2003	虚拟企业系统的理论与技术	黄必清	机械工业出版社
2003	现代信号处理习题与解答	张贤达	清华大学出版社
2004	微型计算机系统原理及应用	杨素行	清华大学出版社
2004	计算机控制系统(第1版)	王锦标	清华大学出版社
2004	过程控制系统:应用、设计与整定(第3版)	[美]F. G. Shinskey著,萧德云、吕伯明译,方崇智校	清华大学出版社
2004	虚拟制造	肖田元、张林鍹等	清华大学出版社
2004	信息化项目管理:信息总监和集成顾问必备技能	李清、陈禹六	机械工业出版社
2004	企业信息化总体设计	李清、陈禹六	清华大学出版社
2004	企业信息化整体解决方案	范玉顺、黄双喜、赵大哲	科学出版社
2004	企业集成与集成平台技术	范玉顺、李建强	机械工业出版社
2004	产品数据管理(PDM)原理与实施	范文慧、李涛、熊光楞	机械工业出版社
2004	CIMS环境下产品质量系统工程	李秀、应维云、刘文煌	机械工业出版社
2004	中国百年名中医临床丛书——李济仁、张舜华	李梢 主编	中国中医药出版社
2004	矩阵分析与应用	张贤达	清华大学出版社
2004	国际生物信息与中医药论丛	李梢 副主编	新加坡医药卫生出版社
2004	微弱信号检测	高晋占	清华大学出版社
2004	帮你学模拟电子技术基础	华成英	高等教育出版社
2004	实时系统	戴琼海	清华大学出版社
2004	嵌入式系统的构建	慕春棣主编	清华大学出版社
2004	面向控制的系统辨识导论	周彤	清华大学出版社、Springer出版社
2004	量子计算和量子信息(一)——量子计算部分	赵千川译	清华大学出版社
2004	宽带通信	戴琼海	清华大学出版社
2004	传感器与自动检测技术	余成波、胡新宇、赵勇	高等教育出版社
2005	电磁屏蔽理论与实践	杨士元	国防工业出版社
2005	计算机网络(第2版)	张曾科	清华大学出版社

续表

出版时间	著作名称	作者排序	出版单位
2005	现场总线与工业以太网络应用技术手册(第二册)	刘淑萍等	上海科学技术出版社
2005	自动检测技术及仪表控制系统	张毅、张宝芬、曹丽、彭黎辉	化学工业出版社
2006	过程的动态特性与控制(第二版)	[美] Dale E. Seborg、[美] Thomas F. Edgar、[美] Duncan A. Mellichamp 著，王京春、王凌、金以慧等译	电子工业出版社
2006	自动控制原理(上册)	吴麒、王诗宓	清华大学出版社
2006	自动控制原理(下册)	吴麒、王诗宓	清华大学出版社
2006	计算机网络习题解答与实验指导	张曾科、阳宪惠、马喜春、关敬敏	清华大学出版社
2006	化工过程先进控制	黄德先、叶心宇、竺建敏、李秀改	化学工业出版社
2006	数字电子电路解题指南	唐竞新	清华大学出版社
2006	电磁屏蔽理论与实践	杨士元	国防工业出版社
2006	模拟电子技术基本教程	华成英	清华大学出版社
2006	数字电子技术基础(第5版)	阎石主编	高等教育出版社
2006	数字电子技术基础简明教程(第三版)	余孟尝	高等教育出版社
2006	电机与运动控制技术	杨耕	清华大学出版社
2006	模拟电子技术基础简明教程(第二版)	杨素行	高等教育出版社
2006	数字电子技术基础习题解答	阎石, 王红编	高等教育出版社
2006	模拟电子技术基础(第四版)	清华大学电子学教研组编 华成英、童诗白主编	高等教育出版社
2007	模拟电子技术基础（第四版）习题解答	华成英	高等教育出版社
2007	数字电子技术基础简明教程教学指导书	余孟尝	高等教育出版社
2007	安全仪表系统的功能安全	阳宪惠等	清华大学出版社
2007	光纤传感原理与应用技术	赵勇	清华大学出版社
2007	光纤光栅及其传感技术	赵勇	国防工业出版社
2007	计算机网络技术及应用	张曾科等	清华大学出版社
2007	模拟电子技术基础(第四版)习题解答	华成英	高等教育出版社
2007	企业与信息系统建模分析	李清、陈禹六	高等教育出版社
2007	数字电子技术基本教程	阎石等	清华大学出版社
2007	制造执行系统	李清	中国电力出版社

附录3 自动化系教师出版的教材、专著和译著一览表

续表

出版时间	著作名称	作者排序	出版单位
2007	系统工程概论(第2版)	杨家本、林锦国、黎明森、宋靖雁	武汉理工大学出版社
2008	信号与系统	王文渊	清华大学出版社
2008	微粒群优化与调度算法	王凌、刘波	清华大学出版社
2008	计算机网络与通信	张曾科	机械工业出版社
2008	Ordinal Optimization: Soft Optimization for Hard Problems	何毓琦、赵千川、贾庆山	Springer 出版社
2008	自动检测技术及仪表控制系统(第三版)	张宝芬、曹丽、彭黎辉	化学工业出版社
2008	计算机控制系统(第2版)	王锦标	清华大学出版社
2009	Modeling and Analysis of Enterprise and Information Systems	李清、陈禹六	Springerr 出版社
2008	可编程片上系统(PSoC)原理及实训	叶朝辉	清华大学出版社
2009	网络化控制系统：现场总线技术	阳宪惠	清华大学出版社
2009	事故预测理论与方法	郑小平	清华大学出版社
2010	Qualitative fault detection and hazard analysis based on signed directed graphs for large-scale complex systems	Yang Fan, Xiao Deyun, L. Shah Sirish	INTECH
2010	机器人引论	张涛	机械工业出版社
2010	流体输送管道的泄漏检测与定位	王桂增、叶昊	清华大学出版社
2010	和利时PLC技术——综合篇	王锦标	机械工业出版社
2010	微型计算机原理及应用(第3版)	郑学坚、周斌	清华大学出版社
2011	现代交通流理论与应用(卷I)	李力、姜锐、贾斌、赵小梅编著	清华大学出版社
2011	传感器与检测技术	王俊杰、曹丽	清华大学出版社
2011	随机学习与优化：基于灵敏度的方法	曹希仁著,陈曦译	清华大学出版社
2011	数据驱动的工业过程故障诊断技术——基于主元分析与偏最小二乘的方法	周东华、李钢、高福荣	科学出版社
2012	嵌入式系统设计	慕春棣主编	清华大学出版社
2012	混合差分进化与调度算法	王凌	清华大学出版社
2012	主元分析与偏最小二乘法	王桂增、叶昊	清华大学出版社
2012	信息、生命与智能	李衍达	清华大学出版社

续表

出版时间	著作名称	作者排序	出版单位
2012	机电一体化伺服系统控制	[日]中村政俊、[日]后藤聪、[日]久良修郭著，张涛译	清华大学出版社
2012	仿真建模与分析	肖田元	清华大学出版社
2012	单片机原理及其应用	袁涛等	清华大学出版社
2012	自动检测技术及仪表控制系统(第二版)	张宝芬	化学工业出版社
2013	迭代学习控制的二维模型理论	王友清、周东华、高福荣	清华大学出版社
2013	矩阵分析与应用(第2版)	张贤达	清华大学出版社
2013	Stochastic Simulation Optimization for Discrete Event Systems——Perturbation Analysis, Ordinal Optimization, and Beyond	Chun-Huang Chen，贾庆山，Loo Hay Lee	世界科学出版社
2013	系统与控制中的随机方法	陈曦	清华大学出版社
2013	网络优化：连续和离散模型	[美]Dimitri P. Bertsekas著，王书宁、牟晓牧、李星野译	清华大学出版社
2013	凸优化	[美]Stephen Boyd、[美]Lieven Vandenberghe著，王书宁、许鋆、黄晓霖译	清华大学出版社
2013	可靠性预测与最优维护技术	周东华、陈茂银、徐正	中国科学技术出版社
2013	AS-i现场总线原理和系统	王俊杰	机械工业出版社
2014	新能源并网发电系统的低电压穿越	耿华	机械工业出版社
2014	Capturing Connectivity and Causality in Complex Industrial Processes	杨帆	Springer出版社
2014	Channel Estimation for Physical Layer Network Coding Systems	高飞飞	Springer出版社
2014	新一代智能化交通控制系统理论及技术	袁建华、姚丹亚、张雷元、李志恒等著	化学工业出版社
2014	系统辨识理论及应用	萧德云	清华大学出版社
2014	过程控制系统：应用、设计与整定	[美]欣斯基著，萧德云、吕伯明译	清华大学出版社
2014	TM4C123微处理器原理与实践	叶朝辉	清华大学出版社
2015	统计学习理论	[美]Vladimir N. Vapnik著，许建华、张学工译	电子工业出版社
2015	矩阵论及其工程应用	张贤达、周杰	清华大学出版社
2015	马尔可夫链：模型、算法与应用	陈曦	清华大学出版社

附录3 自动化系教师出版的教材、专著和译著一览表

续表

出版时间	著作名称	作者排序	出版单位
2015	凸优化理论	赵千川	清华大学出版社
2015	Analysis and Design of Networked Control Systems	Keyou You(游科友)	Springer出版社
2015	DC-DC变换电路原理及应用入门	任艳频等	清华大学出版社
2015	Selected Applications of Convex Optimization	Li Li(李力)	Springer出版社
2015	模拟电子技术基础(第5版)	清华大学电子教研组 编 原主编：童诗白、华成英 修订者：华成英、叶朝辉	高等教育出版社
2016	信息物理融合能源系统	管晓宏等	科学出版社
2016	动态系统辨识：导论与应用	杨帆等	清华大学出版社
2016	智能汽车先进传感与控制	李力等	机械工业出版社
2016	稳健性	[美]Lars Peter Hansen、[美]Thomas J. Sargent 著,周彤、潘文卿译	机械工业出版社
2016	航天制导、导航与控制的进展	张涛等	国防工业出版社
2016	立体视频处理与通信	戴琼海、曹汛	清华大学出版社
2016	计算摄像学：全光视觉信息的计算采集	戴琼海、索津莉、季向阳、曹汛	清华大学出版社
2016	多维信号处理：快速变换、稀疏表示与低秩分析	戴琼海	清华大学出版社
2016	模拟电子技术理论与实践	叶朝辉编著	清华大学出版社
2016	数字电子技术基础(第6版)	清华大学电子学教研组编 阎石主编 阎石、王红修订	高等教育出版社
2017	Facial Kinship Verifictaion: A Machine Learning Approach	Haibin Yan, Jiwen Lu	Springer出版社
2017	飞行器制导控制一体化技术	宋海涛、张涛	国防工业出版社
2017	视觉SLAM十四讲：从理论到实践	高翔、张涛	电子工业出版社
2017	揭秘：物联网原理、实践与解决方案	[美]周晨光著,赵千川译	清华大学出版社
2017	随机部署无线传感器网络	陈曦	清华大学出版社
2017	Matrix Analysis and Applications	Xian-Da Zhang	Cambridge University出版社
2017	计算机网络及应用实验指示书	程朋、贾庆山、曹军威	清华大学出版社
2017	分布估计调度算法	王凌、王圣尧、方晨	清华大学出版社
2018	计算机控制系统(第3版)	王锦标	清华大学出版社

续表

出版时间	著作名称	作者排序	出版单位
2018	绳系卫星空间交会制导与控制的基本原理和方法	梁斌、王学谦、何勇	中国宇航出版社
2018	X射线脉冲星自主导航论与算法	梁斌、黄良伟、王学谦	中国宇航出版社
2018	GNSS掩星大气探测星座设计与构型控制方法研究	梁斌、李成、魏世隆	中国宇航出版社
2018	进化优化算法：基于仿生和种群的计算机智能方法	[美] Dan Simon 著，陈曦译	清华大学出版社
2018	Estimation and Control of Large-Scale Networked Systems	Tong Zhou, Keyou You, Li Tao	Elsevier 出版社
2018	Dynamic Modeling of Complex Industrial Processes: Data-Driven Methods and Application Research	Chao Shang	Springer 出版社
2018	系统仿真导论（第2版）	肖田元、范文慧	清华大学出版社
2019	信息化和工业化融合：方法与实践	周剑、陈杰、李君、李清	电子工业出版社
2019	烟草工业智能生产管理模式及实践	虞文进、张和明编著	清华大学出版社
2019	为你痴为你狂，小车载我梦飞翔	卓晴、任艳频	清华大学出版社
2019	计算机网络（第4版）	张曾科	清华大学出版社
2019	Networked Predictive Control of Systems with Communication Constraints and Cyber Attacks	Pang Z. H., Liu G. P., Zhou D. H	Springer 出版社

附录 4

自动化系历届本科和大专生名单

1970 年

热 01

田淑华	李景奎	王成连	郝秀珍	高毓桂	樊万森	朱锁宏
陈进科	杨茂树	金有琴	曹宝柱	单秀云	杨桂兰	王淑兰
章建忠	仲林妹	王正伟	吴淑荣	李洪业	郑家华	张玉芬
胡福增	王明江	寇丽珠	李仲文	曹玉洁	孙德福	王佩先
崔东星	苏银山	王春祥	王汉民	张永祥	杨喜春	冯爱林
郭成财	毕 耕	邓秀弟	黄宝艳	霍财根	李 洲	许志勇
徐高志	梅金莲	易六生	沈国忠	徐冠军	赵洪涛	赵学志
薛光仁						

自 01

戴书义	王维礼	崔志愚	王友良	周瑞春	李文章	余万春
张松杰	夏立柱	陈智勇	陈兆利	王兴英	张云秀	孙德玉
杨立昌	刘玉兰	金 莉	冯炽恒	黄球妹	李琼妹	王思林
刘桂吉						

自 02

姜桂生	李培林	戴永树	关作义	张洪涛	陈广清	郭占波
赵振茹	杨德禄	张凤池	高明麟	张克俭	李瑞祥	刘树生
宋永和	郭廷儒	马永庆	徐国龙	董文禄	谷裕民	张连仲
芦章利	王富贵	刘宝华	林瑞贵	王建增	王景臣	施竞章
杨建华	李文玉	李惠聆				

自 03

吴兴桂	陈汉隆	江 赐	王时胜	任文郁	王殿奎	董书民
杨毓枝	臧孝亮	尉清华	曲德仁	许西东	陈淑香	姜忠浩
夏铁元	孙志胜	张 福	胡纪华	孙荣禄	潘俊峰	梁仁娣

林为舒	马恩复	徐海金	董庆元	董登武	李兆慈	咸立亭
白晓光	窦喜军	赵 侠	熊墨辉	毛江萍	刘新荣	权玉昆
赵新国	贡铁锁					

1972 年

程进 21

胥 猛	张民华	彭明良	陈立生	高志芳	张明方	李百隆
吴兆有	高仕福	肖崇兴	张燕珍	韩晋南	陆金余	李 踊
张武华	禹保安	王文虎	彭世林	俞顺祥	韩 燕	张润莲
马洪强	龚 红					

热 21

李良郁	杨秀清	王玉平	杨丽军	魏克玲	杨玉华	陆招娣
刘长山	李美荣	段惠英	王书华	俞玉华	何 铸	樊国成
苏学林	张福义	肖金莲	薄招明	唐启忠	郑振和	伍华杨
董书芸	戴乃玮	姚长根	傅惠芳	王 一	焦志斌	吴从军
林燕彪	齐凤英	方安宁	张玉萍	丁方芹	胡天乙	

自 21

朱德光	公晓萍	何明均	杨帮元	秦春霞	牛广栋	党兰素
张银虎	陈厚德	杨岳兰	佘瑞燕	沈树建	韩福润	佘 敏
郭建新	夏忠华	单广兴	姜达贤	汤生江	黄楚新	刘川生
王变成	朱晓光	崔兰侠	李木森	段向明	贺 毅	王德泽
方锡武	王亚雄	白泰成	米 蜜	黄克良	葛世让	赫 华
李爱弟						

自进 21

李福荣	杨荣兴	唐天玉	庞建国	马建鹏	马俊平	唐泽长
秦保田	崔铁路	谢木森	陶国方	罗跃华	龙家勋	张南征
杨庆涛	朱继芳	尹学智	崔志忠	雷元义	周远华	孟路东
段学深	余宝民	李根法	梁其润	张 蕴	杨增昌	李鸿信
谢慧平	王汉卿	张荣甫	牛拾一	李春坡	张洪九	黄爱莲

1973 年

热 31

卢卫民　才旦卓玛　白鹤英　王伊明　林 莉　李加爱　任伟琴

沈秀华	金淑贤	钟惠英	王小令	石必忠	万华亮	刘建一
刘金锁	张卫东	张玉国	张春堂	张恒瑞	李维生	邱九生
邓忠祥	孟兆华	孟幼弟	姚化同	陆真法	鲁安华	骆 强
戴胜华	陈子华					

热 32

史桂香	申 莉	朱新中	张艳梅	陈 晔	陈香芝	时美琴
郑怀英	彭金秀	孙世敏	王翠华	郑淑华	王方杨	甘成汉
刘建东	刘玉懋	张 赤	萧风成	伍素吾	李 果	李后恩
李新德	陈孝群	杨佃福	杨林盛	范仿昕	胡元平	唐运省
温建中	陆维平	马建华				

自 31

刘永苓	刘 鸿	许秀英	连新云	周桂琴	姜爱荣	罗爱萍
崔加宁	高和平	龚巧华	程玉珍	程海燕	郑章兰	霍秀英
王新生	王 维	白小笛	宁 涛	刘 健	汪永玉	朱德华
周启志	陈长福	陈建华	孙树勤	徐 清	孟宪平	郭 军
段吉星	韩国强	杨建国	魏在启			

自 32

闫玉辉	傅 萍	孙同花	周文芹	苗少霞	林振友	袁宝珍
贾景平	郭卫东	韩巧芬	姜宝珍	隋迎秋	谭述芝	赵振英
徐桂华	王明胜	王晋恒	王随庆	王勤修	卢 进	张仕茂
李高元	吴谦学	林祥发	陈玉宝	陈建忠	刘竹杉	高双英
夏乐迈	钟佛金	董 伟	欧长春	戴瑞坤		

1974 年

热 41

才旦卓玛	刘志平	张永康	苏显东	赵世祥	唐新元	魏福增
陆玲影	沈海涛	于建平	徐增云	任大燕	杨永茂	黄家根
戴志强	沈术吉	周慧颖	唐丰彤	郑永辉	马奎山	袁艺林
邵长生	马喜亭	李淑春	魏秋莲	尚志燕	艾 杰	孙丽华
王国庆	王静培	陈万俊	陈京林	马承宗	潘世宏	萧 锐
纪远东	何秀莲	郭 文	尉建秀	李淑英		

热 42

顾利平	刘惠珠	宋文蓉	赵明宇	周冬生	萧　平	赵子明
齐俊妮	左元民	韩金巨	郝献银	张振清	李宝文	周哲刚
杨府金	裴　明	沈武亮	袁凤英	吴镇洲	刘汉生	龚仕荣
钟伍叁	石松元	李瑞华	胡兴桥	褚进平	徐瑞芬	王振淮
马秀莲	芦志军	曹桂荣	宋庆斗	郑树明	邹双妹	姜砚茹
王　浩	王喜玲	刘存报	通永厚	康建华	陈东姑	文　智
甘元中						

元 4

韩云霞	赵　燕	宋建国	周炳树	赵明山	单胜国	孙荣跃
牟荣光	单纪德	胡庆瑞	李志田	张志强	薛江萍	李纪新
付守明	田太丰	张月英	翁联萼	任文祥	刘忠玉	戴青云
张荣生	白贵生	叶乃红	郑才能	邹永英	刘学彦	胡胜利
刘宪国	夏春巧	户文华	王　岩	周绍琨	王新荣	李和平
曹永平	冯　太	胡　虹	高联含			

1975 年

热 51

姚桂花	张卫平	郭启鸿	先期平	刁春华	庄学敏	金贤芳
徐铁生	杨百环	杜金潮	冯　杰	孙铭静	张庆元	王统鹏
姜元麒	陈锡贵	刘志荣	刘汉云	张润洪	宁寿生	谢先知
冯民华	张永碧	舒洪华	冯宗柏	徐　红	王崇芬	王香云
张久瑞	焦春媛					

热 52

王卫东	高雅诗	周莲英	李泽惠	王海泉	张　海	甘菊梅
熊佩兰	韦庆德	苏发祥	柳再秋	王士明	王兴武	陶万洲
张宏颖	田惠媛	孙惠敏	沈志华	刘贵友	郑亚先	杜　钧
郑海口	邹国华	邵国祥	王铁铮	李向荣	宁书荣	杨玉明
高建中	周子康	李成刚	曾广秀	齐英俊	唐道德	张凤琼
董昆峰	蒋济生	孙春改	张玉柱	孟凡茂	张桂荣	陈静明
寿景弘	宗　玲	尹升浩	周林依	王　军	牛来宝	张通生

附录4 自动化系历届本科和大专生名单

自 51

吴　迪	朱延琪	陈继辉	吴锡山	蒙　汉	廖腾光	胡舜光
谭子瑜	黄素珍	陈美春	封玉富	李　玲	牛巧灵	文元洪
赵　威	王交运	李　荣	赵秀梅	张晓光	张和平	谢木轩
朱荣辉	董桂芳	宋青仙	李　建	高晓明	王增敏	马小威
金　生	常荣林	韩克林	林大建	王春元	孙　健	袁　林
刘晓华						

自 52

徐应斌	张俊玲	易建国	马荣贵	李伟权	林开秀	魏永明
徐新南	高晓平	缪子林	刘志忠	崔凤芹	于战利	冯明辉
汪纯洁	刘智群	张润婷	王素卿	刘京生	何凤明	王淑玲
徐铁生	张春伏	丁晓京	李秀英	富荣秋	王新立	沈铁军
史恒跃	华天惠	倪　磊	刘　锦	杨进才	王玉栓	

自 53

郭红力	张珍宝	邱令伟	彭岳兰	彭树林	吴秋萍	覃荫成
郭　强	尹邦安	马国祥	刘家国	张明义	田铁小	冯书云
崔国军	吕力平	乔英波	徐　明	张书元	张秀英	张　萍
崔　嵘	林群生	张文杰	冀　军	张国旗	刘宏仁	徐凤华
洪赛燕	赵　众	王俊英	马顺福	范遵治	孙小勤	

1976 年

自 61

龙成忠	兰　力	杨初明	赵桂生	吉　莉	任进康	司兴旺
陈海章	石改玉	张学其	郭来之	张可欣	王杰芬	魏元和
程　钢	李莉莉	张　杰	王宏根	宋铁川	廖素英	马汉民
孟　华	兰荷焕	丁　哲	于　健	刘　浩	闫英娥	章永丽
王　铨	张景兴	吴跃庆	李玉侠	方　智	周　宁	吴淑玲
宋建柱	孙建华	闫娟荣	唐功南	袁　鹏		

自 62

黄维荣	周春明	李桂友	林树海	陈德生	张励评	刘玉璋
刘　琪	王立明	彭亚利	王建民	刘雅奇	胡传朔	张亚萍
刘宝城	雷靖宇	罗京全	阴双喜	虞广岭	徐　华	孙柏林

李锦光	李 壑	魏同合	杨建平	贾兆来	杨玉芬	李会英
李同生	潘潞平	李中恕	闫永奎	张彦杰	王 凤	钟慧兰
陶 平	涂为林	陈 彦				

自电 61

赵毛志	孙书娜	布祖拉吾守尔	吾马尔	夏尔甫丁	加 永
满树宽	侯淑琴	张国利	潘玉海	陈春江	刘慧芬	高凤来
张维龙	王玉春	季兰祥	旺 久	邢孝平	何玉文	李志军
马玉成	艾乃吐拉	檀泗坤	张桂荣	高新民	李绍鸿	姚忠信
李增彬	杨运秀	曹明辉	李 英	韩玉玺	结 珠	洛 桑
刘新民	达吾提吐尔汉					

自仪 61

赵迦南	江育春	戴秋林	田 波	王贵贤	周玲玲	孙根有
彭仁田	马莲华	谭先树	李幼芳	杜 军	马淑范	齐和平
关宝明	高大义	张小军	李 斌	林超信	王素云	王建国
王鲜凤	刘德怀	路而红	俞国英	高世华	阮振国	王淑香
王淑艳	孙建京	葛福秋	侯贻波	夏桂芳	赵 斌	胡健华
廖华强	刘凌嘉	武学录				

自仪 62

邵双妹	杨建才	王湘云	黄亮三	王宝珍	梁垣启	魏明仁
李建业	钟恒昌	杨秀英	刘仁华	许世平	冯 光	宫兆林
徐粉子	杜 群	武瑞庭	庞丽娟	彭朝利	徐 涤	朱二江
周桂兰	赵国明	孙 元	陈 宗	李玉才	张秀梅	冯方方
张晓晨	姜亦庆	段安怡	杨昆霞	李庆华	花大龙	袁小刚
孙建秀	易异勋					

1978 年

自 71

蔡旭东	郑丽霞	王 珩	郝小欣	王友平	姜 山	学 术
陈 钢	陈庆梅	王东辰	周 镛	李丽虹	夏 飞	丁先春
王思伟	金建秋	顾振国	韩可夫	牛志强	钟光明	聂延生
陈伯成	张忠群	林 晴	杜 坦	李春文	邝仲文	赵向东
王 琨	李 苋	李 彦	李英杰	管晓宏	王莜华	张建华

张鸿元

自 72

牟文殊	袁 涛	蔡 勤	章卫华	李小岷	史 凡	李天工
任义昌	宋文潮	王晓年	张凤栖	叶建敏	孙智敏	谢 洪
裴 嵩	杨伍强	张 伟	李 圻	王锦麒	宋安澜	何笑杉
田建生	陶洛文	于鲁西	刘 琼	缪熙怡	孟昭信	田晓林
高天科	陈超英	陆 京	蒋劭年	黄松明	孙腾谌	齐 宁
毛玉平						

自 73

韩景阳	徐 峰	张道娴	苏 硕	王 晓	林 力	陈 苏
谢劲红	段士良	黄成之	吴 耀	施志敏	吴必礼	郭 燕
郑 彤	唐 弘	甘 琦	毛其晶	李 星	李旭春	赵仁龙
王少华	李 铭	王海波	成景文	李 彦	怀效宁	严厚民
应晓新	高 原	黄兆鸽	党红文	裴柳进	廖海洋	戎列平

自 74

董乃斌	张 军	苏 中	卫 宏	黄建中	陈 元	肖庆涵
俞晓康	王 正	梅 萌	郭 中	施 坚	刘 扬	张福强
张津燕	钟 星	江 平	欧阳铮	张晓宾	钱 峰	李逢元
李崇荣	吴国庆	刘蔼文	黄 季	望盛晶	融国英	周宪生
薄熙永	郑 重					

电专 81

刘淑萍	何 莉	刘春燕	王长芝	杜慧丽	郭维维	王 侠
秦联华	王 钢	朱 琳	曹 宇	吴 荣	刘 琦	王一红
林子健	石海龙	余 跃	刘 舒	辛志刚	吕 玉	李兴民
曲金泽	吴金钟	张丕进	肖 江	林 越	韩泽林	刘景一
方 平	黄京如	吴斯慧	夏新和	李京花		

1979 年

自 91

左京允	谢建国	邓丽曼	邓小兰	杨志强	王革华	蔡永清
林 文	毛 昕	俞江虹	刘娟琦	周 蓉	赵晓航	王明华
吴 滨	石永恒	史文月	周 翔	李小明	李亚红	李 康

冯　斌　　郑营军　　邹哲强　　秦志刚　　洪　伟

自 92

汪　苏　　汤　俭　　全　奕　　白　华　　孙逸来　　杨　军　　郭建平
赵　晞　　尹树新　　仇申宝　　李　军　　黄泽民　　张　宁　　宋　丹
胡　翔　　闫　敏　　李海菊　　胡宏慧　　李　蔺　　孟本先　　韩兆强
刘　健　　孟金彦　　姜　松　　刘春玲　　林芝平　　陈　平　　杨良士
顾越州　　蒋毅敏　　黄啟洪

自 93

吴克农　　侯传斌　　仲加林　　王　江　　王　涛　　潘学义　　张　静
李　芸　　叶京生　　蔡　艺　　张广京　　钱　进　　朱增梁　　杨岳军
李志俊　　魏国鸣　　于　浩　　蔺　林　　翟智勇　　陈建明　　陈少昌
杨智勇　　廖新华　　张绍坤　　郭传繁　　王锦华　　方艳玲　　黄金法
丘建杭　　吴孝理

自 94

胡　平　　任伯松　　韩　兵　　韩淑霞　　杜　立　　张丹红　　姚　娉
陈　众　　汤　明　　林永光　　范锡波　　聂孟晨　　王明亮　　王丽萍
陈　农　　王伟瑾　　吴季春　　汪正祥　　肖燕斌　　张迎春　　郑　虹
罗晓迎　　解秋生　　刘春明　　郭宝帅　　李　义　　郁建伟　　盛新富
张一刚　　踪　声　　许道敏　　陈德刚　　陈雪华　　邵剑平　　刘东来
林建勇

自 95

吴　鸿　　王　旋　　袁明纯　　王　鹏　　赵　健　　杨　红　　黄新华
周新蕾　　黄陆一　　巨军让　　曹建亭　　孟　志　　王伟志　　柏　可
高强明　　眭重贤　　孔　飞　　胡再军　　董立新　　梁红竹　　李小平
许　斌　　郑　斐　　杜　伟　　张　明　　秦泗钊　　赵　岩　　梁　军
徐孝雅　　赵振宇　　马迎辉　　郑　娟　　郑庆生　　陈通文　　黄志强
杨建民

1980 年

自 01

李　杰　　唐　悦　　赵　宏　　桂秉红　　王运澜　　丁京歌　　凌昌平
郭　岩　　彭　毅　　黄　瑶　　赵　松　　徐力明　　蒋小龙　　梁　海

邢 岩	田 茂	高 玲	张敬兵	杨建初	张以山	罗绍武
顾建华	赵永生	马旭东	姜盛风	陈志飞	王 婕	赵学林
丛 莘	邓 朗					

自 02

张占峰	童 朗	何秋茹	黄 健	翟燕驹	吉吟东	朱宇波
肖 帆	李玉冬	金小平	金 恺	姚克辛	金京春	曾 勇
李雪峰	余 刚	姜 波	麻 波	陈雪亭	田德平	郑代文
段俐霞	常东昇	欧阳仲	陈仲宇	王向东	李 倩	朱惠敏
林树胜	魏日翔					

自 03

谢志军	姚 坚	张宝岭	于 洁	曹 明	吴 吉	陈小兵
王宏模	林 川	黄勇林	吴永杰	杨京牧	蒋铁兵	李劲冬
张江惠	关成艇	吕知辛	周创世	任志辉	王珊珊	刘绍伟
范世杰	何曙红	魏冬冰	管 旗	杨保华	叶 龙	宗树泉
王 犀	黄志军	黄巴新	华 军			

自仪 01

戴季东	曲燕平	张 虹	吴 兴	杨 雄	林舒维	陆 强
寿 涛	许 平	郑东明	司徒丹兵	洪德忠	游 帆	王若君
张美青	孟君毅	尹建辉	刘利科	叶 勇	翁振松	鲁国庆
张妙龄	张 帆	孙广武	归 京	付 涛	陈恩科	王 磊
王 鹏	阎 勇	陈月文				

自仪 02

张 弘	薛 加	李 军	张亚来	黄晓玲	汪 挺	张 力
刘 欣	罗诗莹	万起光	李治平	白 敏	吴 桦	宋卫星
潘志忠	王 峰	林健永	王 平	杨伟林	易 杨	牛绍华
郝卫平	汪志平	朱卫东	刘光明	李 平	蔡良伟	李继红
董 东	高建兵	郑 军				

1981 年

自 11

顾 红	王 龙	苏 力	谢 斌	鲁为民	李炳伟	陈玉庭
包一鸣	戴京东	陈元捷	马 力	王商武	范 琦	汤晓薇

边啟雄	谭 林	鲍益民	梁亦群	王梅捷	王明杰	徐 晨	
陈永红	李建新	闵志航	高成伟	杜 智	孙学海	高玉琪	
凌 砚	胡胜发						

自 12

赵建伟	黄崇浩	肖建钢	谢 航	王继华	毛先海	李 挥	
张晓松	王文标	卢岩文	田玉平	刘明贵	曲大健	刘宝生	
廖 强	李枝熳	兰瑞东	董 丰	冷 莉	陆 红	崔 苑	
敖 昕	陈 刚	傅毅锋	周力强	李宝琰	杨振斌	侯康宁	
张军生	王立山						

自 13

鲍德海	杜 军	苟剑波	金 妮	杨为民	韦锡光	曹 阳	
钱 成	郑 焱	周其安	荣志鹏	李坚林	陈慧明	王 跃	
李京春	于晓林	赵 键	吕 彦	王大彤	张丹虹	陈 健	
王 斌	刘 建	沈立颖	刘 浩	韩 伟	薛景欣	侯 仑	
赵洪峰	胡 军	邱 虹	王宗义				

自仪 11

王 进	朱崇君	张晓东	郑 冰	潘东瓴	黄常跃	李静滨	
许健雄	魏新国	梁自译	江永清	王 希	韩 龙	周 京	
朱勇舟	柳 琛	郭敬梅	汪浩然	唐春风	陈 敏	马 利	
刘志宏	刘珠江	李晓冬	唐 明	尚继林	穆欣远	谭 民	
武少杰	俞小峰	王秀菊	张家树				

自仪 12

张 涛	肖永新	冯晓平	董占锋	邱 林	孙 英	刘 洪	
叶志明	鲍思宁	顾建林	单 丽	李奇凯	胡世忠	徐世许	
胡欣林	张 毅	靳晓华	徐正毅	牛宏涛	宋 荣	崔海良	
周晓冬	王京平	袁明杰	王昕闽	王敬平	魏 巍	安亚凡	
李健杰	刘晓春	刘国忠					

1982 年

自 21

帅红涛	何国军	田 雯	张辉军	杨以仁	汪 涛	康 盛	
狄庆棠	楼吉汉	胡晓萍	胡方杞	王其瑞	唐宝崑	刘宝祥	

黄宇澄	周　清	周俊红	梁力红	陈　欣	瞿更生	侯方侠
傅登卫	朱建丰	乔　欣	董宝国	杨晓洪	张子良	于　茂
李继来	郑小飞					

自 22

张　彦	贠炜革	杨小枫	杨德刚	刘正华	翁　力	吴国青
贲圣林	陈争芳	刘　翔	陈诗芹	洪　涛	林宪占	付茂峰
于　缨	陈慧萍	夏　红	高　萍	曹力生	刘　牪	田义辰
岳文宇	罗力承	马洪伟	范宝龙	康玉明	吴占华	林　健
于在河	张　军					

自 23

姚晓航	孙书红	王俊华	代海珠	王　原	孙一民	黄丽华
马海武	郑　立	柳　涛	秦　英	谈晨敏	龚　云	王　青
郭春雷	董炎声	谢大雄	邓亚新	李　志	王　政	赵　龙
李自明	吴京兵	张一凡	曹宇雄	刘芳丽	宁　波	马丹耕
李　宏						

自仪 21

王晓波	蔡志军	董际彬	邹宝庆	王朝阳	廖圣泉	孙道峰
彭认沛	田　勤	包加祥	江大君	娄世长	庄圣勇	涂　强
陈永明	杨　良	邱　勇	王宏强	曹铁军	王兴斌	范晓军
李小东	秦晓丽	付素文	徐海琦	李燕林	李光宇	安怀忠
潘峻峰	计意宗	宣伟永	孙　武			

自仪 22

耿卫英	姜文力	丁志敏	赵英勇	景玉鹏	安　远	张艺锋
顿世新	隋卿毅	廖红光	王国盛	黄幼琳	潘春洪	蔡宜骅
衷桂明	王耀忠	马喜庆	郑中平	桂　江	杨燕凯	赵　昕
王有柱	梁　健	林国勤	傅宇红	张　艳	李　强	柳　锋
陈彦霞	米降童	杨锦明				

1983 年

自 31

徐　进	舒　奕	王伟雷	任维亚	武雪松	付永强	李栋汉
崔　怡	张　奇	余靖西	付　杰	宗玮庚	张　涛	杨金良

任　雳　　董　平　　王春凤　　孙亿柒　　杜瑞东　　赵启柱　　沈宏华
金立晖　　方卫平　　徐新平　　黄奇琦　　王福才　　陈东军　　刘德林
温　涛　　李　灿　　孙联文

自 32

袁　青　　李维刚　　徐　骏　　胡　琳　　华利武　　杨良伟　　李　群
程增林　　李保国　　王旭东　　姜传慧　　行联合　　崔建平　　郭振志
柳迎春　　苏国仁　　孙新亚　　史志立　　晏龙华　　朱正才　　林　伟
马振平　　李金明　　匡志红　　刘　焕　　陈育怀　　郑海滨　　张红兵
汪　涛　　吴　波　　曹国栋

自 33

胡勇林　　陈向军　　方　向　　周　清　　杨　公　　杨松龄　　林　江
肖云峰　　李　鹏　　贺　青　　吴　铮　　谷焕成　　孙晓东　　汤恩生
关振国　　王利民　　吕厚昌　　李明蔚　　王云武　　毛立民　　苗冬霞
王中风　　林永春　　贾庆伟　　姜立芹　　周世安　　康远林　　谭柳湘
唐运球　　李玉清　　李剑锋　　王树毅

自仪 31

农时猛　　王慧艳　　秦钢平　　曹建国　　焦　越　　钟亚林　　李伟华
李树裕　　赵　捷　　王立军　　张悦崑　　徐燕红　　高云岗　　王　舰
马恩俭　　王在明　　许根银　　邢宝山　　方银清　　张书洪　　宋靖雁
徐新院　　王　盛　　林晓涛　　于立新　　黄正文　　黄兴强　　唐永琼
李立江　　王可非　　杨静玲　　郝庆元

自仪 32

叶　文　　扈晓炜　　张武忠　　鲍立敏　　张　鹏　　刘国芳　　张建文
杨少荣　　郭　强　　黄　欣　　吕金波　　胡　杨　　危虹兮　　孙　斌
孟庆彪　　黄一凡　　王海军　　毛幼维　　夏　东　　眭　喆　　焦　清
张文虹　　张洁明　　张国安　　梁黎明　　陈　红　　张林海　　李　峰
姚丹亚　　徐宏南　　陈时春　　许怀明

1984 年

自 41

杨　旗　　周杰民　　王庆文　　杜　谦　　陈加栋　　文恒清　　王文仁
伊红卫　　董　飞　　刘　义　　古俊银　　安　辉　　赵仕勤　　华鹏程

张 佐	王 建	黄 勇	严红日	毛江健	姚永恒	张建刚
张晓玲	朱荣欣	董进发	林泽恩	谢 波	徐岷波	金雪松
刘文成	李京山	张 屹	奚 良	唐京文	洪 钢	

自 42

齐立新	白 平	田纪文	李 琳	宣 明	肖 瑶	薛 文
师恩杨	赵 敏	蒋 文	孟 晶	张永强	张长春	郑永吉
郭仲瑾	龙 杰	李广春	徐昌模	张淡泊	张小刚	袁祖武
赵华初	倪泽贵	蒋小平	王 军	罗建华	赵芳启	张 波
吴 政	余文添	韦 甸	刘 玮	彭兆宇	叶 俊	

自 43

赵晓鹏	杨 玮	杨 迅	贾文新	朱益民	邱 东	丁位方
苏 雷	王东梅	涂晓媛	翁 珮	梁 循	牛正人	张 军
冷庆芳	徐 钧	石 磊	毛仕涛	高秀江	王海良	黄为民
邬新国	张学工	郭国晓	朱更新	黄世毅	张晓松	黄正宇
董艺葵	夏宝云					

自仪 41

施军涛	严晓青	陈学斌	周春举	李 京	付屹东	袁奇志
李葛平	王良科	史立武	王 萍	阎全忠	田 虹	杨 军
郑海涛	陈海辉	于广涛	朱智松	张 青	林晓春	毛祖楫
殷延超	于 涛	张道远	徐群立	黄 坚	曾裕玲	郭福刚
张亚芳	赵学坤	梁 松				

自仪 42

冯一意	张 欣	朱 强	杨继刚	尉乃红	冶 刚	杨维亮
卢超凡	康清生	王剑平	杨 戈	李玉奇	邢秀齐	马建成
王 红	王松岩	徐本亮	常戈群	李 杰	赵东雄	陈武平
程爱平	常 伟	童金山	郭用平	董发兴	陆锦宁	王松涛
江 虹	李阿梅	蒙卫清				

1985 年

自 51

| 王 卫 | 沈 刚 | 郭树兵 | 刘学东 | 常 辉 | 解宏宇 | 樊 戎 |
| 郭晋南 | 周文涛 | 方 宇 | 邓 玫 | 仇肖莘 | 李永敏 | 胡志强 |

赵国斌　吴德福　金文光　沈庆文　张　宇　唐旭东　沈宏梁
杨初步　李　甄　聂一冰　王　薇　许　伟　刘宇兵　欧阳基
李　新　陈光锋　张　军

自 52

周　权　卢信群　刘　欣　王辉东　周　斌　罗　霄　闵　红
彭其武　李　联　周晓斌　张　扬　龚澄宇　张崇真　赵惠民
李　军　蓝毓皙　肖玲玲　陈　炎　王英利　蒋勤勤　周建平
王　靖　陈　鹰　孙　萍　熊汉东　毛志鹏　罗剑波　肖　罡
张　炬　徐向东　张庆文

自 53

黄　蔚　胡志泓　骆　群　李志强　朱燕杰　史丹兵　蔡　奕
沈学雷　陈　海　彭　毅　吴　鹏　苏会超　赵文平　董亚男
王爱民　李劲松　余　文　张丽萍　王　昕　李卫东　吴旭东
束　为　杨吉江　张　毅　刘风光　张　慧　罗　晖　毛献辉
包培文　谭步东　陈宇飞

自 54

郭　扬　李　鹏　张　昱　杨晓东　戴　京　欧阳兵　赵　宏
王　新　黄兴东　杨正宏　洪卫东　刘建强　王瑞峰　武　瑞
阎　广　金　龙　杨　炜　陈　刚　孙小兵　许　忠　王卫东
郭付阳　黎　健　程智勇　吕　亮　沈　刚　邓宏卫　罗　彬
敬　涛　李　季　高入云　张　凯　银　海

自 55

谢继峰　时　光　夏萍英　安立平　吴　军　朱　钢　黎　兵
李　政　王　焱　周　武　曹红斌　魏　峰　张达晖　段剑弓
张红立　张卫表　左爱民　刘　翔　陈文秀　胡　钰　陈雅卿
杨海清　杨孔雨　王　胜　王建东　赵接文　魏淑馆　卢　红
余　涛　彭黎辉　胡　轶

1986 年

自 61

陈　梅　杨汉琦　王立平　孙德祥　王华茂　卢　悦　王　昕
任　彤　卢　进　宋　磊　武振忠　张立新　赵　强　丁俊明

勾伟华	金尊和	程　全	施玉祥	刘晓丹	马闽雄	查文毅	
梁孔飞	周　华	谭晓星	朱非奇	乔　胜	吴育化	李尤祥	
薛仲元	刘　鹏						

自 62

周　皓	汪　唯	关燕林	黄一忠	廖　刚	严　京	肖　卫	
陈　爽	魏　彤	何雁平	逯利军	王文贤	冯　蕾	杨　洪	
李　毅	武鸿亮	何　斌	陈　忠	李宪武	梅军强	杨云雷	
潘仰光	徐砚磊	曲福杰	忽志刚	罗庆胜	朱建强	龙健明	
杨胜忠	郝　锋						

自 63

郭　莉	邓　韬	刘天勤	张　晔	汤为文	陈　箭	贺　闯	
王　锴	叶　蓬	郭国栋	陈晋苏	刘俊君	于　婷	李大明	
徐克磊	满化录	韩哲浩	陈　新	卢　山	窦兴荣	谈　侃	
张阶灵	杨德斌	黄晓晖	李莜青	张俊伟	赵致红	邹　奎	
龚　云	喻临丰						

自 64

吕志涛	王万春	曹　晶	孙燕立	张　强	付　越	沈继业	
卢　玲	金明文	秦永胜	王　旭	王险峰	李洪军	段海梅	
周永川	陈健鹏	黄国胜	陈祥杰	林　巍	吴忠胜	赵建国	
陈德烨	单家清	陆文凯	易全庚	邓保军	田　涛	万维玮	
吴宇文	李　冰	刘　多					

自 65

胡小红	陈　晖	谢　煜	张　坡	郭建新	严　平	祁文梅	
范文胜	陈卫民	李　新	葛英林	李昌忠	张金玉	范钦军	
薛银钰	田　军	蔡　荔	干毅民	刘朝阳	李守升	李　征	
田清源	朱红春	陈白华	王福生	黎　青	陈　勇	汤跃忠	
李劲松	李卫东						

1987 年

自 71

满江涛	王建中	吴　献	涂晓丹	聂小春	平　涛	赵　林	
谢　东	刘　昱	王宏志	华　威	李胜堂	金在荣	冯　梅	

曹彦俊　姜　堤　谢　桥　程世明　林　森　曲滨涛　王一玲
刘　辉　盛　龙　胡华兵　杨　盛　裘品浩　熊　勇　陈锡民
王桂明　叶　宏　张海军

自72
林　凯　赵　宇　崔　川　徐　康　王瑞平　林　征　臧凯文
龚　宇　朱　卫　赵千川　林向东　石宗英　段有桥　郑大勇
吕天宇　刘树东　张善海　范　虹　王宗峰　曾江华　朱慧斌
于　斌　施俊宇　江慎荣　谭　健　张　曲　任晓涛　李　明
董毅葵　郝雪静

自73
王　旭　凌　霄　王　勇　黄　钢　梁红谷　张冬梅　宋　阳
杨　帆　黄　昀　傅　萍　陶　海　过海涛　马建新　宋旭波
王　昶　岳　琳　黄　潇　朱　航　侯立朋　杨　询　孙冠军
孙剑灵　张健丁　殷　勇　关颖聪　卞　伟　汤小松　胡庆勇
普旭东　李旭栋　刘济泉　周建春

自74
苏　辉　潘宇辉　朱劲松　黄　伟　王京春　周向东　苏红宇
叶　昊　黄云冰　相　阳　付大力　孙　伟　卢　建　陈　荣
李修亚　赵国新　于朝辉　梁越永　程　钢　李　晨　姚小冬
张志波　董　敏　林艳生　畅　捷　胡　兵　刘　松　刘　康
雷武奇　赵尔君　代卫兴　王　策

自75
孙学清　郭雪峰　卫　东　冯力军　张　睿　吕丛笑　朱　亮
卿叔平　王静波　赵永红　文　戈　曹永欢　陈思宁　杨长春
沈　芸　陆承荣　杨　勇　周　清　谭日宏　魏　涛　孟文涛
李　健　杜文晓　戴响林　叶朝辉　郑曼莺　梁　峰　唐志刚
章天浩　常　松

1988年

自81
迟　云　唐　磊　蔡　弘　汪嘉旻　张雪枫　陈文胜　施天舸
马轶磊　屠　斌　陈建春　孟令民　李晓春　庄　飚　韩明国

井 琛	蔡 帼	欧阳证	黄 兵	李心纲	吴 岷	周 锐
邵阔义	马 峰	祝守宇	谭志斌	桑 磊	朱小毅	胡 侃
徐 峰						

自82

李 昂	关朝晖	张 涛	孙宇平	刘铁燕	莽世晖	刘 鹏
许 东	张元晖	刘振生	毕建国	马 权	王 然	王伯彧
卓 晴	邵旭辉	陶超全	俞 瑾	徐志斌	宋少卫	朱 斌
朱暑冰	苏琼青	莫海平	郑 强	郭永红	赵晓惠	秦漾海
张 斌	张 衡	王晓辉				

自83

钱健刚	唐 欣	刘 军	王 庆	王新宇	石 莉	周 铁
张 力	彭 辉	卢春雨	鲍向宇	宋 扬	张 洋	王有泉
刘 成	胥 东	蒋方军	姜新乐	孔军威	张碧瑛	苏怀远
黄党贵	齐 锐	董希彦	周 翔	陈舒浩	李德源	蔡 镕
王嘉欣	张谦红					

自84

郭宇春	鲍立峰	朱全宇	张 岚	李 睿	王维宁	钱立军
张 钢	王春光	沈少麟	徐晓萍	李红军	张亚乐	刘 劼
谢翀达	石晓忠	金建锋	葛益萍	肖 飞	颜耀钦	章 鹏
陈立人	宫世豪	岳红宇	徐淑琴	孙浩杰	何英姿	雷炳焕
唐 诚	贺 刚	李 波	孟庆元			

自85

韩 旭	张 铁	刘学东	蒋文松	杜 平	胡文胜	俞 铁
李 磊	王化研	于泽旭	蔡永春	周 燕	周 斌	孙海坚
汪涤凡	郭玉泉	杨 岚	封亚辉	孙伟华	徐玉高	廖 东
龙胜澜	池 迅	肖 悦	黎 擎	张晓东	李 秀	和士毅
邹永宁						

自专81

宋智伟	张 磊	邓文秋	管 红	王 俭	李倚剑	陈 镝
单京淮	刘一力	邓啸飞	刘 寰	李卫宁	刘海一	李 冬
谢 菲	毛 源	李晓峰	杨晓晖	张 威	黄朝亮	王 清

洪　洋　梁　立　高　峰　谢武梅

自专 82
郭思建　姚春图　李幽燕　宋振华　尹周文　穆　彤　刘佳黎
万象新　赵胜利　王东坡　尹　涛　孙　渝　汲　群　李　胜
王　战　谢　梅　刘宏宇　陈　宏　康　伟　金　辉　李纳新
刘左坚　刘炜炜　郭　惠　王　宇

1989 年

自 91
姚　力　李　皓　冯小琳　司　捷　游建欣　张岱崎　冯宇彦
张　严　任占青　高　远　刘　勤　胡　鹰　栾　天　姚志高
张　雷　朱晓芸　许誌诠　乔大櫩　黄必亮　叶　毅　秦　玲
张　钢　孙　宁　傅　勇　杨柏杨　贵冬梅　陈　新　罗　勇
周文越

自 92
姚小菁　吴　悦　华　炜　蔡　焱　张晓中　申　明　王炼韧
方　进　杨　涛　成　海　文辉晨　陈　峰　金英斌　张立华
郝佳良　王　松　朱　勤　陈筱芬　陈劲林　王永宏　汲　昀
高建波　杨　霄　舒　畅　楼雪梅　吴士荣　谢　川　石　伟
徐旻嘉　张　巍

自 93
周天舒　刘小红　马冀星　文　波　周庆彤　张　军　刘　海
王海涛　黄晓津　张　平　焦志强　贺　音　周　雷　沈海颖
程　朋　王　辉　王志刚　郑书旭　周　政　傅荣涛　范存奎
程晓峰　高　岱　石　磊　秦振东　李　良　石　春　罗念龙
王　茵　贾　玮

自 94
马　强　辛海涛　吴自强　郑亦兵　刁以欣　朱卫宇　张　杰
刘　镇　杜小华　乔溪荣　鲁　亮　包雪峰　安允波　韦　炯
俞　锐　卜　辉　谢健锋　林　红　童　欣　杨　奕　潘　东
叶志源　曹永斌　陈　靓　李　熠　谭晓春　任宪坤　马　耿
胡晟斐

自95

马文升	刘东民	李　晖	李维一	胡　飞	卢增祥	韩振宇
杨潜林	李　娜	张　昶	梁　宏	熊志杰	刘春元	楼大升
叶　崑	周　鸣	陆　燕	韩　坚	梁旭明	杨战兵	魏兰东
徐　瑛	常　鹏	段保富	何光宇	陈　嵘	潘　晖	毕亚飞
陈　良						

1990年

自01

樊　荣	李中炜	赵　荣	靳开岩	金　晖	祝红健	刘宇新
袁晨皓	朱　岳	刘　磊	陈湘晖	丁　刚	杨孟彤	刘　杰
高　威	王君杰	胡小平	谭晓波	林晓沧	梁小军	黄倩敏
闫　翌	高胜利	傅浩松	吕　宁	张　欢	张　峰	朱宇舟
刘　莹	胡震昆	喻海滔	张化群			

自02

杨　辉	郭　宏	杨柏健	许青松	闫向军	孙亚彬	柳　洁
刘云浩	毛志宏	徐文凯	张　雷	李　斌	奚海峰	尹基俊
陶慧东	胡大铨	曹　恒	麦建宁	崔慕丽	任艳频	程　宁
卢锋炜	邱世斌	李　瑞	丁　怡	张　勇	吴　洁	李飞云
杨欣华	陈　卓	张　斌				

自03

唐子笑	杜燕平	孙　苹	张健姿	管　强	闫玉强	夏　木
张海冀	刘　巍	黄山松	胡晓辉	李宝国	张晓涪	周海涛
刘　宏	吴新珍	贾振宇	董树怀	严　浩	程　媛	钱　敏
黄　普	曾光华	李兆洲	苏　觉	马　毅	黄　韬	孙　雪
吴明杨	刘小杉	刘　萍				

自04

姚祥毅	迟华颖	邵　睿	梁　旻	崔　炜	刘佳晨	朱　明
胡永彤	董树望	唐　冉	智　园	叶晓兵	汪　洋	姜　达
丁春海	孟　敏	王　凌	叶　卫	周冬平	马凌峰	刘曼丽
贾　峰	陈　嵘	刘海法	黄　强	吴世文	欧阳莉辉	王　玎
王　江	唐志红	曹　劲				

自 05

卓海虹	耿恒生	孟广顺	刘　峰	舒　波	周天海	贾裕泉
李　澎	徐　广	高　丽	马良所	徐　野	邢国元	郭双鹤
盛旻荻	马　辉	陶　丹	李之璁	赵时峰	陈　峰	郭　青
张玉爱	万　洁	王志奎	刘　刚	罗　军	邱模荣	黄长宇
赵　斌	魏　琨	吴　峻				

自专 0

邢志杰	成　璇	张　荣	郑　亮	杨海涛	司力明	张宇明
李海龙	阎喆川	蔡建军	赵　刚	柏志蕴	徐世然	秦志华
梁京雷	邓海麟	袁　祎	张　昶	李东菲	申小乙	康　碣
秦　旭	徐　欣	张　岚	刘　露	刘　艳	叶　昆	张奕希
张爱霞	李　丹	曹东红	王　煜	马　辉		

1991 年

自 11

邹鹏程	金　刚	王　俨	王冬明	胡海天	叶　展	王雪峰
李　弢	王今翔	吴　卫	何剑虹	班金龙	张　硕	谷红新
李　军	殷秋丰	黄　磊	王　寅	张大平	杜小江	张　锋
张　蕾	徐皓平	陈武茂	阮建兴	杨艳红	曾　珂	陈登伟
王维宴	蔡　宁	彭建宏				

自 12

许永勤	张　雷	吴　旻	汪　蓉	赵海鹏	周志鹏	陈　江
党　英	宋浩欣	高　弘	刘　宁	张　湛	王江新	曹军威
赵嘉敏	穆科明	陆　全	韩之江	何　浩	王经亮	陈艳红
耿　海	颜　涛	黄红星	王玉冬	卢　壮	吴晓强	张　皓
胡宥平	许荔秦	杨晋萍				

自 13

张大用	陈惠民	苏　清	肖　珩	庄　宁	许怡然	卢　欣
孙福新	陈士俊	时　宇	许　阳	熊　炜	祁怡钢	殷秩松
王　浩	俞　翔	成　瑶	何　崧	王玉珍	赵艳丽	唐　越
蔡继民	邹　彧	张　刚	任　伟	晏　勇	代江涛	杨立文
王　钊	王红枫	纳　琛				

附录4 自动化系历届本科和大专生名单

自14

冯炜　姜晓丹　连桦　许颖文　谢晓波　高速　姚萍
李镇　庄重　陆桢　金彦　吕翊　李英善　赵爽
田小渝　陈建勇　詹强　陈武　林明　戴宇升　陈永刚
孙元凯　温婕　吴另　路俊昌　叶凡　柳超声　唐春生
宁屹　杜仲　汤涛

自15

杨珅　赵虹　卢春燕　范顺杰　殷涛　李峰　祝莉
李平忠　武芳瑛　方奇　徐铁铸　梁夷龙　苏邦良　赵晨明
黄何寅　李敬逸　黄剑毅　汪岚　阙宏宇　刘鲁川　张伟
邹亮　沙新　杨智强　林松　廖睿　费海　黄子玉
胡世文　刘勇

自专1

卢文涛　郑玉萍　魏岚　安林　叶华　王昊　邵壮
殷平　郭文军　王路　张宇　卢梅　廖志强　王哲
周红　周涛　朱丹　史文平　朱晖　刘炜　田晔
韩憬哲　董燕　夏文娟　仇毅　顾力威　苏江　余沁
庞宏

1992年

自21

吴嘉华　崔峥　张霖　刘硕　刘沁佳　祝永进　王宇
邸嘉　张萌　王旭　尹京　蔡峥　高云　王涛
霍焱　曾轶　周驰　张远　何玉军　洪波　陈斐
潘兆祥　傅晴川　路海明　焦龙　耿睿　唐春辉　谢杰成
黄苏华　肖黎　张芹　李勇　张栋　王成虎

自22

徐晓晶　史煜　石翔咏　戴亦欣　于潇洋　周葵　于迅
刘铁锋　何早松　朱江　吴从坚　王骏　鲁虹　蔡宝生
马赓坚　马铁勇　徐琳　曲晟　杨安　郭陟　王昕
胡峰　林治强　闫长青　杜平　黄晔　勾红梅　王柳
张震　黄岂凡　江瑞　李瑜　邱鹏

自 23

魏 华	戴京春	朱 嵘	闻 芳	吕晓光	孟 良	杨若海
方勇刚	乔 楠	谢 江	瞿 艳	胡 晨	张 泽	白 冰
武宏伟	敖 云	刘 军	邢 颖	乔立安	王建琦	韩 炜
刘景华	张 军	朱泳康	赵 滴	马昌超	林立志	李 坚
黄远芳	赵寅青	张光斌	耿先骏	孙旭山		

自 24

郜亦楠	薛 静	田 原	朱 敏	涂 旻	徐似春	田 野
乔颖路	张 昊	金成杰	王 强	郑 洁	林 强	宋 翌
岳占峰	陈颖希	刘 俭	虞安波	张清南	唐湧泉	傅志刚
赵 勇	曾 理	张泳健	黄 炜	颜 昀	陆洪毅	吴志坚
罗忠雁	王 东	程晓琳	王 蓬			

自 25

周 靖	许立新	李钟辉	刘 洋	周 敏	瞿 鹏	王文芳
赫 立	岳 灏	姚新力	张 维	谢春燕	李志平	刘铁铭
孙宗林	罗海滨	董重青	郁 新	吴宏志	陈其嘤	操 晴
许开聪	袁培江	杨红成	何毓嵩	柳 智	林 宇	曾 华
熊玉锋	贺 兵	李洪海	朱逸飞			

自专 21

胡放梅	王晶琳	张万颖	汪 涛	汪 洪	马 林	蒋 玮
刘国菁	沈坚航	黄晓园	刘 超	蔡 勇	余新鼎	王圣倩
张晓莉	于力行	张 宁	吕蔚如	肖 珺	孙 亮	杨燕宁
唐战英	杨力坡	袁 静	苏 烨	邹 翔	蒋 莹	王玉文
王 莹	高 彬	钱 进				

1993 年

自 31

王 悦	朱向飞	陈 越	崔凡叶	许若凡	沈 晖	龙欣海
范华梁	郭彤城	靳 爽	王 叶	郝 新	马晓莉	郭开宇
罗 强	孙 寅	张 琦	丁 刚	王少龙	李 萍	蔡晓雯
林 毅	宋传胜	胡驰峰	周云凯	陶 冶	赖文智	梁恩主
蔡 颖	田银海	赵 颉	裴晓明	赵紫来		

附录4　自动化系历届本科和大专生名单

自32

秦立璋	孙宇卿	杨雪萍	李　鹏	董　浩	毛　羽	王　镇
杨奕南	李　宁	张　洋	李志斌	梅　晨	刘永和	吕华锋
刘　鹏	刘湘妲	刘　倩	王永辉	陈晓峰	成　功	蒋剑虹
林　涛	潘洪波	闫　季	王建涛	董新久	皮周悦	何　虎
王启亮	周　兴	刘　牛	姚　琦	季志荣		

自33

石　洪	王　钢	霍　刚	罗　晨	刘　昕	赵　虹	韩俊生
张　涛	杨　林	董　敏	陈　颋	姜　澄	何江微	杜宇健
李亚杰	李金丹	李　庆	金海琳	祝　捷	沈　丹	沈　挺
朱　鲲	张庆己	叶　恒	姚凯丰	王　双	李　岩	段利军
王沁磊	彭少熙	袁　超	杨英杰	张　力		

自34

梁　林	黄京明	李　未	张　宇	朱剑涵	王　东	吴　强
何晓宜	窦　伶	陆　海	李胜强	赵　通	关宏超	蔡笑怡
刘　飞	高　鹏	符　强	季彩虹	刘　俊	吴安定	楼　昊
孟晓军	吕建红	刘　韧	柯海昕	肖展业	杨瑞尧	陆丽萍
谭仕勇	邱　晖	毛经坤	余　勇			

自35

左铭旺	张以恒	董晋鹏	李　冰	付海鸥	李　薇	杨云松
张　进	贾　岭	鲁　博	江永亨	雷　霖	王晓峰	葛正宇
李　琢	贺　迪	檀时钠	凌小利	林铭锻	李翠红	于海涛
雷　涛	王　志	易　粟	黄　琰	罗　翚	傅仕星	代志刚
杨文泽	马成远	张　猛	王振华			

自专31

王　佺	王　滨	赵晓虎	赵　鑫	贾国振	马骁昀	常　军
刘　锋	袁京京	曹　蕾	穆晓乐	黄研华	周俊峰	顾云燕
贾　蔚	邹　迅	任彦勋	陈　勇	杨　栋	赵福启	陈展辉
唐显文	罗杰星	李云章	袁　娟	石振宇	李　昕	高玉华
庞忠瑞						

自专 32

黄浙楠	廖　睿	赵海琼	田春芳	洪晨光	彦　玲	宁　娜
谢　晶	刘晓红	生　力	谭春艳	吴　金	孟　妍	刘冰宇
杜　波	丁春香	宋　莉	付　琛	戴　锐	贾　岩	朱毅杉
沈　辉	章雯漫	余　宁	张　华	李昌峰	杨明慧	董宏涛
朱　江	马　驰					

1994 年

自 41

洪天阳	周向荣	姚　炼	孙建勋	郭　琳	赵轶苗	尹长宇
张　毅	郝力平	亢　锐	韩振刚	冯　焱	刘　燕	覃毅力
张锦懋	卢志坚	仇妍蕾	索士强	白　弢	王秋华	庄永龙
邵震文	孙鲁毅	何昌华	张　劲	郗鹤健	叶　青	曹　敏
方海军	李　吕	沈江浩				

自 42

陶　羽	刘　憎	陈　宁	李　冕	傅　鹏	黄　攀	陈培松
白　帆	文　静	马　凌	傅燕冰	韦建利	周远京	王　科
李震刚	王清洲	孟　磊	吴海青	田守瑞	张先谋	房　芳
韩　智	王　慧	顾　键	鲍震宁	王　隆	叶　青	孙亚崑
张　航	张　睿	霍　勇				

自 43

袁　征	赵世勇	俞　凯	王向荣	刘　毅	冯欣悦	陈　震
李咏东	马　辉	杨　军	张荣梅	齐　勇	熊志伟	刘凤晶
金京浩	王　东	周　韬	高　伟	孙逸珅	李　岩	倪　江
王　军	吴　怡	程展鹏	林素珍	赵　明	冯永红	张　程
朱昕平	李　茁	杨　峰	龚　波			

自 44

李　宇	曹海珺	周　捷	霍殿岩	武晓冬	王文辉	孔　楠
王　璟	张　瑞	程　月	杨　扬	姚　咏	王　擎	金小伟
王哲鹏	刘　铮	刘　渤	戴海生	徐　赢	夏晓华	黄　颖
王　琦	胡玉蓉	赵　琦	范醒哲	陈金泽	张金生	孙垂丽
钟　铧	廖　璘	丁蔚琳				

自 45

焦 钢	赵晓东	于 叶	仲 晔	李 明	许 铭	梁 锟
张 进	朱鹏翔	宁 可	丁 毅	倪文龙	陈 军	何康康
刘兴初	顾国旭	辛乐萍	何荣森	赵 元	马 云	陈 俊
朱永光	张克维	汪志鸿	唐 英	周 强	金 昀	王雪瑞
许祥琛	翁 焰	许 欢	赵军旺			

自专 41

何 宁	许 冰	孟晓刚	李天宇	何 洋	尹国松	穆长胜
刘继为	夏可求	洪 江	赵 岩	刘亚娟	姜 楠	王 谦
王 梅	林 力	吴凌霄	齐秋生	姜振宾	周 星	梁健明
苏晓梅	任丽娟	张旭东	汪 涓	张旭会	卢沛欢	刘玉东
贾红军	沈 卫	李 静				

自专 42

何文翔	徐小龙	杨辉达	徐 丹	杜海红	刘志强	陈 静
鲍 捷	李 强	赵志林	高 强	朱 立	杨从安	吴 迪
朱叶红	杨 冬	宋常青	曹文靖	严 伟	韩均坡	张宇宏
吴 颖	杨丽华	张 坤	吴凤莉	张玉宝	孙秀杰	苗 强
宋可新	陈浪威	孙玉芹	吴 亮			

1995 年

自 51

王 宇	孙 稚	高锐智	曾 月	周 坚	赵 霞	杨 光
赵 震	齐 悦	冯云方	戴 鲲	徐晓峰	胡文广	何 山
蔡 军	沙佳瑜	羌 磊	王浩军	陈 冬	王 晨	苏 菲
卢奇茂	梁学孔	周 林	刘 斌	丁 韬	王 洋	李 淞
刘 策	王晓芳	高大山				

自 52

杜海宁	牛 东	张嘉隆	谢宇俊	张少彤	杨流辉	郭 琦
蔡 骥	王守崑	张浩鹏	张 乐	程 燕	李天庆	龚 婕
张布悦	韩永彬	桂伟力	王 磊	苏建龙	袁 潮	树莉丽
沈永强	张柏波	刘 鹏	卓建利	徐 磊	尹朝征	宁树兴
杨元栋	周 晴					

自 53

戴 巍	康 鹏	何 涛	陈 辰	李 巍	张 垚	冯 伟
脱建勇	贾 静	李大雷	申彦明	李泰日	张 浩	潘 龙
冯 昉	沈卓立	唐业明	黄力菲	郭东航	张碧仿	胡琼玉
陈望宇	冯 越	陆 耿	李小欢	杨晓龙	孙 莹	郑泽峰

自 54

范佳伦	贾华卫	张幼亮	胡传华	石 凌	李 嘉	张学勇
娄 明	范 楠	任 艳	温 旭	滕宝毅	麻文斗	刘 昕
胡益锋	李 逸	段 琴	杨晓龙	张德馨	计宏凯	徐 海
费冬强	漆 骐	李蕴瑶	尹罗生	张 龙	隗 炜	李 刚
吴珺文						

自 55

于 晨	唐 昊	刘新宇	周宝曜	孙 凯	朱因心	乜剑峰
郭 超	王志刚	郭 蓓	唐 进	吴大畏	冯大为	常 成
尹文君	刘敏华	张浠淳	李晓强	于 伟	廖炳瑜	江 明
李春富	周 威	彭中华	李艳琼	邹 健	董清富	冯 翱
宋晓丹	热娜古丽	武 超				

自专 5

沈晓斌	王 昊	梁 涛	王 崧	李宇飞	孙英汉	倪 伟
宋 弋	倪 成	杜志欣	弋立雅	赵昶晶	苗 锐	顾振宁
王晓龙	许 涛	李 佳	焦 旸	候晓鹏	王志强	李晋宇
孙熠阳	陈剑波	刘春燕	李润恒	石志广	何敏章	仲丛丰
田丽平	周丽君	彭国平				

1996 年

自 61

夏慧煜	钱兆飞	范 辉	苏文敬	刘 杰	崔 巍	张 超
刘 丹	叶 盛	周 晋	王克明	高 宁	闫 铭	郝 群
戴元顺	杨 陈	王 凯	来国明	夏旭丰	雷国平	孙 敏
左瑞文	寇真真	熊 斌	廖华飞	姚 婕	王 珏	杜典嵘
蓝 海	王 栋	张 晨				

自 62

何 巍	姜 熹	陈 瑞	奚正平	许文敬	石 璟	安 北
宋鸿冬	沈宇华	张震宇	李清源	任常锐	朱 楠	李泰虎
齐明睿	欧晓凌	缪 绮	蔡 登	陈敏泽	顾少辉	申庆华
刘 淼	朱传涛	张 美	马良驹	黎 涛	陈 韬	赵仕健
王晓延	伍晨愉	王 威				

自 63

刘新新	季 成	钱 琼	王 青	陈愈容	牟 冲	严 骏
赵 虹	周 超	郝伟琦	杨 普	程 鹏	蔡 研	姜晓寒
古 月	陈 晨	裘 刚	陈 晴	王 威	王育军	杨晓明
丁文杰	刘 祎	宋 芹	龙朝帆	彭晓辉	秦飞峰	蔡朝辉
蒋石竹	周 锟	罗 萌				

自 64

林小雨	李 炜	高 琦	廖 芊	赵 光	张雄飞	段艳丽
高源博	谢海若	刘 为	储膺轶	邹 璐	尹雯楠	张志君
郑 伟	黄祖刚	李美玉	裴 强	孙高岭	陈 烨	孔德亮
连晨阳	周 静	孟 虎	阮 戈	董 炜	谢小卓	李文峰
潘 澈	戴 佳	苏 瑞				

自 65

张 淼	张国亮	楚 军	蒋京波	钱 昀	常 乐	谷 蓉
陈忻彦	赵 晨	李 昕	王国强	阿木古郎	徐平岩	王海生
夏 阳	徐 迅	边海锋	范小东	赖 瑾	喻 颐	马振晗
李 亮	李巧玲	樊晓丹	梁 坚	魏 华	李灵犀	谢亚文
游 海	李 蔚	褚新元				

自专 6

刘 静	赵 明	袁 江	杨行健	刘治中	何 婕	刘 伟
程 序	李 宁	奚海涛	郑 欣	刘紫洋	周 熠	段 鼎
卢 洋	孟 宇	王 鑫	范学武	于 哲	张 研	陈付山
李红玉	石桂芳	邝维刚	陈伟杰	李宇峰	彭期轶	李永萍
李华玉	潘 杰	李 栋	芮乾梅	杨国琴		

1997 年

自 71

范志民	路　加	罗　昊	邢建辉	程陶亚	高琛颢	王　赓
任晓军	匡晓烜	耿　辉	杨　静	吉晓峰	吕雪松	张春吉
刘沐华	朱　凌	倪　凯	刘啸时	安德玺	郑现莉	寒　佳
周群植	王丹妮	陈　永	吴山产	江豫京	黎　坚	王传宇
吴　伟	张云涛					

自 72

王　飞	高　玥	赵　宇	吕　齐	李　斌	甘明鑫	李　燚
仲喃喃	陈华春	洪　钧	赵景亮	孟文峰	张　扬	周海京
尹亚光	张小玮	王井东	吉海峰	应　雷	过　承	倪　健
赵　勇	董　菁	袁　远	邱志军	阳琳赟	梁泰文	张文逸
于　中	陆　斌					

自 73

王　凡	黄承安	马君毅	刘　铮	茅剑锋	许　可	王　灏
李　征	许　聪	王　强	王轶冬	王永才	吕景飞	鲍　捷
宗　臻	钱文龙	陈小华	徐　乐	刘荔敏	姜　巍	傅晓航
任学锋	周涵宁	谢东文	黄　晖	肖文峰	朱伟荣	胡文泽
贾彩霞	马烈天					

自 74

张盛毅	商　峥	吴彭年	刘　宇	朱显明	张　鹏	杜乐丁
李志一	怀改平	郭　栋	高　威	沈　林	杜新宇	盖家鼎
邢笑笑	孟　柯	刘　艳	赵庆元	张　挺	易　星	魏永强
卢　威	黄　琛	陈　悦	李海燕	梁培嘉	邹雄宇	姚　昕

自 75

罗晓明	廖东南	齐海宁	范　华	马　远	杜瑛卓	张宇龙
杨　剑	吴景龙	王继国	王小乐	赵新华	孙　鹏	吕志鹏
蒋　竞	顾小洪	刘　原	张　弛	郝井华	李　超	冯浩然
范景云	王亚磊	董群芳	南　曦	程修远	秦　宁	吴淑宁
刘　凡	李令莱	方　耀				

1998 年

自 81
曹　扬	邵国彬	徐一凡	陈博通	尹鹏临	何蜀燕	王　宁
白玉媛	张　晶	吴　枫	郑　锐	张立晴	陶　焜	闫海荣
张朝林	贾庆山	林　剡	郑玉成	林丽华	邢华伟	党海飞
何峻峰	谭　伟	陈　建	亓亚炬	顾祖毅	曾　涛	吴　超
楚云飞	朱大鹏	穆荣均				

自 82
周　强	秦　威	陈建平	周　平	刘　强	杨　帆	李睿颖
曲　岩	周　崴	谭　斌	田　宇	何京芮	宋明浩	赵宏宇
关　勇	张昊江	龚瑞男	邵科峰	童行行	吕遐慧	林　祥
谭　鹏	姜　鹏	谭思亮	林远东	周一多	耿　凯	李俊宁
梁　亮	吴洁兰	犹　园				

自 83
徐　晔	徐　冰	陈梦舒	刘　祎	杨　飚	于　娜	付元训
叶浩淼	李久龙	杨　渊	陈建波	邹箭宇	陆辽琼	白　俊
柴潇毅	梅　烽	富晓静	孙满意	王溢仲	马　勇	蒲　春
陈清阳	徐　颖	王　伟	顾金伟	李嘉扬	龚　谦	张文斌
刘　乐	蒋　薇	周珏嘉				

自 84
常小萌	张　涵	刘洪飞	李　申	谭　涛	张　亮	李　楠
宋　丽	杨　杰	魏俊鹏	孙晓清	贾海涛	金荣臻	张明吉
赵新源	王　申	陈思宇	沈　凌	盛仿伟	周永磊	李延峰
黄　博	熊　媛	夏　俐	陈景妹	廖灵睿	郭博伟	郭　鹏
靳雪翔	江　涛					

自 85
夏华波	韩　凯	范　义	徐小鹏	孙　旭	彭　瑾	涂国煜
孔凡超	邢桂来	白　洁	姜绍龙	仰振宇	刘巨奇	韩显涛
李钟益	朱春磊	张　剑	吴宏新	王士卓	吴　飞	杨　健
章　浩	蔡渠棠	彭春翌	柳　峰	周敏玲	熊殷翔	张永生
张　赫	刘福铭	张　俊				

1999 年

自 91

刘　枝	李云琦	李　果	郭　鹏	邴仲辉	王　嵩	钱　诚
陈景运	夏　阳	吴艳华	胡　庚	董振华	周　捷	吴南南
林　东	景　烨	董文博	徐　薇	蒲光诚	刘朝玮	陈　旸
熊光磊	庄海滨	冯　超	熊　伟	何　浩	李小锋	蔡怡昕
黄　璇						

自 92

王海峰	华　韬	王　晓	李炜明	顾凌华	何　瑞	秦晟昊
曾嘉佳	王煜航	刘桐杰	杨育峰	陈　嘉	刘　飞	汪小我
李立军	牛　晨	杨　阳	梁　磊	高秋彬	陈　尉	梁小影
韩殿飞	王　珏	卢　辉	曲　畅	吉利军	禹　欢	张　伟
张光磊	王小三	程　爽	王　勇	杨　颂		

自 93

万　珂	陈志权	李　昊	王　琼	王碧波	郑彦翀	张志强
刘　铭	林　宇	徐明光	汪牧远	黄衍宁	肖　锋	吴　东
韩建斌	苗更新	张鸣晨	崔琳琳	王　鹏	朱振博	刘　衡
张　朔	刘　忻	沈晓光	杨　越	程　遥	毕小俊	金　锋
孙旭昇	张　聪	晏凯亮	吴晓晖	孙　雷		

自 94

白红星	王　崇	何永峰	庞建国	谷海波	陶　冶	刘荣滨
金　一	侯宇杰	孙　曦	任　远	夏　山	刘　征	刘　罡
梁　铮	彭　爽	尚明海	张金棋	桂　康	王　萌	才学静
朱晓星	万智玺	胡　强	程　光	徐琰恺	胡亚峰	舒　皓
卢建林	段素珍	李　彬	胡　卫	孙　滔	王　洋	

自 95

曾维江	高晓丹	余晓建	吴苗青	陈松勇	李妍婷	彭　涛
胡　昶	陈炜炜	吴　俊	郑　路	张　斌	江　鹏	廖炜恒
胡　睿	赵志强	宋阳秋	路　深	杨小晨	潘　欣	唐　力
杨书生	王　可	常凯斯	李　南	纪鹏程	付　毅	刘　宁
王静波	李晓光	龙　帆	孟靖云	张皖志		

2000 年

自 01

阳　昕	拱旭升	杨　峰	张家斌	古　槿	黄　樵	段志尧
伍子俊	李　果	李江海	高　艺	牛道恒	宋劲杉	曾鹭樱
芮华夏	王　庆	沙宏磊	张　楠	赵　照	杨　舟	陆祺玮
高东剑	沈　震	郝　嫱	张伟光	杨文利	冯雪涛	郎熙炜
李　响	杜　威	朱　江	万　力			

自 02

严　琪	张　桐	范燕明	施一平	伍经纬	王　捷	徐真真
张清贵	娄身强	张　舒	段后利	邵金华	刘俊达	程　阳
孙　强	王顺达	关　涛	于　迪	孙　锦	杨振华	孔萌萌
王　潇	张　柏	李　豹	靳　晋	田　雨	陈　嵘	宁　琳
施一一	韩　强	常晓东	陈　杨			

自 03

李　俊	张　博	陈　卡	严　峻	江　鹰	李维佳	尹佑康
何玲娟	黄　毅	桂方晓	郭兴锋	侯　群	张　弘	陈嘉健
杨春宇	暴　风	董文强	赵斌强	孙跃鹏	秦志宇	韩　准
刘晓渊	梁睿超	黄　琛	冯　骞	高　原	张　岩	张广宇
李　讴	杨　涛	万定锐	胡　斌	郑利强	梁　杰	

自 04

焦惠茹	赵　岩	龙　迅	谢祥超	宁　旭	施　维	乔文平
李　萌	张艳婷	陈熠星	李彬彬	姚小倩	谈　恺	费峥峰
姜　睿	赵颖泽	黄少晨	段业兴	周金磊	陈　亮	李　力
汪　璐	邢　昊	吴　昊	张子轩	陈　伟	杨　潇	彭　滔
倪博溢	张健松	石　楠	姜丽丽			

自 05

李仲秋	游　欣	阮晓宇	肖　广	孟小宁	楚　冰	王晓莉
周迪智	张　帆	陈小川	许　泓	罗任煌	刘　威	周　亚
段　莹	谢　琦	罗凌智	林云志	陈燕军	汪文彧	顾　昊
柏文佳	王　峥	边　江	荀海涛			

自 06

毛剑辉	郑 洁	张恩伟	陈 华	陈文琦	蒋蔚荣	王伟然
徐 波	辛理夫	田 伟	秦晓科	姜玉峰	胡广浩	李 祎
艾 铎	裴 晟	曾 朔	焦 锴	邢 磊	于 爽	陈 刚
胡 睿	王轶嵩	顾清华	许 云	赵彦钧	李喜彤	刘 扬
张晨光						

2001 年

自 11

张 阳	涂 超	于志涛	王庆冰	马 旭	吴 昊	金 戈
许 晔	刘增才	杨静思	唐潇风	郭 杰	姜 萍	赵 苏
田 方	崔靖宇	李 博	孙 强	王 帆	罗福会	陈 慧
刘 洋	房佑寒	张 颜	邵仅伯	孙智彬	周 昕	高 皓
向 星	陈孝杰	黄力行	季莉敏	姜春阳	赵 明	李光华

自 12

曹子晟	马小龙	熊 亮	沈晓辉	李 璇	朱向欣	董 鹏
陆 磊	张 明	于鑫琼	谭金平	武义泉	赵燕佳	芦振华
曲 震	李小星	方 芳	沈国阳	张 田	褚晓东	王 琦
袁蕴超	王 晶	李志洲	王鹏程	余海涛	许 浒	郑 博
滕 翔	辛 艳	沈 建				

自 13

乐瑛莹	康 静	熊静旖	许 斐	陈 曦	李培胜	周 捷
张 邃	王小飞	詹晓伟	隗 玮	谢希明	陈芝鑫	李 晶
李 铸	顾 平	邬 迪	乔晓琳	韩生亮	白 冰	唐晓斌
吴 锋	唐 文	裴 欣	文豪然	张 嵬	刘 珊	程 波
邹涵博	卢 毅	史 岩	刘鲁鹏			

自 14

刘东韬	姚志甫	刘文飞	张腾飞	潘 佳	郑 赟	刘延芳
宁 宇	张盈盈	徐 飞	魏智勇	王 婧	赵漫其	王凌宇
李丽春	严 晗	廉 博	高 兵	何晶晶	胡益炯	呼斯乐
雷晓霆	唐经天	张行健	杜 鹏	王昊旻	魏世豪	邵 煜
蔡 寒	马 睿	李伟明	蔡君艳			

自 15

王　纯	冯上平	于彬彬	洪　韬	胡　泊	杨　韬	吴　琛
刁玉鹤	姚妮娜	周炳坤	陈　明	李红玉	蓝　天	陈凌峰
包世明	谭博怡	王　琪	刘桂臣	张　瑞	宋晓光	马　遥
杨　旭	路美娟	杨　森	王天龙	杜朴风	陈　渊	马严召
王英洁	郑　明	孟庆尧				

自 16

林晓希	董　靖	孙　鑫	徐明媚	苏　星	李　栋	张东辉
范振兴	杜　亮	周　礼	金　璟	陈　倩	吴　凡	任　雍
王　巍	韩　漠	王　贺	宋　磊	程　岳	陈　豪	陈晓锵
宋　铭	陈　飞	高　明	徐　睿	季　珂	胡　梅	张　欣
高　飞	兰建忠	张　丹				

自 17

张竞琎	陈　飞	毛　奔	徐济铭	姚煜丰	马永生	邓　堃
王　琎	刘福生	胡　欣	吴　祥	李　乐	毛　月	王　瑞
李丽琼	潘　昕	李忠伟	董剑飞	吴　戈	侯德鑫	李　丹
何婕玉	袁　剑	王　焱	后立尧	张一夫	王　斌	龚翔旻
张　哲	赵庆国	肖晶洁	何　锲			

2002 年

自 21

余　轲	钱炜慷	徐　江	鲍　征	杨　晶	柳　冬	余　泓
张　勇	张伟鹏	孙　浩	张　斌	周　昱	周宗伟	徐　耸
刘　澍	王瑞涵	徐　宁	梁先扬	吴艳艳	曾　昊	景文盼
韩　冬	苏　姗	陈　刚				

自 22

王佳琳	金　怡	杨　轩	罗　彬	张　凯	蔡金龙	郝立涛
张欣欣	邱　涵	黄姝睿	蔡云江	万凯航	谭　旭	张　超
牛鹏波	薛　苏	李　颖	黄　松	冯　礼	吴　斌	叶立阳
陈　向	王　佳					

自 23

| 华　夏 | 张　焕 | 许　悠 | 孙婉怡 | 马占田 | 李　晓 | 包　鑫 |

杨 波	苏 衡	李 健	程 夏	阮宜帆	陈柏炜	戴 霆
陡 晶	黄付卓	王 晨	陈 明	韦奕多	林小竹	李芝伟
韩 毅	侯 磊	胥望军	苏 宇			

自 24

郭 蔚	王 威	李忠刚	赵晓雪	董 悦	李 旸	傅秋实
曲 睿	侯 聪	李 杨	李明扬	朱见刚	詹东远	李 慧
吴 昊	颜文韬	严 历	尚 华	周 鹏	燕 翔	廖智宏
许 鑫	郭 胤	唐邦富	李 健	张宇魁		

自 25

周雪崖	杨 波	刘 君	胡大为	周海旭	王一凡	张 涛
张 鑫	曹 强	刘小星	崔 航	李 论	俞向明	姚邦鹏
高 勇	董欢欢	张 引	谢雅雅	于 飞	陈 楠	高昌谋
刘铂涵	盖 坤	张晓彬	唐大为			

自 26

张 楠	孙殿斌	李亿谦	杨雪杉	王 熙	赵 斌	刘 艳
李焱焱	李芳菲	高旭东	于志军	陆文君	韩 洋	潘黄斌
潘科钥	王伟隽	杨军朝	唐 晨	杨燕旋	余 明	王林林
马振林	管 鹏	杨 亿	郑珊珊			

自 27

吴 中	张 乐	马 涛	李高峡	马景然	周 山	吕一松
李海波	王 祺	袁 园	金 戈	李 响	李立国	姜佳立
姜智超	贾扬清	苏学敏	黄永皓	王 衍	吴 双	林 珊
陈煜东	张 路	李 涛	闫 研	任 祥	马小东	

2003 年

自 31

郭 琪	汪佳栋	吴冰晓	冯雅喆	薛 鹏	戎 珂	孔 越
王梦迪	张 楫	邓 缤	张 宽	李 雷	钱明杰	舒信毅
林路灿	龚 勋	刘 璾	杨保华	李灵坡	李一捷	郑华年
申乐之	胡嘉伦	郑 焱	邓 牌	刘 宇	王 震	李广之
刘继明	柯长博	刘翰亘	张亚超			

附录 4　自动化系历届本科和大专生名单

自 32

董 磊	黄 建	岳英超	张源远	杨欣竹	段绪辉	赵 苗
孙友婷	张建杰	路 瑶	王 强	于 潇	李睿明	李灿强
虞秀兰	赖立平	邹国斌	刘建光	苏华锋	史 远	刘 浩
李彦翔	冯晓林	杨 昊	王伟华	蔡 璐	马 乐	黄 驰
徐 鹏						

自 33

袁煜明	赵 波	桑 栋	王建嵘	刘昊为	张文珂	陈梦晨
张 振	邵 云	王星石	绳皓文	符 榛	诸 宁	陈 安
柯刚铠	吴雪兵	孙乙方	曲秀赟	李 博	郑世强	肖 宏
吕奕锋	陈春滟	沈 弘	杨 波	毛文涛	范晔君	殷 晔
郑志星	孙景洲					

自 34

崔 驰	冯 妍	宋 博	常 明	李宇恒	王 峰	陆 峰
索智群	张晓春	孙之杰	洪 浩	吴 珀	顾全全	吴 君
伏 虎	邓法超	任 昂	田 野	冯晓端	万 里	黎 政
冼华魏	黄羿衡	张 璐	卫 鹏	潘齐坤	周子寒	杨 李
黄学升						

自 35

蒋振超	田 丰	李长城	薛 坤	莫一林	邵祁丰	李 飞
高天亮	钱俊彦	路 遥	陈 寅	俞 跃	丁 芒	安 鹏
刘树发	侯 琳	王 俊	贺 骥	唐翔宇	刘祁跃	石 雯
郑 伟	康世胤	陈效然	陈 群	张 丹		

自 36

王 鹏	李 淼	李波睿	赵睿涛	牛晓伟	张 勇	于春超
张 崇	栾天祥	郭 帅	常振军	徐 男	王夏复	毕建权
涂 敏	王甫宁	刘 锐	李 辉	郑继民	田 昕	白永强
梁 辉	张 浩	关 涛	蔡 晶	唐夷简	李 榴	莫方政
夏 夏						

2004年

自41
王 一	骆 东	梁岩松	吴俊政	韩少聪	沈 虎	陈风根
张明波	王朝飞	郭 沐	李海涛	韦志强	岑 飞	葛 磊
连传强	张文韬	王福秋	魏 恒	刘 波	金松昌	傅文辉
魏承勇	王怀强	李文博	李闻博	万宇鑫	高 翔	商孟尧
郑 靓	刘春峰

自42
邵天甲	朱光暐	葛元恺	林 铭	吴 靖	桂成源	王 乾
陶呈纲	梁文华	崔鹏飞	齐安焱	赵树栋	侯梅芳	邹 斌
彭 珂	陈一侃	黄高扬	沙 杰	杜 剑	王 伟	吴 凡
魏 铮	刘辉辉	李 丹	王 音	秦 潇	朱 济

自43
张 聪	赵文聪	孙康弘	李 映	张子丹	晏 希	徐 杰
陈 晨	戴远辉	刘 浩	郝文杰	王义娟	孟 璐	俞 睿
李 政	陈 晶	赵世宏	韩 雪	谢 鹏	倪 杰	马腾飞
李 虎	谭斯斯	石孝钢	计鹏飞	邱俊源	赵亘一	沈小虎
赵世文	钟 赟

自44
施 锋	张 浩	李 栋	李东钰	冯 卓	白 无	杨明进
陈李维	郭翠婷	雷绍泽	马冬妍	王斯捷	邵 航	甄梓宁
张 煦	张 舒	田海鹏	韦峻青	杨 舟	黄 浏
阿丽亚·达拜	谢洪瑞	程 璞	张 鹏	朱茂莹	是长吉
陈志湖	王 涛	朱家杰	聂 鑫	牛 锋

自45
王 成	潘无穷	胡宇波	丁 蕾	戈 展	曹志敏	王明璐
谭文哲	何军林	陈光昀	李权伟	徐韵文	曹 培	黄诗萌
张梦溪	郭 鹏	殷佳欣	付 坚	左之峰	邢校园	胡轶超
惠 征	戚亦平	丁传晖	黄振尧	韩书丽	余 来	陈世耀
刘佳伟

自46

李俊伟	严 授	王 诚	竺震恺	李伟欣	苏俊杰	程蓓婷
苗昊春	胡明卫	刘 晨	方利缘	李 威	姚 虹	盛 洁
黄佳彦	安俊海	崔园林	梁宝霖	卞小丁	王 程	郝啸林
谢依含	尚 佳	刘光夫	吴 充	张佳宏	胡 瀚	李 菲
花 磊	徐 魏	陈 云	朱 鹰	吴飞飞	於涵清	程思瀚

2005年

自51

汤孟龙	胡舒凯	王 晗	李崇飞	覃 杰	杨 俊	张 楠
刘 健	吴波涛	赵耀文	高伟亮	鹿珂珂	王冬升	刘威成
石岱曦	刘天航	魏 强	靳 坤	陈 浩	葛灿辉	牛之锐
王 冰	张 显	田 增	刘 青			

自52

耿晨曜	王子阳	吉 岩	陈 雷	翁文言	杨振宗	黄 迪
赵 方	何颖佳	王 法	叶圣奇	马 睿	袁 通	许闻达
程 实	杨擎宇	朱珊珊	吕佳玮	刘闻达	谢 巍	高 远
王新攀	张 弛	蔡建红	潘 龙	牟晓牧	何肖南	曹潇然

自53

何 博	孙 彪	孙又晗	林 昊	胡春华	李 鑫	杨 涛
石 凯	胡仁强	侯广东	马 晓	袁 迪	姚 问	来洪波
朱郑铂	马伟奇	李 成	乜君兴	李 琪	孙立才	王 灏
邱 桐	张广维	钟志龙	王 洲	邓 硕	石宝峰	

自54

谢天培	徐梁鸿	蔡阳阳	周光宇	万邓熙	叶 林	李作君
殷 杰	赖华贵	王晓杰	徐 琨	卫 璁	李泰盛	李 雯
海日罕	吴亦尧	李 钍	孟繁林	孙 磊	王 超	郭 辉
田爱博	魏宇杰	李 喆	周一锋	槐 寅	许 烨	贾力岩

自55

陈晨屹	周昊胤	郭 莹	姜 白	钱彦君	张寅达	吴剑英
齐 济	陈小龙	朱元成	周鹏飞	成 江	张泽梁	张 磊
陈新明	王璐莹	黄科满	田顺庆	葛凯麟	李 君	李厦勤

| 崔世晟 | 朱　宸 | 辛　鑫 | 刘小溪 | 肖　聪 | 吴先康 | 鱼海子 |
| 张魏威 | 曹圣皎 | 龚文虎 | | | | |

自56

潘　争	陈振华	赵力辉	周　浩	刘　波	陈威威	黄　帅
周明洲	王　珺	赵　罂	韩　波	王　新	李积惠	王维煜
邱　天	戴淳德	方　飞	韩　彬	周伟达	张　琳	陈　晔
陈　新	杨　霄	陈景华	宋　悦	陈攀屹	霍仕胤	闫奎名
代季峰						

2006年

自61

郭俊旺	曹卫权	朱孟斌	李紫阳	王德伟	朱道广	张建峰
钱　瀚	滕建滔	郭东田	李召龙	杨遵龙	郭振东	杨　哲
李元丰	梁荣晓	胡　壮	张成普	房佳勋	李丹军	蒋兵兵
薛宇龙	赵小方	唐　伟	曹稳治	李大力	喻　东	陈河兵

自62

任　路	黄旷怡	王　鑫	舒智超	姚添宇	张志强	赵休龙
金　明	冯　阳	陈　游	徐　幻	陈志立	顾　翃	陈卫征
范雪婷	陈　皓	胡　捷	蓝　坤	彭善铭	邹　瑜	司轩斌
邢　单	李成海	马　骎	刘阳旸	郑　霄	王　泉	韩　硕
印　奇						

自63

焦逸展	武丁明	施　磊	汪建翔	李　斐	翟守超	王　超
姜　聪	刘　璐	刘晓东	程　昊	侯冉冉	季金虎	郭松波
王　超	王易之	陈　炬	令狐昌海	何志超	杨　默	文　月
刘　轶	罗小虎	王泽元	吴　哲	章倩兮	魏润祺	

自64

梁宇明	赵瑞轩	李笑宇	漆思远	刘更城	王阳萌	周载南
崔　健	肖　潇	赵昊煜	窦佳川	杨　朴	郑一辰	李潇涵
王向恒	张　帆	徐一鸣	尚家兴	张　燕	杜　鸥	彭　飞
胡　振	邵珍燕	白云飞	秦志毅			

自65

巨金龙	曾天鹰	崔鸿飞	郭 瑛	高云腾	刘 玮	桂 毅
王德龙	赵常宏	王圣尧	刘 洋	娄 时	褚洪洋	吴晓疁
蒋 禹	夏 露	罗西西	于 洋	宋梦琼	杨雨田	杨华胜
李 晗	孙树朋	金 融	阴小骐	王文强	欧学仕	郑荣获
雍 容						

自66

杨易清	张润伟	魏肖松	陈 伟	郭云璐	林 筱	白琼琰
于 达	陈洪昕	林露佳	沈健翔	马 茜	严林刚	张 婧
饶国兴	任雪玉	周化鹏	戴福鑫	陈叶楠	吴沁凡	王彦兵
陈 腾	王建勇	李怡华	孙元栋	王梓衡	高 远	朱望江

2007年

自71

李林林	范 皎	方耀宁	宋成龙	邓俊荃	王 雁	刘一鸣
张 旭	付 宁	崔宝龙	袁欣辉	任 斌	刘 峰	杨 波
沈 远	谢 源	薛继国	郑欣良	陆庆峰	叶 进	朱 琳
刘冰慧	王 龙	江 培	王 潘	冯晓倩	唐良文	邓 为
赵 璐	田 振					

自72

曹 扬	陈 晨	杨凯棣	张统帅	沙 洲	高飞宇	胡 丹
蔡国全	李龙弢	蔺 琳	王浩屹	廖一专	孙建波	南 洋
董建强	角春晖	罗志飞	洪英东	王 宸	沈柏安	姜 辰
申 湛	陈 奇	倪亚宇	吴 舰	李明夏	霍 岩	胡 江

自73

吕 钦	阮素蓉	温如日	顾本达	刘 帅	刘阳阳	徐 磊
韩 笑	岳 凌	张继哲	任丽华	张洪涛	郑晓龙	谢安敏
尹 宾	周昱瑶	张 鹤	林金表	高 阳	张 鑫	张昆翯
解扬洋	江 伟	马晨光	马逸飞	岑 潇	徐 臻	陆力安
于 越	叶亘之					

自74

黄丙延	王玉旺	高 枫	黄炜程	赵 昱	卢炳昊	唐昕炜

孙　赫	许绩伟	于吉星	刘　磊	张双悦	古　楠	刘文涛
张　皓	屈信超	阮凌云	张宇博	奚　宇	魏双龙	陈　晨
张徐翙	张　璇	张通达	刘士君	黄一帆	万　一	马鑫云
孙　骁	张　威					

自 75

林泓煌	张健南	赵　菁	吴　过	秦　龙	吕　程	郝新宇
程广权	陈　诚	田　欧	杜睿洋	刘凯怀	闵新宇	朱颖波
艾晓冬	姜　楠	尚　超	荣　欣	杨文韬	白　原	张　煦
张小聪	那轶男	章佳杰	潘　森	项　帆		

自 76

魏华卓	李　韬	宋晓龙	葛正琪	云天龙	邵熠阳	张　鹏
孟胜彬	朱剑锋	王一娇	路　鹭	王靖远	穆北鹏	陈一冉
闫传博	徐　迪	王志勇	靳骏奇	祝春晖	傅　昆	余博诚
钟　响	王　钊	黄容生	刘　尧	李　扬		

2008 年

自 81

张奕烜	张新宇	王　硕	史鹏程	陈　伟	由　凯	李　昊
周　欢	张瑞峰	胡朔枫	刘成宇	曹冠楠	丁　旭	何　鹏
王　超	王凯玉	黄万荣	唐亚慧	谢永超	覃　晨	陈　强
任　爽	闫　冬	钱明新	朱剑男	毛树林	刘易非	王　京
薛　茜	杨　刚					

自 82

杨　盛	王德浩	丁见亚	宋成儒	唐　虎	王　召	李　哲
马雨佳	张栩源	骆　恒	王　帅	李俊锋	施友群	田雨时
金　捷	王婧文	李连硕	王　正	姜　泉	张励勋	张　洋
蒋竞颉	张天承	李世邈	刘海贝			

自 83

高　翔	刘　值	贾　卓	段典达	宋超逸	徐　潮	高　木
王　旭	钟贵廷	刘一龙	欧阳小刚	杨振华	陆文璋	常　冰
苑　辰	沈文祎	楼　阳	田惟宇	周四维	孙　鹤	梁哲维
李柳熙	余　瑾	刘书昊	夏艾萱			

自84
王绥安	孙　可	李云昊	贾　雷	黄　达	刘　阳	林　肖	
姚　马	安东生	吴海鹏	王　扉	尤珠璧	杨　宸	许润民	
郑环宇	王新元	傅望帆	沈婧楠	陈英杰	连　云	王吟雪	
张海涛	方　帆	宋育庚	刘信言				

自85
刘柏君	刘宣辰	李　瑞	徐行天	尹龑燊	喻　川	赵宁宇	
何建军	刘小非	罗　皓	苏　航	钟　阳	张双羽	闫家奇	
任晓琦	王浩培	杨家俊	籍　焱	雷　磊	陈　硕	高　天	
李左锋	罗宇轩	张　驰					

自86
熊元骏	冯　袁	程骥毅	左志强	杨　扬	秦红伟	康成浩	
王司瑞	高莘青	张　劼	马　可	萧旭峯	易晓春	应一骏	
施　晟	柯家琪	雷彦哲	解沛轩	花隽芃	高思晨	刘俊杰	
王宇晨	赵博弘	张　成					

2009年

自91
朱思义	孟　奂	杨　刚	刘文鹏	刘　相	辛明原	孟繁庆	
贺　亮	邹　睿	何　松	董东东	冯　帅	何　康	张　伟	
王　珏	杨祖耀	冯　璇	贾喆武	陆　江	唐伟财	张瀚桥	
熊欣欣	罗濬维	覃伟军	金国强				

自92
孙佳骐	郭洪伟	蔡娅雯	朴金刚	胡雪梅	吴林峰	李家军	
黄　河	柴　华	乔　晖	张梦如	闫　伟	郑经涛	张小峰	
刘寒骁	李天阳	李　钊	王彦乔	吴海桑	滕　昕	许成杰	
安　锐	郭泽群						

自93
姜　悦	孙博文	姜秀宝	王　昊	巩延上	梁　鼎	周芬芳	
刘金林	何家瑞	徐　洁	王鹏帅	巫　科	周　严	肖　全	
沈经纬	李之仲	胡天宇	张凌宇	付　瑞	郜振锋	施泽南	
何允昌	梁段璋						

自 94

王 震	杨 磊	肖志博	吕新培	万志文	王东方	黄渊华
肖 骐	张艺菱	代兴亚	赵锴琛	马 戈	刘 喆	宋宪昊
韩宏庆	张成晖	汪成志	周嘉欢	胡家铭	吴一凡	李 璇
周 越	李何羿					

自 95

桑 祺	高方舆	姜嘉慧	石梦凯	张海铮	胡 昳	阮深沉
栾梦凯	李南星	周天雷	柳嘉欣	陈柯玮	魏 磊	潘雨辰
曹继源	程鹏翔	谢 佩	温 健	王 瓅	廖微曦	陈俊宇
武智融	余玮骏					

自 96

李洋冰	廖 亿	陈纯杰	刘 骏	罗 巧	吴建松	曹志超
曾默翰	崔润鹏	李博闻	张家蔚	白 冰	许德川	胡嘉吉
徐可成	胡沛弦	付 哲	陈 昌	沈映真	张森森	牟翘楚

2010 年

自 01

谷蓓蓓	王晓斌	邱东黎	李志远	何 超	路文斌	侯维君
吕雪峰	曹 仲	刘 鹏	刘 晗	朱晓东	蒋 昊	曾 政
周飞雄	刘智灵	罗健晖	何 伟	刘瑜声	鲍家坤	陈皓月

自 02

徐 淼	杨晓阳	剡 航	杨博文	冯喜伟	陈 璐	吴冀平
吴奕男	何大方	何自凭	王慧敏	马 杭	黎江源	习翔宇
马岩君	王恩泽	胡 越	高嘉阳	周子晔	方 翔	林引界
姜智文	张谷超	孔 辰	崔作鹰			

自 03

刘 尧	沈文祎	武之昊	吕 清	王 葳	戴 威	周建州
汤恩清	汤 潮	张 政	陈 晨	蚌绍诗	延渊渊	鱼 翔
林传伟	刘 卓	邢家远	邓云天	姜兆宇	叶晗捷	李 超
董承昊	张骏琳	伍兆铭	张驰昱	胡效赫	刘文正	李冠男
张 翔						

自04

巫逸犇	肖骐	苏元晨	孙瑞	伍志超	杨骁	庞海天
暴天鹏	海日	李晗	武辉	陈童杰	封硕	袁凌楠
袁威强	庞人铭	劳维旻	范宏	宫新一	邓云晓	段岳圻
郝予实	吴润东	柯锐岷	戈文韬	胡昊旻		

自05

周嘉莉	王迪恩	封宇	冯智超	赵然	张元星	李益
李书珍	伍洪桥	尹冬	朱煜奇	吴航	李岩	李亮民
张明达	马京东	赵兵兵	殷其昊	梁建	陈畅	刘洋
张旭明	郑武					

自06

周真旭	朱博闻	刘畅	高攀	苏云鹏	姜壬子	胡捷
牛晟盛	丁添	李欣	欧湛	鲍鲜杰	石巍	李亦宁
王禹皓	徐师昌	李世豪	惠轶群	李家琛	李飞天	吴嘉敏
魏旻洁	林杨欣	吴凯伦	郭岑	蒋伟鑫		

2011年

自11

易成奇	王涛	喻军	李宏坤	卫晓滨	张聪	潘雁
盛腾飞	刘畅	樊云鹏	侯岩	西文韬	陈增	顾浩波
张慧嫱	龙星延	朱懿	李林泽	刘晓辉	骆遥	兰国兴
拓朴筠	李建					

自12

彭君然	韩蓝天	杨镇铭	段佑璇	王思宇	何旭	杨天祺
朱启昊	彭曙光	李奇	胡泓	熊撼天	何金	张似衡
陈才源	宫琦	刘佳林	张凯清	侯恺哲	李唯佳	程淼
郭铭洲						

自13

康路	曹天元	郑宇哲	牛绿茵	陈新	申翔峰	王海峰
龙如蛟	徐楚蒙	李子薇	刘鹄	闫紫徽	李夏禹	王威
吕楠	王大钧	刘清晨	付睿	陈一鸣	吴双	柯文思
汪怡欣	闫子昂	薛秉正				

自 14

李识唯	马子昂	金　石	杨叶青	严孟晋	任心影	吕　昂
陆秋婧	熊　博	赖伟良	苏英程	王晶晶	孟东宇	赵祎男
李晨晖	费定宇	张行程	钟瑞琦	刘文然	王圣雨	戴东杰

自 15

宋立彬	李　默	李　修	董继来	侯一凡	徐鹏程	阮　良
胡梦琳	尹少鹏	郭　齐	高复铖	潘伟燊	唐彦嵩	刘晨曦
邵静宇	付林松	闫　祺	李　昊	印　东	门　畅	赖正慧
陈　恺	姚元俊					

自 16

张　涛	冯子力	姜文凯	谭蛟瀛	崔　傲	郭　颖	张峻旗
王　莹	谢露露	陈　迪	马嘉利	宋天瑜	唐骞璘	廖韵怡
孔惟嘉	杨　骏	周楚涵	陈耀棠	刘金祥	龚远峰	贺　楠
吴楚格	邓　飞	张　超				

2012 年

自 21

武金晓	南　德	任智伟	张译文	张泽浩	陈广义	许　平
吴彦丞	张奇翔	吴健鹏	胡罗沪	陈正博	高云鹏	李子焱
肖厚元	秦丛宇	蒲宇狄	顾　乡	贺晓龙	王鹏举	许晓婕
杨磊斌	朱正达	张　昭	吕淳朴	张　扬	杨文娇	李世奇

自 22

陶一锋	刘曙天	马家祺	郝传统	陆佳文	黄思远	彭占豪
梅晓文	钟杰辉	王婉秋	张晓德	梁　晨	史根茂	陈星晔
夏　斐	桂子轩	张昌盛	魏海龙	任亮亮	庄一帆	南艺璇
冯　亮	唐昕迪	张韵璇				

自 23

富载歆	谭　菲	何　芃	邓瑞亮	宋新开	夏云昶	常亦谦
岳　阳	杨东辉	杜德伦	张依曼	伍子骁	黄青虬	关雯方
罗梓鑫	武千惠	焦大伟	陈逸伦	刘　净	张瀚夫	王　硕
袁　鑫	左昊晨					

自24

吴俊杰	夏　鑫	熊振浩	王　城	韩一钊	张宏昌	刘　磊
胡航恺	杨　宇	毛利轩	马平烁	李成凯	韩文韬	窦　珊
张　诏	李若愚	王振玉	薛旺宇	宋绍铭	徐凯源	孙　爽
于　超	李若愚					

自25

潘何浩	韩晓霏	谢鸣洲	王佳林	郭东旭	陈佳宁	吴　迪
郑李然	查　聪	刘　洋	韦　洁	张若冰	王禄平	韩纪飞
杨祯沛	林声远	高佳琦	厉丹阳	王　猛	吴垠鋆	王　谷
吴　迪	曹孟杰					

自26

贾崴现	杨　震	陆颖哲	顾　姗	曾华毅	黄　威	王曰涵
李想之	席吟之	李成龙	李炬盼	易旻臻	何秀强	李　鑫
苗　巍	许稼轩	周浩栋	漆　毅	赵沛霖	许　堃	何舜成

2013年

自31

谷　轩	白云天	陈洪鑫	毕泽龙	王　磊	刘恩孝	吴　超
陈　熙	田成根	王　鑫	张　涛	刘　炜	姚　荣	唐静娴
刘礼杰	罗　术	潘　邦	王　磊	张骁骏	孙超逸	周　童
樊一萍	韩宇轩	连建彬	钱　鹏	丁　威	伍　星	

自32

王子卓	欧阳佳弘	赵　灿	杨之旭	许　函	陆欣然	牛家禾
袁润泽	肖居安	陈燕钟	重　阳	李　亮	陈昊楠	刘天宜
康昱城	李泽群	万琳莉	周建业	朱天奕	陈炜祥	吴嘉林
董阳洋	吴垚垚	冯乔俊	邵　年	韩广泓	樊翌丰	

自33

陆　江	孙天毅	肖昱昕	王倬然	荣良子	金　晟	董泽华
邱　研	陈文昌	王钰清	王海涛	严江鹏	王　冠	段永杰
方捷睿	龙　腾	彭聆然	张可欣	王晨辉	张子函	王昕朋
乔　畅	董尔群	于思远	冯健威			

自 34

王司南	张 弛	尤佳轩	李 萌	田 泽	徐志伟	陈扬锐
陈 曦	于 轩	张梦宇	李博文	吴伟佳	谭文硕	唐鑫新
张浩正	王斯煜	刘冀洋	马玉冰	陈湛江	马浩程	李娇阳
丁 雨	王嘉正					

自 35

刘华睿	王梓言	封 栋	倪骁然	叶永竞	黄润乾	姚皓天
王希梅	李远航	方 立	王 培	孙世杰	王 勇	路 畅
薛越天	张赛特	黄熹之	刘冰露	孟 岳	刘霁航	何 悦
祝 航	王 潮	张 通				

自 36

李逸飞	张四维	陈胜杰	杨震宁	秦钰超	阙文戈	张为先
刘永聪	于 隽	马鸿图	郝浚珩	刘 柏	陈 卓	安 亮
张若弛	周婧雯	张梦瑶	周开宇	张宏博		

2014 年

自 41

于得水	王智博	郭 畅	黄家伟	邱楚聿	李 猛	孙浩然
陈 琛	周暴默	柳 洋	杨衣锦	谌若谷	劳邦陈	黄诗晟
巴宗海	赵 涛	蒋文兰	周韬华	韩益增	刘志宏	扈月松
黄 卓	刘 楠					

自 42

郑亦平	李维杨	张博文	张玉生	鹿晓鑫	余 翱	晏筱雯
荆泽锟	谭杰翔	周子乐	冯子舜	徐江平	李晓煦	孙君劼
树 扬	李 冉	何得园	李一凡	周 楠	颜钱明	关剑卿
刘宇泽	李宇静	袁 博				

自 43

孙大伟	李承昊	张钰博	许大靖	崔书豪	姜重娇	于炳耀
严汀沄	罗坤丞	张之梦	赵 洋	司鹏达	刘宇涵	潘旭冉
董 渊	李思宇	陶 然	李 铎	卢 志	蒋诗意	赵恩民
朱承泽	王也文	韩金宁				

自44

张　亿	姜子炎	杨佳然	张艺杨	宋洋洋	芮　蕾	徐丁丁
田星宇	赵崇彧	韦乔乔	周建东	史明涵	朱哲皞	朱奕霖
邵键准	宋晓宇	闫茹钰	邢智波	贺　珂	李泽群	林若谷
项芳琪	虞　沁					

自45

倪文宇	彭心宇	姚禹光	任美翮	郭明皓	田　珊	耿照旭
张荣祥	莫燕权	郑稀唯	赵冠南	柴宇宸	杨知乐	孙　克
喻　望	林子坤	郑泽荣	白一晟	于　恒	程睿聪	郑文举
柳　荫						

自46

高　澍	司雯文	王哲宇	胡廷伟	李金钊	冯天煜	贺秋时
贾成君	郑　洁	李永强	刘阳哲	胡雯缤	高　伟	田　宇
卢巧渝	关嘉麒	孙洪一	王靖琨	沙星瑜	许展玮	王禄炜
刘昌毅	王旭康	王泽坤				

2015年

自51

张鹏岩	邢　皓	王赫麟	刘　阳	王　宇	张义德	李兆讫
谭世琦	邓杰仁	杨　瑞	陆冰钰	张虎成	沈　帅	沈运恒
王子啸	罗慧一	陈佳琪	刘家豪	赵笑晨	赵志康	

自52

王　骞	安子峰	张　涵	邢宇辰	茆意风	李子昂	张伟航
张芙作	李　健	尹旭东	孙昊葳	袁淑文	水心宇	敖明皓
蔡金航	张佳莉	欧锦祥	刘琳钰	王逸飞	田　宇	刘　鹏
杜昱博	李颖柯	蒋　飞	陈奕鑫	孙浩森	朱子渔	

自53

余　益	范博昊	唐瑞祥	李一锦	李雅欣	王　凯	李石宇
张绍海	池宇杰	李　岱	季　昕	曾雨浩	吴田波	许乔慧
张宇翔	荆　潇	张鹏宇	周　璐	颜学海	杨晟恺	薛盛元
康文轩	唐宏阳	高守华	陈雅莉	陆逸文	叶建君	

自 54

李奇钟	王　宽	李皓冉	李思婷	李毓川	鲁永浩	王泽众
孙伟豪	鲍思羽	田　毅	赵志鹏	刘奕轩	郑　宇	朱榕平
汪　瑜	姜开琦	孙旭冉	孙映雪	韦淳于	王咸焯	董家富
魏思远	易　昀	方　维	赵德昌	尹秋阳	叶沁媛	吴伟聪

自 55

李　泽	刘珈翌	刘乐章	冈　嬗	马　帅	贺文凯	李　阔
王子安	许　丁	章天任	陈　崴	丁文泽	王伯毅	蔡若瑾
陆则朴	张钧瑜	汪锦籼	白建涛	柴沛霖	张　涛	张蔚桐
李沛阳	李航天					

自 56

汪昱东	刘昊伟	江仕蕾	苏白华宁	康梓峰	逯泊远	赵　桐
李郅纯	张云鹏	武　斌	林子豪	许　昕	孙竟耀	金　帆
任　杰	宋　博	许舒翔	刘　江	陈云浩	钟典余	库　鑫
尼杰硕	蔡文婷	曹　翔	祁文浩	何　玺		

2016 年

自 61

王　岩	莫　语	王钟琪	王赞程	彭松浩	侯利彬	周　峥
黄　燚	姜梦馨	张嘉玮	张梦典	易　婧	张静怡	唐雪薇

自 62

蒋昊峻	卢奕帆	傅星运	王启泰	张宇欣	金为开	刘林峰
张凌波	褚峤松	刘世伟	刘启涵	严　虎	程笑天	涂美琪
许世雄	娄志强	叶　松	洪锐鑫	陈旭佳	蔡元昊	王朝晖
马天云	蔡文汉	吴太强	王永浩	燕　雯	韦毅轩	闫俊杰
陶晗之	牛家赫	刘　飞				

自 63

王伟卓	陈昱文	陈嘉伟	梁雨晨	黄松睿	鲍文轩	钟岩青
李斯媛	张丹阳	袁凯钊	郭嘉懿	靳鹏威	刘清源	钱金钊
郭沛昆	张梦秋	张翔峰	李安南	黄钰双	李俊龙	陆　恺
许文涛	孙钊乐	于沛钰	赵　宇	朱海丰	王军强	叶鉴楠
王云松	师天宇					

自 64

张洵荣	张　猛	肖　涵	唐李锴	张瑞东	万松筠	甄家良
冀少坤	魏书凝	郭旭东	赵文亮	张瑞麟	毛祥宇	吴　凡
王鸿辉	杜大钊	张雅坤	方志雄	李　峙	陆柯铭	周子懿
南佳凡	柯雅琛	冯熙栋	崔　执	李成坤	左都云	陈语童
罗云鹏	李姜帆	王卓远	魏新宇			

自 65

田浩兴	陈翰墨	白怡杰	郝超凡	李　昃	康书博	陈韵松
高崇凯	连永翔	田翊辰	黄　瑞	蒋屹舟	李　浩	翁　鹏
胡启帆	钟清扬	刘开创	吴枢同	余志佳	韦容川	柳清泉
任　勇	李剑鹏	姜云倩	吴　涛	郝敏升	王诗杰	田忻然
贺子峰	张少游					

自 66

陈晓阳	韩凯乾	柳天明	刘美廷	夏卓凡	孙泽华	林嘉成
刘思威	田宇菲	宋嘉昊	林文镔	吴浩南	李　洋	景道冉
黄思超	黄力炜	韦云岳	谢宇恒	崔昀宽	刘鸿庆	韩虎生
代发安	曹钰雪	岑哲鹏	许涵文	李鑫宇	曾哲妮	

2017 年

自 71

张世达	简平诚	王　森	郭占强	付　晨	侯　晨	张　弛
屈晨迪	杜澍洽	褚茜雅	孙志豪	李金雄	李永远	董俊杰
刘晗韬	黄子臻	夏　添	王思程	游晶黎	荣　松	朱宇轩
李　晨	邬　敏	汪泉伟	刘翔宇	高　强	颜　楠	尹小旭
童宇昂	荆　睿					

自 72

冉靖尧	马会辰	李泽昆	张晓藤	张育康	吴文绪	高子靖
张　弢	董　羿	王嘉铭	李东泰	吕康晨	李骁阳	姜子昊
王珂音	陈昭熹	张　扬	蔡卓吉	雅　太	明　月	范文萱
游正阳	于佳露	来　昆	谷子雨	陈　策	程晔安	马浩阳
邰嘉乾						

自 73

桑金楠	汪一帆	任峻立	胡伟国	张超然	肖嘉瑜	王一波

韩昱城	陈昱宏	韩新宇	俞博仁	张诚毅	童心雨	薛智威
周梦杨	严筱枫	李宇轩	吴震宁	吕光冉	李姝亚	郭仲康
陈梦醒	林钊迟	程雪珂	宁心怡	张子寅		

自74

张天宇	甄 艺	姜 卓	于振军	于泊远	刘清源	江自远
王昱灵	龚雅婷	向沛文	梁创异	贾永奕	杨秋宇	周映佟
杨淇漳	程志宇	邢晓瑛	陈宏昊	罗梦龙	晋记肖	陈俊铭
齐 纪	周 强	陈奕凡	蔡昊晓	侯君卓		

自75

白鹤佳	余承泽	吴智楷	常 成	李明锴	许修为	张睿达
蔡烨怡	李汶静	史宇辰	殷昊男	苏 尚	卢诗炜	张博睿
郭昊润	李佳峻	黄志浩	都业瀚	梁寒昊	原上原	牛衍昌
宿 旸	罗逸菲	马灏鑫	王 娟	张羽昂	袁乐康	缪谨蔚
王梓贤						

自76

杨 旭	潘喆翔	孟祥卓	李星辰	张一帆	苗钰鑫	蔡漫锋
关雄峻	陈华玉	梁文浩	王哲威	肖娴婧	吴紫屹	王昕葳
杨元昊	王祥鹤	童军博	吾尔开希·阿布都克力木			董维瑞
景飞龙	郭梦雪	刘子昂	王 心	张 斌	刘淏天	张广昱
冯立恒	黄子澳					

2018年

自81

刘国子	刘书昕	刘铁龙	刘兆阳	杨 正	孙纪翔	张后斌
袁卓宸	李泽洋	魏欣然	胡家祺	吴宇伦	赵宇昂	梅倩诗
江锐城	李贺飞	龚广宇	李佳芸	雷志霄	蔡宇哲	郑一蒙
何鉴芳	雷世龙	陈吉坤	田亦农	黄乐欣	管浩荃	杨新航
黄佳辰						

自82

张一帆	潘 研	闫昆达	温 皓	陈傲川	陈蓉卉	何博航
王嘉梽	康天傲	李星宇	韩康乐	聂祎昕	侯志楠	曾天楚
曲 云	薛传奕	张腾宇	李英龙	乔钟健	彭知源	刘 洋

贵　　宁　余嘉玮　李　　震　王骐昊　谢司南　张梓婷　廖崇骅
李心怡　姚家展

自 83
李晟永　陈惠来　嵇晨希　刘禹潇　郭樾垚　阿璐思　焦冠龙
王玺哲　杨小诺　轩辕眉黛　李显昱　赵士云　门恺文　李卓峰
王宇航　陈浩然　杜奇修　余孟繁　吴与桐　张晨阳光　李申奥
耿彦涛　刘博伦　江海天　牛浩懿　牛一涵　白　　暂

自 84
劳天成　管姚晗　张洋源　张　　贺　张玄烨　程宇笑　陈嘉雯
王佳鑫　陈　　悦　李卓群　程天一　黄子骅　陈泽禹　姜宇圣
张　　猛　纪浩天　刘毓灵　何子敏　唐致远　向启步　陈彦卓
施庆雨　吴　　优　谭致远　李昕阳　孙浩文　佴瑞乾　郑新扬
白艺伟

自 85
左天宇　刘泽源　王镕祥　韩　　煦　邱子煜　贺启航　韩佳俊
冀泽华　周梓毓　董一凡　左晨辉　江德扬　毛远航　韩沛轶
李　　明　张宇翔　郑彭畅　关芷倩　王　　洋　蔡依宸　罗一睿
贺　　晨　代恒德　覃璐圆　程　　爽　陈咨列　谭子冉　张伯钰

自 86
王惠生　倪赞林　马峥华　李　　炜　曹一媛　谈龙悦　相良儒
王紫晨　赵家和　刘　　懿　沈晓腾　贾郅平　高明轩　赵处杰
范雨晗　王定宇　郑　　旸　黄　　磊　姚润江　罗子旭　贾鹏臻
周浩天　吴雨晨　和冠华　邓子豪　温亚磊　李启静　郝章程
臧　　凯　汪思超　任泽平　庞昕宇

2019 年
自 91
张卓宇　杨雨翔　刘祖炎　江　　群　李　　述　高瞻远　左思清
王啸轩　闫梦蓓　赵健桐　康宇琦　陈　　星　王浩驰　尹子康
赖正宇　骆科燚　吴　　晔　李俊杰　王　　可　王　　觉　刘雪洁
吕畅祺　杨　　可

自92

魏子卜	褚　驰	刘康城	关博文	张智凯	牟　准	李永健
陈　洋	刘禹辰	张博轩	张云帆	邓皓天	于端瑞	谷彧潇
周亦哲	杨　鼎	陈祥艺	曹健博	李亮龙	张仁刚	金理想
杨凌晓	邱亦文	刘逸凯	李子韩			

自93

张一博	袁彦龙	孙熙凯	姜永鹏	周义函	王韬钧	谭　跳
王逸钦	黄语萱	袁　铭	贾宇飞	姚祎宁	姜芯雨	王博闻
宋晓斌	彭昱玚	陈天瑞	储　勇	张世乙	魏　浩	李可伊
黄彦彬	何杰铃	郑　阳	蔡颂濠	杨紫妍		

自94

徐昕翃	李　一	黄　哲	孟子斌	晏国凯	许伟超	王洹芊
张睿喆	周　耀	陈华清	付迪帆	杨宇新	谢宇轩	曹展翔
邢　旺	钟　毅	李若然	李浦豪	韩东辰	姚泊先	雍征彼
徐赫临	叶金涛	尹　航	李泽铭			

自95

房　鋆	孙　超	瞿近远	卢逸名	苍岳洋	刘梓哲	吕梦欣
陈冠宇	栾　垚	陈卓明	于江伟	沈念辰	左思成	梁亨源
陈禹为	仝牧坤	张启航	陈文泽	郑姝榕	杨珂凡	武可雯
柴　睿	康　琳					

自96

汪　靖	昕　琦	闫　泽	余珮琪	李晨韬	时清扬	何琳欣
吴征鸿	宋雨璠	曲世远	明陈林	党添添	杨一凡	何东阳
黄正超	盘卓实	杜邦得	温　昊	刘　楠	邢　森	任　坤
付欣旺	王献文	胡鑫豪	王少儒	黄嘉诚	金熠琦	杨思行
范静泽						

附录 5

自动化系历届博士研究生、硕士研究生名单

附录 6.1 建系以来的博士研究生名单
一、工学博士生名单

1981 年（2 人）

徐向东　周小川

1983 年（3 人）

宋逢明　吴忠泽　徐　雷

1984 年（13 人）

陶洛文　葛　卫　蔡小强　宋安澜　詹一辉　郑列列　黄建中
应晓新　范　京　董立军　吴　跃　严厚民　王　英

1985 年（8 人）

李春文　李英杰　黄成之　王伟重　孙学宁　马争鸣　刘力夫
高晋占

1986 年（12 人）

李崇荣　廖新华　刘英川　张大力　王　普　王子中　陈　剑
赵健平　李　艳　沈公羽　王柏青　罗国俊

1987 年（11 人）

牛绍华　叶　龙　秦泗钊　范玉顺　陈　江　薛　平　孙先锋
车文刚　刘学伟　蒋毅敏　陈　苏

1988 年（6 人）

李　楠　张长水　杨嘉伟　张后启　孙　西　徐川育

1989 年（11 人）

王商武　黄仲文　张志勇　张　霖　张维存　袁群明　曲大健
金　奇　胡胜发　张海云　田志宇

1990年（15人）

朱更新　张道远　梁　循　张学工　丁　铎　李渭华　喻　明
李东海　徐学雷　倪岳锋　姚丹亚　陈剑飞　龚育斌　黄为民
修林成

1991年（13人）

秦永胜　张　佐　卢　进　金尊和　李卫东　高金山　简志敏
罗　晖　王真理　肖创柏　刘明宇　范列湘　马革新

1992年（14人）

叶　昊　王京春　杨　盛　龚　宇　谢　东　赵千川　延俊华
苗　原　尉乃红　苏　辉　陶继明　宋　宇　倪　林　张良杰

1993年（16人）

张亚东　陈洋杰　周景振　王亦兵　周　锐　王　然　陈加栋
刘　成　徐志斌　龙望宁　黄党贵　胡　侃　宋　扬　蔡　弘
彭　辉　卓　晴

1994年（34人）

黄全胜　彭金春　王　军　杨振斌　汤跃忠　陈锡氏　卓　越
乔大继　张立华　张喜平　方宇炜　吴旭东　黄晓津　唐旭东
韩　坚　高　远　程　朋　石　伟　陈筱芬　谭晓春　杜小华
潘　东　杨　奕　常天庆　谢晓清　陈劲林　杨良土　王　松
束　为　常　鹏　周　雷　林　盛　卢增祥　胡江海

1995年（30人）

罗邵武　王勋先　李永敏　葛　军　罗赞文　彭黎辉　丁　刚
任艳频　陈湘晖　杨小枫　王　凌　陈　迁　黄山松　夏　凡
齐宝华　陶　丹　许青松　王计斌　黄德先　梁　旻　冯雄峰
张　涛　鄢宇鸿　赵　斌　王　江　刘宇新　郑　杰　李松涛
陈滨宁　卢春雨

1996年（32人）

王建炜　张　玲　刘　民　刘湘黔　熊智华　刘正熙　林　健
贾　宾　马　峰　曾　珂　陈　峰　赵嘉敏　顾红军　谢广明
晏　勇　李平忠　张晓东　黄红星　赵　虹　王　钊　孙元凯
曹军威　张　蕾　唐春生　赵天智　范顺杰　许荔秦　陈　武

附录 5　自动化系历届博士研究生、硕士研究生名单

梁夷龙　时　宇　卢　欣　邹红星

1997 年（33 人）

赵振宏	孙笑辉	董　进	高建波	李鲲鹏	齐　锐	谢杰成
孙旭山	葛　友	曾　理	王会卿	王　昕	马海波	罗海滨
李　瑜	林慧苹	蒋贵川	蔡宝生	勾红梅	吴笑一	王　东
程晓琳	周　靖	张　萍	石宗英	江　瑞	虞安波	马赓坚
路海明	闻　芳	杨　恒	曲桂红	阎　辉

1998 年（34 人）

陈　明	祝崇隽	赵锡凯	孙　俊	陈红兵	马宁宇	江永亨
杜宇健	莫以为	李　涛	沈　晖	刘嘉玲	杨　涛	杨英杰
王沁磊	吴热冰	葛正宇	张　猛	雷　霖	姜　浩	郭彤城
华建新	刘　飞	任江涛	李星野	朱　鲲	胡驰峰	阎世强
傅仕星	何明洁	马晓岩	张鸿元	寇忠宝	姚凯丰

1999 年（45 人）

石洪涛	骆祖莹	丁建江	许建华	程轶平	孙　凯	周　强
胡益锋	陈晓波	姚　咏	张少彤	夏晓华	周　威	脱建勇
宁　可	周　旋	刘　昕	吴　怡	尹文君	张　龙	李春富
刘敏华	樊树海	武晓冬	羌　磊	王焕钢	常　进	姜培刚
陈新见	龙图景	叶德建	王文辉	李建强	戴海生	江　明
陆　耿	徐　海	李天庆	覃刚力	白晓东	黄　颖	庄永龙
蔡　军	姚　欣	张柏波

2000 年（34 人）

杨占敏	马正平	周永华	邹新生	刘　治	徐　毓	王　红
叶朝辉	李　峰	张一彬	薛　飞	赵仕健	王克明	田春华
任常锐	高新波	王　青	熊　斌	王　凯	朱　鹏	程　鹏
陈敏泽	赵　彧	储洪胜	刘　毅	董　炜	田启明	翁时锋
张云刚	孙向青	周　晋	陈弘原	夏慧煜	于浩洋

2001 年（48 人）

倪晚成	董明宇	郝井华	李　鹏	刘啸时	汤洪海	张　靖
刘　新	顾小洪	汪兴轩	王永才	耿　辉	郭　斌	索寒生
刘　波	赵　宇	周海京	牟昌华	梁金千	邢　杰	徐　云

尹亚光　姜苍华　李令莱　邱丽清　黄　琛　张小玮　冯浩然
蒋　竞　刘　曙　汪　锐　邢建辉　杨　剑　张和生　何　源
温成涛　朱　琳　徐江山　秘建宁　吕雪松　张宇龙　韩　慧
阳琳赟　龚　婕　李建国　张　弛　刘　森　黄　辉

2002 年（49 人）

徐大丰　龚瑞男　熊　英　温建伟　杨红英　程　序　许　可
耿　睿　杜友田　王　宁　楼朝飞　周一鸣　杨　飚　刘　斌
李启翾　杨　帆　吕　宁　孙满意　周珏嘉　张子杨　范莉娅
郑雪生　刘艳红　谭　伟　王　远　王　敏　徐正国　靳雪翔
贾庆山　夏　俐　陈远旭　齐　飞　曹　扬　林丽华　汪　鹏
章　浩　涂国煜　张　静　何　涛　张朝林　李艳东　王　路
闾　海　孙仕亮　林中林　蔡渠棠　王世军　高秋彬　索格罗(留)

2003 年（55 人）

汪小我　唐　力　李婷婷　葛传虎　温　明　纪鹏程　金　锋
胡旭峰　张香燕　张伟东　杨敬钰　姜　敏　胡　庚　宋　鼎
成本茂　方　芳　刘　坤　江　鹏　葛俊锋　李志恒　余家祥
郭海涛　曾　加　耿　华　余建明　孟海东　唐树才　梁　策
吴建武　任　军　曾维江　刘　博　熊鹏程　臧传真　宋阳秋
王　飞　聂飞平　胡亚峰　李　剑　吕　齐　朱　峰　张　玲
赵志强　许俊华　王友清　刘宝生　闫莉萍　孙卜郊　张光磊
白红星　徐琰恺　李　彬　孙　滔　王海峰　辛坎(留)

2004 年（53 人）

古　槿　万定锐　彭　滔　王永强　何玲娟　孙跃鹏　董　浩
李　斐　刘志斌　王　帅　胡　梅　牛道恒　陈岳明　倪博溢
钱　斌　兰　剑　徐炜达　周　剑　吴　松　戎袁杰　孔繁瑞
段后利　姜　峰　李喜彤　沈益民　曾　森　余　瑶　蔡　宁
王　征　陈守纯　段志尧　张　莉　武　露　谢德光　李细林
武征鹏　宋天莉　时继庆　马道松　何　潇　李　钢　耿立辉
张　辉　徐　波　赵　丽　李江海　韩云君　沈　震　孙　锦
何　勇　蚁龙(留)　伏林(留)　周志杰

附录 5　自动化系历届博士研究生、硕士研究生名单

2005 年（43 人）

张　洄	孙红俊	崔琳琳	袁　静	李　欣	赵燕佳	刘志高
李　慧	张志明	汤万万	杜朴风	周树桥	殷　杰	张　瑞
崔兴华	王国林	马　成	邬震霄	刘烨斌	陈植元	靳　洋
梁学明	陈　钢	常冬霞	张道明	丁子哲	苏泳涛	裴云飞
王　曦	苗育红	苏岳龙	瞿　莉	陆　岩	严　晗	杨书生
张　文	郑　博	吕文祥	何　英	刘　帅	张　进	刘宜成
郭金库

2006 年（46 人）

张志浩	许　悠	李　坤	孙　喆	陈正茂	吕政良	刘志鸿
于晓栋	摆　亮	徐　明	方　晨	王　祺	孙宏波	李　犁
赵德宗	占建云	赵婷婷	倪　悦	狄小峰	范苗苗	孙　浩
张见闻	盖　坤	王曦元	闫循石	叶　铮	凡时财	王　达
黄晓霖	胡艳艳	徐贵斌	陈芳林	肖　锋	杨春宇	王亚丽
周宏林	何　飞	李　强	李　慧	黄永皓	李明扬	金哲进（留）
杨晓君	樊红东	幸高祥	余　华

2007 年（59 人）

李立祥	常　刚	曹黄金	于　潇	徐　枫	李冠楠	肖红江
李素粉	王伟然	张建良	王恒涛	高小永	徐长波	杨保华
张　博	刘　宇	陈　安	邓　强	柳志娟	高　飞	李波睿
杨　君	朱　毅	许　鋆	张　帆	孙　星	朱　鹏	李　晗
肖　斌	岳英超	彭义刚	王　庆	万春秋	巫佩军	林志文
邓云跃	郑　焱	万一鸣	李宇恒	刘　斌	汪启扉	王　锟
栾天祥	马　涛	于金松	侯　琳	尹胜超	李　良	鄢超波
王爱丽	焦　壮	蒋云鹏	张　欣	闫振雷	唐翔宇	梁化勇
谭哲民（留）	王　榕	席建祥

2008 年（53 人）

魏　恒	林　铭	张玉利	高　跃	徐　悦	冯定成	邓　岳
戴鹏飞	韩沛岑	连顺国	矫　健	李　惠	李文良	王　乾
李大川	常　远	陈晓博	张盈盈	骆怡航	刘　昊	谭文哲
龚平华	陈　忠	杨　波	王彦芳	曾　丰	冯智星	吴　昊

王志岗	刘 浩	陆 阳	王 晶	禄晓飞	魏慕恒	马敬伟
孙 鹏	苏 衡	陈忠焕	付长军	武 迪	郭 路	熊 杰
郑 重	董 慧	亓鲁刚	计鹏飞	亓亚烜	孙立远	周沧琦
卞小丁	魏世隆	黄良伟	薛拾贝			

2009 年（60 人）

王 霆	黄 高	程 强	常 明	何 博	刘雁兵	孟 强
张尚敏	鲁 伟	周 浩	谭暨元	黄科满	辛 乐	张连华
董希旺	王 伟	潘 争	侯广东	饶彦祎	朱 靖	胡 靖
周雪崖	叶 超	李 斌	赵 寅	牟晓牧	刘 安	刘 倩
徐先伟	杨 霄	邓 磊	胡春华	李钟晓	曹 汛	王雁刚
岳 涛	宁克锋	王 涛	闫长华	黄博学	许 烨	肖 帅
明 辉	李 兵	刘 伟	张旭男	郭飞鹏	李 睿	王 凯
徐嘉祥	柳 哲	葛凯麟	周昊胤	张嘉明	朱海龙	孙 彪
郭伟龙	金胜帅（留）	司小胜	冯 磊			

2010 年（64 人）

刘红蕾	尚家兴	周 权	肖英超	邓 卡	刘博元	董杰涛
邹 瑜	邹 翔	邢智鹏	董雯彬	郑一辰	文 月	刘 轶
陈 宸	李帅领	褚洪洋	王晓波	胡 振	赵会超	漆思远
崔鸿飞	秦志毅	李博文	张 聪	王金龙	袭向明	刘 洋
鄢镕易	苏毅婧	张 鹏	林靖宇	林 星	李 凯	林建华
钟华星	刘华波	王圣尧	董建武	何志超	奚鑫泽	张宇魁
付骁鑫	江奔奔	梁旭俊	陈志祥	谢 峰	吴子建	黄琦龙
李潇涵	陈 章	武丁明	何 超	高 远	马士宁	赵 峰
袁小虎	徐启丰	陈宝华	郭 振	陆 玪	周金球	傅一歌
崔智高						

2011 年（54 人）

李颖杰	刘忠朋	马小龙	王夏复	洪英东	周 波	申 颖
史建涛	秦利国	张跃华	叶亘之	李大伟	张万宏	郑晓龙
杨文韬	魏宇杰	宋海涛	林金表	倪亚宇	段运强	张君海
艾晓冬	夏博飞	姜 涵	谢 源	闫传博	徐利民	刘 帅
于俊堂	李晋华	郭 伟	李卫霞	郭 强	孙 骁	丁 宁

解扬洋	傅 昆	胡 瀚	马晨光	郭凯文	石 群	代季峰
张英强	崔桂磊	邵熠阳	袁振龙	王 翔	万宇鑫	丁子建
赵 震	冯会娟	祖松鹏	董琼叶	朱丰超		

2012年（64人）

吴佳欣	袁 野	王 瑞	丁见亚	李柳熙	高 翔	李环宇
梁 伟	王易之	辛 靖	孟巧凤	钟 阳	孟繁林	陈元琳
梁 健	常大庆	施 晟	杨 倩	吕周延	杨 卓	陈洪昕
翟守超	程志金	刘匡宇	辜 磊	郭天序	纪洪泉	彭功状
王宇晨	徐秀兵	张明捷	蒋胜龙	王至超	黄科科	施 磊
沈婧楠	余肇飞	陈英杰	万义和	李 爽	田妙苗	冯 袁
秦红伟	金 成	张启亮	周 游	谭艾迪	刘 值	庄露萍
王雷钢	杨伟锋	李贵鹏	刘钦源	王婷婷	张渊明	王子承
闫承哲	陈宥辛	索 毅(留)	丁 杰(留)	那弟尔(留)		
曾小牛	陈鼎新	刘浩淼				

2013年（53人）

郭玉成	谢 佩	邰振锋	牛英俊	吴林峰	石梦凯	陈曙辉
白 冰	蒲 源	王 昊	王 瓅	储德军	胡文政	鲁 睿
陆 江	李翔宇	苗 准	岳 云	张统帅	杨 文	邹建红
续志明	白 宇	尚 骏	张峻峰	司轩斌	阎 斯	赵佳馨
刘金林	郑 瑾	胡雪梅	乔 晖	常 飞	王元哲	张 旭
任治全	边丽蕙	李瑞琪	常志琦	尚 超	寇 力	何继军
钱 婧	崔佳星	付 哲	杨 玉	陶佳伟	刘泽华	魏 磊
黄慧雅	廖微曦	朱丛敏	苏达(留)			

2014年（56人）

武桂英	魏 征	武 辉	芦维宁	封 硕	文盖雄	郝予实
黄亚东	靳骏奇	吴凯伦	花 奎	方 翔	岑 飞	黄 何
封 宇	王艺霖	陶清华	桑建学	张瀚文	赵英弘	刘 昊
段岳圻	殷其昊	吴奕男	王 怡	刘 磊	李 瑞	张飞龙
王玉旺	吴嘉敏	欧 湛	王志科	张 元	姜 山	方 莹
谭树龙	岳 凡	牛晟盛	高莘青	朱金辉	延渊渊	范 振
王丽萍	曹 仲	张 鹏	郑佳惠	胡效赫	曾婉雯	聂永芳

刘朝阳　陈　龙　程晓娟　马大程　苏云鹏　姜兆宇　张建勋

2015年(50人)

张祥林　连秋宇　陈一鸣　陈　华　焦春亭　马倩霞　韩蓝天
丁季时雨　张峻旗　闫　芮　潘伟燊　蒋　楠　李志刚　胡冠华
罗东阳　王大钧　郭子健　侯　琛　杨镇铭　聂志斌　席霄鹏
唐彦嵩　熊撼天　徐鹏程　李金库　李　修　李子薇　熊　博
吴文发　宋新芳　吴楚格　刘　伟　郭尚岐　闫　祺　马少康
赵　晗　杨　乐　王康成　王　鑫　邢　炬　王　铎　郑清源
陈凤玲　李文然　王博磊　陈艳琴　陶敏珍　李志杰　邓　超
赵建伟

2016年(73人)

张　威　崔　冰　石文杰　刘重党　陆思聪　许惠乐　林浩哲
陈金涛　于　超　崔润鹏　余欣彤　张海鹏　彭　聪　马天行
李　吉　武千惠　赵一洁　李学良　冯　亮　郜　晨　吴德浩
王彩勋　任亮亮　陈广义　顾　姗　张　毅　万琦昊　王佳林
陈　威　庄超玮　韩晓霏　陈星晔　张元龙　谷　森　陈秀嘉
蒋恩达　魏海龙　苏　鑫　孙鹏飞　郭东旭　胡航恺　韩　彪
李舒燕　杨明冉　张一丁　吕　青　杨　震　吕淳朴　薛　涛
吴俊杰　刘　桥　谭俊波　王子威　朱昌龙　胡　涛　李逸思
原致远　王东方　王　谷　武金晓　何舜成　杨　宇　马　哲
张　煜　刘文辉　张家绮　李　卓　李　佳　陈斯杰　阿里(留)
纳梅(留)　兰一(留)　李少朋

2017年(76人)

鄞启进　侯思宇　刘天宇　徐海峰　裴华鑫　伍　星　罗　术
张为先　李　磊　孟秋辰　李　亮　周　昊　王奕凡　马骁腾
王雪涛　孙翊文　王彦文　陈炜祥　段永杰　彭　鹏　王钰清
乔　畅　赵志锋　周　晓　殷恺琳　陈靖方　王　兴　孙超逸
赵　灿　任津生　毕泽龙　江　鹏　严江鹏　张斯琴　周武爱
米威名　龙　腾　唐静娴　汪烁枫　陈盛泉　许　函　杨震宁
张皖哲　王昊晨　王　也　丁海锦　李洪军　王震毅　郭文博
崔　哲　李万华　张子函　李博文　习江北　丁瑞金　李清明

陈　卓	苏肇祺	安　亮	张　召	张竞菲	王枭宇	陈胜杰
张昭煜	鲍　峰	董　斐	王卓琳	张德鉴	刘佳明	阙文戈
朱文成	马　程	陈湛江	王鸣锦	高浩翔	王启伦	

2018年（93人）

单怡然	高海川	关剑卿	郭明皓	郭甜甜	郭亚琦	郭宇晴
韩益增	贺　珂	胡平舸	贾成君	贾繁林	金昕泽	李承昊
李嘉骐	李静海	李梦成	李维杨	李文龙	李欣阳	李一凡
李悦江	卢　志	吕　文	马长征	潘旭冉	彭心宇	钱　君
饶永铭	沙星瑜	邵键准	时大明	孙洪一	孙开来	田星宇
田　宇	王朝飞	王晶晶	王立祯	王　敏	王爽爽	王旭康
王子为	肖昌明	谢佳忆	徐良缘	许展玮	许志锰	许志伟
闫茹钰	闫子昂	颜钱明	杨鹏帅	杨　奇	杨威扬	杨文龙
杨玉雯	尹　杰	于炳耀	张　博	张景欣	张鹏程	张　乾
张如心	张文嘉	张　亿	张之梦	章子游	赵斐然	郑　洁
郑文举	郑文钊	郑泽荣	周天贶	周禹宇	周玥眉	姜晓丹
康春华	李灿强	李　峰	梁越永	刘　磊	徐　明	燕宪文
杨　良	张　兵	黄　洁	周月如(留)	沙善(留)		

MUKATI,MUHAMMAD UMA(留)　李胜日(留)
BILAL,HAZRAT(留)　胡散(留)

2019年（102人）

沈运恒	张斐然	陈雅莉	王语霖	韦淳于	孙　杨	崔　森
李子昂	陈奕鑫	魏小森	葛经纬	陆冰钰	薛建业	邢　天
钟典余	蔡　苗	刘雪庆	刘　展	陶　安	刘文正	陈一彤
严　涛	张国勋	张鹏岩	伍　举	陈霈钰	潘子肖	杨　侃
毛　锋	李艺涵	刘琳钰	杨琪森	赵泽宇	王子怡	崔高辰
马天麒	朱　凯	李　阔	田方印	崔雪建	王伯毅	霍　跃
施　炜	李嘉琦	曹　希	祝　乐	席　熙	李欣琪	范博昊
谭子萌	符博闻	蒋雨航	丁文泽	何秀强	许伟华	张甜甜
李　哲	张宇翔	钟　源	陈　勐	刘　畅	杨以钦	杜东宇
兰　升	张伟航	张志宏	赵笑晨	杜昱博	朱榕平	武文瀚
潘世豪	沈　帅	韦　祎	郑　宇	董文翔	胡　泓	李子硕

孙　帅　刘安邦　张宏昌　王　伟　狄　刚　杨灵运　郭海峰
刘　魁　李　君　张建利　袁玉道　徐济铭　朱　宏　王　犀
张天津　陈顾潇　巴　堃　刘枭寅　王哲鹏　张　萌　陈　钢
裴向军　高飞(留)　立波(留)　莫涵(留)

二、工程博士研究生

2018 年工程博士(10 人)

姜晓丹　康春华　李灿强　李　峰　梁越永　刘　磊　徐　明
杨　良　燕宪文　张　兵

2019 年工程博士(19 人)

王　伟　杨灵运　刘　魁　狄　刚　郭海峰　李　君　张建利
袁玉道　徐济铭　朱　宏　王　犀　张天津　陈顾潇　巴　堃
刘枭寅　张　萌　王哲鹏　陈　钢　裴向军

附录 6.2　建系以来的硕士研究生名单

一、工学硕士研究生

1973 年(19 人,研究生试点班)

蔡建陵　周守华　张中德　许安萱　叶善钧　赵卫东　谢镐立
杨乃昌　孙惠生　胡大邹　王作光　刘维恒　苏映宽　白黎明
何祖欢　严继昌　肖德云　董明垂　倪　恩

1978 年(21 人)

徐文立　王诗宓　吕四维　周中钰　何华康　赵南元　黄振国
赵启发　陈伟人　张金水　段泽人　崔德光　王自强　王蒙一
何世忠　孙崇正　王　雄　朱善君　严继昌　李作晨　王金凤

1979 年(12 人)

杨者青　高沈淮　许惠邦　刘　钟　杨佃福　张鸿滨　李止戈
公衍道　华正权　杨士元　曹竞华　张阿卜

1980 年(4 人)

陶光远　吴忠泽　李宇成　尹协一

1981 年(8 人)

王江南　隋迎秋　蔡子强　王幼毅　王　英　刘　伟　徐　雷
程　丰

附录5 自动化系历届博士研究生、硕士研究生名单

1982年（29人）

陶洛文	陈伯成	牛志强	王东辰	李 彦	管晓宏	蔡旭东
刘海一	李春文	宋安澜	陈庆梅	姜 山	李英杰	张 军
董立军	萧庆涵	王 晓	张鸿元	应晓新	陈 苏	李旭春
黄成之	张道娴	李 铭	黄建中	章卫华	袁 涛	严厚民
牟文殊						

1983年（11人）

王伟重	谢 平	谢 洪	顾振国	王炳永	陈 剑	邱 克
郭 燕	郭元林	张 伟	李 忻			

1984年（35人）

秦泗钊	张 明	史文月	姜 松	孟金彦	汤 俭	毛 昕
陈小敏	郭传繁	范玉顺	蔺 林	周新蕾	梁红竹	郑庆生
谢建国	石永恒	秦志刚	宋 丹	陈 华	黄金法	李小平
陈鸣华	吴克农	廖新华	李崇荣	唐 弘	聂孟晨	蒋毅敏
郑 娟	成景文	黄启洪	李 义	踪 声	张一刚	汪正祥

1985年（52人）

宋安澜	姜 山	董 东	牛绍华	万起光	高建兵	吴成东
罗邵武	曹 明	何秋茹	姜盛风	马旭东	张以山	陈 霖
唐 悦	张占锋	常东昇	孟本宪	王姗姗	李 倩	张宝岭
郑 军	冯 斌	蔡良伟	段俐霞	杨 雄	李雪峰	姚 坚
曾 勇	李玉冬	谢志军	于 洁	叶 龙	李 军	吴 吉
杨京牧	蒋铁兵	吕知辛	朱宇波	管 旗	林健永	叶 勇
肖燕斌	赵 松	徐 峰	任建新	阎 勇	林舒维	郑东明
洪德忠	张俊普	徐 锦				

1986年（55人）

周 京	黄常跃	郑 冰	宋卫星	黄正军	巨军让	鲍益民
杜 智	梁亦群	胡胜发	王继华	付毅锋	鲁为民	王商武
谢 斌	李 挥	冷 莉	刘志宏	张 霖	王 龙	金 妮
徐世许	吕 彦	安亚凡	周大庆	邱晓刚	杨振斌	潘东瓴
王 进	曹耀和	谢 航	孙学海	吴 飞	荣志鹏	曲大健
刘晓春	余 昕	张长水	宋 荣	王昕闽	陈元捷	李晓冬

陆乃将　李　楠　沈立颖　张丹红　苟剑波　韩　伟　靳晓华
顾建林　梁自泽　张　毅　李健杰　包思宁　穆欣远

1987 年（52 人）
彭认沛　李光宇　孙道峰　秦晓丽　阎全林　曹力生　翁　力
吴国青　赵英勇　汪　涛　林宪占　杨子枫　洪　涛　于　缨
李　波　张　涛　许　斌　郭建军　付宇红　蔡宜骅　马海武
曹宇雄　蒋东毅　柳　锋　黄丽华　向　清　孙一民　蔡志军
厉红光　安　远　胡方杞　杨　良　孙京生　魏　翔　孙书红
马丹耕　丁志敏　赵　昕　秦　英　宁　波　付素文　钟　辉
杨德刚　林　健　杨以仁　于在河　吴占华　张　明　王耀忠
姜文力　陈彦霞　杨锦明

1988 年（48 人）
丁　锋　黄正文　王立军　王可非　戴　波　缪　健　李炳伟
丁德海　刘西南　孙联文　林　伟　杜瑞东　徐　进　马振平
帅红涛　郑海滨　任维亚　程志民　易国屏　谭柳湘　吕厚昌
杨松岭　林永春　魏新国　李玉清　王立山　刘际东　李维刚
陈青怀　姚　骏　郭华喜　胡勇林　王中风　焦　越　王春凤
李卫华　陈定国　袁　青　邱　林　李　拯　姚灵芳　危虹兮
张红兵　唐运球　崔海良　姚丹亚　焦　清　李　峰

1989 年（37 人）
朱智松　于广涛　张义康　张　佐　张小刚　林泽恩　杨　迅
柴跃廷　李德清　申　芳　杨传江　申亚男　尤申忠　朱更新
杨　萍　张道远　孙先仿　卿子龙　徐群立　陈加栋　罗春让
梁　循　王　军　李红亮　常戈群　张学工　赵晓鹏　黄为民
邢秀齐　毛仕涛　韩　勇　王京平　马建成　陈武平　陈　跃
施振岩　刘　义

1990 年（52 人）
王　新　王　胜　师瑞杰　孟庆彪　曹建国　徐田军　仇肖莘
李永敏　姚向阳　孙新亚　徐　骏　董　平　王晓罡　卢　红
卢日万　张　宇　陈　炎　杨建华　吴　铎　张　昱　李卫东
亓　兵　贾庆伟　周　泽　戴　鹏　彭　毅　李光明　方光泽

附录5　自动化系历届博士研究生、硕士研究生名单

樊　戎　沈　刚　王智勇　罗　晖　包培文　蔡　奕　张红立
陈向军　邓如刚　殷珞得　李建设　戴海珠　王英利　李湘涛
胡　琳　李临生　李群英　赵惠民　胡　铁　王春芳　张卫表
李荣坤　张文虹　董宇锋

1991 年（46 人）

吕志涛　陈祥杰　李洪军　杨　军　张　青　张立新　程　全
杨云雷　蒋小平　张地生　谭　瑛　陈　忠　滕晓林　杜　民
张健波　郭　莉　张　晔　郭国晓　方业隽　芮　勇　赵闻飚
李　新　高　红　杨　刚　陈　勇　林　伟　陈　梅　于　婷
徐克磊　毛祖楫　陶　海　顾　萍　潘爱民　孙新丁　夏　冬
王文贤　王松岩　李广春　余红纪　邱　龙　张晓松　赵　敏
李劲松　汤跃忠　张　欣　栾　昊

1992 年（55 人）

付大力　陈　荣　苏红宇　王卫东　罗永峰　李　卓　华　威
陈锡氏　石宗英　聂小春　臧凯文　卓　越　金文光　胡志强
程国扬　王　猛　孙学清　刘　昱　丁　晔　杨吉江　唐旭东
曹礼廉　郭雪峰　姚小冬　钟智明　王启沛　张冬梅　马建新
李旭栋　尚　英　吴旭东　邓辉军　王瑞平　周　清　林向东
王　军　左爱民　赵建武　郑大勇　张崇真　陈思宁　文　戈
杜文晓　彭黎辉　黄云冰　王　卫　孙冠军　盛　龙　林　征
王　哲　孙　燕　李庆华　束　为　刘志成　苏玉宏

1993 年（70 人）

孟令民　欧阳证　唐　磊　刘振生　丁　华　谭志斌　迟　云
陈文胜　王　峰　张　蕾　王立平　沈宏梁　刘友忠　蒋方军
张　力　董希彦　葛　军　谢　净　王金林　赵　星　满化录
喻临丰　徐晓萍　陈　彤　杨　洪　张元晖　杜　平　张安廷
黄　强　张　健　周永川　干毅民　岳红宇　唐　诚　刘　劼
石晓忠　李红军　赵怀彬　吴伟林　陈健鹏　易全庚　李　冰
张　涛　刘　鹏　童彦伶　汤劲松　陶文星　孙志毅　沈孟生
谢仕义　周　越　邹永宁　杨凤鸣　林　峰　陈卫民　郭建新
章　鹏　马　峰　李毅慧　刘　多　李　征　邵旭辉　黄　兵

卢春雨　王嘉欣　陈滨宁　俞星星　杨雪晨　肖挹平　崔炯成

1994 年（71 人）

张　钢　舒　畅　华　炜　刘　勤　张　雷　张　英　王建中
王一玲　王　智　袁　宇　涂　东　魏兰东　吴　悦　李修亚
赵永红　李　强　付荣涛　张　平　秦振东　陆　燕　程　亮
赵文辉　刘　欣　胡晟斐　方　进　郝力武　雷武奇　关永刚
李　娜　楼雪梅　贵冬梅　朱智勇　沈　芸　曹余庆　李　斌
刁以欣　韦　炯　任宪坤　朱卫宇　林　红　于朝晖　孙　伟
黄　伟　田　智　李　皓　徐旻嘉　韩振宇　胡　飞　高建波
于　斌　李　毅　李　力　胡文才　朱伟荣　张　昶　杨战兵
熊志杰　童金山　陆承荣　李胜高　黄必亮　亓新强　章天浩
胡　鹰　范存奎　吴　郢　王全义　贾　玮　税正全　李　鹤
李鲲鹏

1995 年（73 人）

谭晓波　吕　宁　李　瑞　陈　卓　杨欣华　张　衡　黄永强
许东江　张　峰　孟广顺　耿恒生　刘　峰　靳开岩　王　靖
尹基俊　闫玉强　管　强　黄　普　戴剑彬　何文波　苏怀远
李德源　陶超全　陈　明　李　武　梁小军　智　园　刘学东
王君杰　万　洁　高胜利　冯俊杰　孟　捷　孟　刚　马　权
张晓东　陈　嵘　马凌峰　胡永刚　曹　劲　周冬平　颜耀钦
谢翀达　陈怡欣　徐　航　奚海峰　程　宁　杨柏健　曹　恒
张　欢　陈　峰　陈建春　杨大全　李晋远　柳玉喜　邢国元
刘　刚　高　丽　黄泽斌　王　贲　张雪枫　张　涛　韩　雷
王志宏　杜燕平　黄　韬　严　浩　盛　硕　孙　俊　齐　锐
闫弘波　崔　杰　谢　军

1996 年（79 人）

杜小江　张大平　陈　新　徐　峰　许　彤　张岱崎　殷秋丰
陈登伟　王雪峰　陈武茂　成　瑶　刘　学　赵艳丽　纳　琛
戴江涛　石　春　罗念龙　李　鹏　姜晓丹　李敬逸　王海涛
沈　弘　吴　文　张　锋　王经亮　任　伟　宫世豪　安允波
张　洵　周小冬　沈滴舟　蓝　菁　陈　健　冯　炜　汤　涛

林　明	吕　翙	连　桦	陆　桢	李　熠	张　钢	刘云龙
黄书鹏	刘　炜	张　心	周志鹏	陈　江	方　奇	穆科明
谢　川	张晓中	刘继增	苏邦良	黄何寅	张　伟	沙　新
张铁冰	刘　勇	祝　莉	殷秩松	冯泽健	曾江华	俞　翔
黄　磊	陈惠民	孙福新	张大用	肖　珩	马翼星	李　磊
胡春辉	袁绪鲲	邵　洁	张洪生	汪步紧	陈文荣	单连泉
尹宗圣	汪　榕					

1997 年（76 人）

张丛喆	凌　强	王　旭	张　震	焦　龙	马铁勇	朱　岳
杨红成	朱泳康	周　葵	黄岂凡	郑　洁	董　海	陈文军
刘　军	赵寅青	陈　虎	许立新	阮建兴	操　晴	肖　黎
刘铁铭	罗忠雁	耿　睿	霍　焱	张　霖	张大巍	黄　楷
黄　炜	林　强	傅志刚	赵　勇	张泳健	徐似春	金成杰
于传钊	邱　嘉	张迪侃	李　宁	王建涛	刘永和	赵　虹
奥克达维(留)	任　晟	刘国松	陆洪毅	郭　陟	林治强	
祝永进	刘　俊	程志锐	谢春燕	林　宇	贺　兵	吴　浩
陈其嵘	岳占峰	未　末	李　泳	米　强	李　江	孙艳华
马云潜	吕晓光	李　坚	武宏伟	瞿　艳	巍　华	曲　晟
洪　波	刘军宁	段利军	袁　超	祝　捷	李志平	耿先骏

1998 年（82 人）

薛　明	王朝辉	项天成	陈兴平	王烨宾	苏建成	曹　辉
赵　锋	毛德涛	李　军	陆丽萍	吕华锋	董晋鹏	闫　季
李　薇	杨文泽	赵　琦	廖　璘	易　粟	李　未	张　琦
梁　林	郝　新	蔡　颖	陈晓峰	刘兴初	鲁　博	王　慧
范醒哲	王　东	龙欣海	成　功	陶　冶	杨瑞尧	彭少熙
王晓峰	粟松涛	张荣梅	韩　智	秦立璋	王　志	刘　倩
凌小利	王哲鹏	曹　敏	姜　澄	李　鹏	邱　晖	赵习为
徐青平	王　磊	徐　英	刘　盛	肖展业	郭开宇	左铭旺
黄京明	毛经坤	季彩虹	丁　刚	张以恒	张　涛	楼　昊
王万宾	叶　伟	叶　青	李翠红	李　琢	贺清峰	吕正东
邓钢铁	崔雁鸿	谭仕勇	柯海昕	倪　江	马成远	孙逸坤

陈　俊　　李　萍　　贺　迪　　潘洪波　　关宏超

1999 年（157 人）

桑玉民	余军涛	滕树杰	刘光俊	张　伟	焦　峰	王光磊
郝　猛	王　旭	刘艳红	黄敏杰	田志博	陈斌元	韩览山
张衍圣	秦大川	黄　迅	霍殿岩	李　冕	亢　锐	覃毅力
韦建利	何康康	房　芳	白　发	顾　键	王　军	朱永光
鲍震宁	程展鹏	林素珍	张　航	冯永红	张　程	孙垂丽
王雪瑞	杨　峰	龚　波	方海军	王宇崑	孙　稚	曾　月
赵　霞	齐　悦	何　山	沙佳瑜	陈　冬	王　晨	牛　东
杨流辉	王　守	张布悦	韩永彬	桂伟力	王　磊	袁　潮
沈永强	刘　鹏	徐　磊	陈　辰	张　垚	贾　静	沈卓立
郭东航	张碧仿	郑泽峰	胡传华	石　凌	李　嘉	范　楠
任　艳	温　旭	麻文斗	段　琴	杨晓龙	尹罗生	李　刚
于　晨	周宝曜	朱因心	唐　进	冯大为	李晓强	于　伟
彭中华	武　超	邹乐乐	彭　泉	刘阳兴	李艳苹	陈潇炜
王凌云	牧　原	焦　钢	黄　攀	梁　锟	何荣森	周　韬
张金生	许　欢	高锐智	苏　菲	杜海宁	谢宇俊	程　燕
尹朝征	潘　龙	孙　莹	范佳伦	娄　明	李　逸	刘新宇
吴大畏	张淯淳	宋晓丹	热娜古丽		胡祖寿	张　洪
王　伟	田守瑞	冯云方	卢奇茂	丁　韬	王晓芳	李红阳
焦天石	屈韶琳	祁依虹	俞　凯	刘　毅	朱鹏翔	陈　军
辛乐萍	李　岩	马　云	赵　明	赵　震	戴　鲲	徐晓峰
王浩军	刘　策	高大山	卓建利	周　晴	计宏凯	隗　炜
吴珺文	董清富	冯　翱	程　昱	刘　达	张　泽	梁金千
谭东伟	王洪艳	张春梅	刘文捷			

2000 年（105 人）

刘海峰	邓宏一	曲雨水	姚成刚	徐毓军	钟　忻	汤　滔
蓝海洋	刘春恒	王会玲	雷伏容	于　伟	钱治强	焦敬恩
梁　勇	何　罡	杨志宝	赵乃岩	范　辉	张　超	刘　丹
高　宁	杨　陈	来国明	夏旭丰	雷国平	孙　敏	左瑞文
廖华飞	杜典嵘	蓝　海	沈宇华	缪　绮	黎　涛	陈　韬

王晓延	钱　琼	赵　虹	杨　普	蔡　研	姜晓寒	古　月
陈　晨	陈　晴	丁文杰	宋　芹	彭晓辉	罗　萌	郑　伟
李　亮	尹雯楠	张志君	蒋京波	赵　晨	李　昕	王海生
边海锋	范小东	赖　瑾	李　蔚	何香玲	张丽萍	雷恩清
邓雨春	甄　成	肖会兵	齐　飞	周　琨	刘　杰	刘　为
邹　璐	陈　烨	周　静	夏　阳	喻　颐	陈一雷	李清源
张昌俊	杨宏业	张国惠	杨　波	宗春光	夏　冰	崔　巍
宋鸿冬	欧晓凌	裘　刚	蔡朝辉	常　乐	班　涛	吴　翔
谭　李	王　骏	陈文娣	吴　江	寇真真	王　珏	朱　楠
蔡　登	马良驹	伍晨愉	刘　祎	谷　蓉	徐　迅	樊晓丹

2001 年（108 人）

朱　华	曾广银	唐　昊	王大智	李　阳	齐红胤	林光国
高琛颢	王绍平	刘　博	邢远华	周卫玉	李　强	田　阳
郭鹏义	陈华立	兰　岚	彭书华	杜　威	曾　诚	林晓森
陈跃国	陈建清	程陶亚	王　赓	朱　凌	安德玺	蹇　佳
王丹妮	黎　坚	李　斌	仲喃喃	赵景亮	吉海峰	过　承
赵　勇	梁泰文	于　中	茅剑锋	王　灏	吕景飞	宗　臻
谢东文	胡文泽	吴彭年	刘　宇	怀改平	杜新宇	邢笑笑
刘　艳	赵庆元	卢　威	陈　悦	李海燕	邹雄宇	廖东南
王继国	李　超	吴淑宁	刘　科	毛广智	胡琳静	刘利民
张　婕	李　华	彭　飞	韩　峰	楼　宁	刘金华	孙　宁
孟坛魁	宋　鹏	路　加	王　飞	李　燚	陈华春	邱志军
黄承安	任学峰	肖文峰	马　远	程修远	云怀中	吕　芳
孟仲伟	王　龙	宫兴斌	田　燕	吴　涛	石苑强	匡晓烜
董　菁	鲍　捷	郭　栋	刘冬清	高　峥	于国强	檀文钊
范志民	刘沭华	吴山产	洪　钧	王井东	袁　远	盖家鼎
易　星	王亚磊	陈　诺				

2002 年（127 人）

王　斌	林中一	舒学智	王良旺	郑启鹏	李紫峰	黄晓伟
王毅芳	朱　晖	刘　涛	刘宏伟	白鑫鑫	何前勇	王　娇
顾颖杰	毛科杰	王辅中	张　博	吕文祥	张志明	张正伟

他 伦	龚少成	刘茂英	毛 帅	王庆刚	蒋小春	陈 江
廖 武	于增辉	王 卓	陈 雷	彭 昭	方星豪	于 艾
徐一凡	吴 枫	张立晴	邢华伟	何峻峰	曾 涛	楚云飞
陈建平	曲 岩	谭 斌	宋明浩	邵科峰	谭 鹏	姜 鹏
徐 冰	于 娜	杨 渊	富晓静	马 勇	蒲 春	陈清阳
王 伟	李嘉扬	刘 乐	蒋 薇	常小萌	张 亮	杨 杰
王 申	周永磊	陈景妹	廖灵睿	韩 凯	徐小鹏	彭 瑾
白 洁	刘巨奇	朱春磊	张 赫	姜微微	牛晓雷	许洪华
尚 玲	胡 蓉	曹 瑞	王小飞	胡建波	张志相	孙 辉
王肃宁	李春杰	李海洲	裴 珂	王 辉	邓关宝	王凤阳
白玉媛	郑玉成	吴 超	宋 丽	贾海涛	孙 旭	姜绍龙
韩显涛	徐东宇	张益农	王 浩	郭 伟	李争明	邵国彬
耿 凯	梅 烽	熊 媛	郭博伟	李 凯	王 斌	亓亚煊
李 克	张 进	马 熹	刘 润	张 晶	何京芮	童行行
李俊宁	顾金伟	吴宏新	吴 飞	彭春翌	英 杰	张薇薇
高 楠						

2003 年（124 人）

王云飞	张 超	廖金梅	刘 剑	毕 严	王 强	张 宁
蔡新景	栾志业	陈亚军	潘 晖	呼秀山	苏 信	张芳玲
冯 舜	陈少卿	梁 铮	郭国良	王 凯	吴晓晖	刘硕果
史红恩	耿英杰	张 莉	张海滨	徐习文	刘 飞	尚明海
陶 冶	顾凌华	朱振博	韩殿飞	汪牧远	王 勇	朱晓星
路 深	何永峰	谷海波	王 洋	郑彦翀	刘 衡	华 韬
王 鹏	林 宇	刘 铭	冯 超	肖 锋	蔡怡昕	何 瑞
陈炜炜	桂 康	刘 枝	王 嵩	钱 诚	吴 俊	潘 欣
李晓光	龙 帆	杨 诚	王东亮	狄 明	杨传颖	赵建伟
万 敏	于世祖	王 力	何海志	于文忠	邵宏峰	张和君
崔俊锋	姚湘平	吴小明	段克强	唐 劼	杨雪涛	刘婀娜
王 凡	喻 兵	邴仲辉	程 光	林 东	胡 昶	苗更新
卢建林	李妍婷	彭 涛	郑 路	张 斌	徐笑然	卞正防
赵 娟	王明军	李 伟	任 艳	赵 亮	万 珂	陈志权

张鸣晨	孙旭昇	吴茁青	付　毅	邓科峰	何国勋	王月红
邱胜科	黄　河	黄　权	吴立疆	王　崇	董文博	曾嘉佳
王煜航	刘荣滨	张金棋	李　强	丁子哲	吴南南	陈　旸
熊光磊	杨　勇	杨　静	徐云鹏	夏应龙		

2004 年（118 人）

丁　智	栗　强	贾　丽	劳从生	李琳琳	白　雯	肖朝亮
刘慧慧	王　瑜	彭　波	杨　冰	秦　威	梁　超	徐　杰
王毓栋	周　磊	王　健	朱　青	王亚君	李登辉	赵　醒
陈　冲	张恩伟	肖　广	王伟然	楚　冰	汤炜伟	冷　冰
杨　峰	高东剑	杨文利	张　桐	施一平	娄身强	张　舒
杨振华	张　柏	李　豹	宁　琳	严　峻	郭兴锋	赵斌强
秦志宇	韩　准	陈熠星	李彬彬	黄少晨	汪　璐	石　楠
周迪智	周　亚	段　莹	陈燕军	焦　锴	陈　刚	顾清华
王　辉	王　云	王宏伟	李永彬	杨　庆	倪　悦	张　岩
陈　坤	李　彬	唐渊圆	李继明	杨　煦	刘　伟	成转鹏
陈　余	张家斌	宋劲杉	张　楠	黄　琛	王晓莉	谢　琦
林云志	田　伟	邢　磊	刘　扬	杜　晶	戴喜明	鞠艳秋
蔡　豫	张　译	李　林	杨　智	黄　樵	程　阳	于　迪
张子轩	张健松	许　泓	汪文彧	胡　睿	朱　琪	康晓京
冯　骞	张映松	俞力杰	肖　桓	张　雷	王　磊	李　俊
蒋蔚荣	芮华夏	杨　舟	关　涛	陈嘉健	杨春宇	梁睿超
谢祥超	施　维	谈　恺	柏文佳	秦晓科	代宏砚	

2005 年（112 人）

霍卫强	朱　腾	张文亮	刘　康	乔奇峰	吴　昊	陈　磊
敖江昵	周　长	阳嘉嘉	谭　涛	汪　敏	刘　磊	傅崇刚
李　辉	甄　甫	刘　芳	沈一鸣	姚守强	高耀华	李林林
刘　军	张　丹	陈　可	黄俊杰	袁　云	朱绍齐	徐廷松
林　希	徐　达	刘俊岭	邓　独	牛跃华	徐秀兵	陈　倩
呼斯乐	赵　苏	王英洁	张行健	唐晓斌	张晨光	兰建忠
龚翔旻	李　铸	李　丹	孙智彬	于志涛	李培胜	邵仅伯
熊静旖	周炳坤	唐　文	王　琎	熊　亮	郑　赟	周　昕

姚妮娜	倪行洁	肖晶洁	蔡 寒	马 睿	梁 杰	王 巍
卫 田	陈 飞	刘 宇	邵 煜	方 芳	袁蕴超	曹子晟
何 锲	程 岳	魏世豪	赵庆国	陈芝鑫	周 捷	李 栋
陈 渊	李伟明	董剑飞	刘桂臣	姚煜丰	高 兵	吴 祥
侯德鑫	孟庆尧	张 欣	王 瑞	包世明	田 方	陈 曦
沈国阳	曲 震	沈晓辉	马小龙	陆 磊	武义泉	崔靖宇
张 明	王 帆	严美善	祁 鑫	尤志翔	王 静	杨 博
张平鑫	王 刚	姜堉悦	万家宁	彭 瑜	郑 明	陈奕诚

2006 年（112 人）

屠 宁	刘 洋	刘鲁鹏	吕 睿	张宁波	王 鹏	曾文俊
尹耀旻	李向旭	孙 野	戴 霆	尹佑康	柏艳平	郭 林
赵彦博	左 俊	韦奕多	李 博	王荣蓉	沈 延	张光新
胡开博	刘琳琳	包云泉	侯雷坡	孙 睿	贺 胜	王 剑
余 航	汪 建	王 犇	祝 逸	李忠炤	周大兵	庞廷华
张桓铭	程 龙	徐一新	郝 鹏	李华杰	彭祖元	白 冰
张 涛	赵 斌	陈 向	陈煜东	张 引	万凯航	吕一松
王钧炎	杨雪杉	于志军	张 超	管 鹏	王伟隽	包 鑫
李 健	谭 旭	李 涛	薛 苏	韩 冬	苏学敏	王 熙
韩 洋	李光华	周海旭	刘 澍	杨 晶	陈 超	张晓彬
张 乐	周洪超	廖智宏	马景然	李立国	陈 玲	王 彴
肖林兴	吴成杰	俞向明	曹 强	周 山	蒋 博	燕 翔
许 鑫	詹东远	贾扬清	刘铂涵	谢雅雅	于 飞	董欢欢
张 斌	黄付卓	徐 宁	杨燕旋	吴 昊	李 颖	梁思率
邴晓燕	苏 明	刘 冰	涂林艳	刘 杰	王永胜	吴正礼
刘长卫	史圣兵	梁荣达	邓玉宝	胡晓白(留)	谢法颂(留)
张文迪(留)

2007 年（97 人）

陈 宸	康福微	李小兰	杨兰兰	栾书平	吴文元	刘 红
毛延辉	覃 侃	黄富强	许 聪	华 科	张 宁	王福卿
吴华娟	李灵坡	叶 茂	常 明	郑 伟	冯晓端	毕 胜
李 雷	刘祁跃	钱俊彦	柯长博	陆 峰	田 丰	黎 政

邹国斌	杨 昊	张建杰	王 强	丁 锐	陈 宋	魏宇平
杨 峰	吴城磊	梁 灿	李 杰	肖 冰	孙武峰	贺 骥
李长城	薛 鹏	王 俊	万 里	杨 波	冯天晶	刘 佳
柯刚铠	张 路	丁 芒	赖立平	邓 缤	王星石	田 野
周 彧	张俊青	袁 鹏	莫 轩	马 旭	张 强	黄也周
邓法超	顾全全	李一捷	史 远	钱明杰	龚 勋	陈 硕
沈 弘	王妮娅	彭启瑞	孟文超	郑世强	金圣开	刘志宇
王 婷	李国虎	卫凯华	袁煜明	薛 坤	杨欣竹	王 震
刘树发	陈 群	曲秀赟	胡嘉伦	李灿强	虞秀兰	李华峰
刘 滢	吴雪兵	李广之(留)	阿科塔兹(留)	何虎林(留)		
米蕾娜(留)						

2008 年(94 人)

张集墨	舒信毅	林 坚	张晓悦	刘一哲	王 赫	张 皓
康少栋	张宇魁	闫友为	郭 城	韩宇杰	魏效征	吴熊楚
吴显亮	胡月辰	陶 勇	张长开	刘 彬	臧 峰	胡业磊
宿云凯	宋亮亮	单绍明	杨卫甲	李 杰	张龙飞	徐 菲
沈二建	姬雪娇	王 峰	王夏复	郭 帅	孔 越	程 璞
李 政	官慧峰	刘辉辉	赵文聪	王 涛	朱 鹰	崔鹏飞
邵 航	施 锋	王 诚	戚亦平	王 程	黄 浏	李俊伟
陈光昀	邱俊源	尚 佳	秦 潇	苗昊春	王 音	张 煦
郭 鹏	孟 璐	张 聪	谢洪瑞	李东钰	马 乐	王 峥
李 栋	王文娟	王 伟	张 浩	徐华予	雷绍泽	惠 征
韩书丽	杜 剑	吴 靖	戴远辉	李 映	李权伟	胡 瀚
杨明进	晏 希	杨 舟	傅文辉	严 授	郭 佳	薛 舟
董俊良	张望舒	江泽鑫	郑 亮	赵薇薇	袁 珺	王 哲
刘 真	袁 伟	贺鹏举				

2009 年(92 人)

陈德忻	刘迪忻	周 刚	曹亚博	郁 锋	邹 斌	王 成
李仕柏	蒋佳霖	李 飞	张昊飏	孙 虎	李隆基	魏云云
曾嘉炜	霍焱焱	徐海鹏	陈海金	葛均锋	夏志方	谭兵文
杨 青	李阳阳	张博文	陈安燕	张幸福	唐晋力	白永强

李辉	毕建权	梁辉	郑继民	李淼	张勇	王甫宁
张浩	陈风根	万宇鑫	王一	余来	王珺	张磊
王子阳	姜白	宋悦	张琳	郭莹	王维煜	马晓
黄帅	韩波	韩彬	陈新明	朱小强	孟繁林	李积惠
石宝峰	陈景华	代季峰	赵力辉	来洪波	赵航	钱彦君
王新	耿晨曜	孙磊	魏宇杰	李作君	李厦勤	陈雷
赵世文	袁迪	吕佳玮	陈晨屹	李君	陈新	刘闻达
王新攀	张弛	王冕	张魏威	徐琨	吴佳欣	甄博然
李瑞娟	谢志勇	丁军	裘有斌	付莹	侯强	马泽栋
方逸扬(留)						

2010 年(76 人)

李宁	刘凯	黄小园	王晓峰	王东	张旭	李云翔
张鹏	胡标	张春	聂春凯	徐经纬	荀光旭	赵晟凯
马潇	李卓荦	陈元琳	李斐	李成海	郭瑛	王彦兵
张燕	谢芃	高云腾	吴沁凡	赵瑞轩	巨金龙	彭飞
桂毅	顾翃	王易之	司轩斌	陈洪昕	曾天鹰	李晗
杨默	王建勇	章倩兮	马骏	王泽元	施磊	刘更城
季金虎	陈游	侯冉冉	翟守超	郭云璐	陈伟	陈卫征
徐幻	金明	蓝坤	陈皓	张志强	沈健翔	单亚峰
钟剑辉	李晓鹏	寿文卉	李振尧	牛英俊	赵华彬	杨云杰
贺晓冉	金明	高翔	商孟尧	王福秋	张文韬	韩少聪
李海涛	梁岩松	李文博	李毅峰	王具丰	盘其华	

2011 年(71 人)

罗安宁	朱艳敏	符玺	毛华超	张天明	杨宏宾	刘朝阳
芦维宁	黎小军	赵磊	李杰	雷雨霖	公衍海	孟欢欢
饶国兴	余博诚	靳骏奇	刘磊	谢安敏	刘士君	董建强
王浩屹	张统帅	杜睿洋	霍岩	角春晖	杨逸飞	程广权
尚超	胡志睿	赵昱	蔺琳	王玉旺	顾本达	高阳
潘淼	章佳杰	张双悦	杨凯棣	唐昕炜	刘文涛	屈信超
秦龙	徐磊	王一娇	赵菁	张健南	唐良文	马鑫云
王靖远	黄容生	张鹏	张威	王龙	孙腾宇	杨阳

李月标	周永明	高　欣	杨广强	林宇飞	吴　迪	王　冰
鹿珂珂	石岱曦	吴波涛	张　楠	陈　浩	张　毅	蒋凤成
曹海峰						

2012 年（70 人）

杨世权	白　明	郭超亚	吕　青	侯　琛	奚　宇	王祥宇
李　硕	窦克勤	刘　宇	肖姝娴	衣建中	刘　松	崔　健
杨　哲	钱　瀚	李丹军	张建峰	冯晓倩	雷　磊	王司瑞
唐亚慧	李俊锋	王　正	谢永超	田　璐	李连硕	陈　硕
罗　皓	杨　扬	欧阳小刚	林　博	喻　川	罗宇轩	徐行天
高　天	薛　茜	孙　可	黄　达	姚　马	宋成儒	陈　炬
徐　潮	刘柏君	张　洋	苏　航	高莘青	周四维	钱明新
贾　雷	王　京	安东生	郑环宇	张　劼	柯家琪	张天承
赵宁宇	易晓春	杨　盛	赵夕炜	花隽芃	严乐阳	许　曼
陈　苏	袁兆君	秦　宸	谭树龙	马少康	宁　超	孟德永

2013 年（68 人）

朱昌龙	冯后勇	郎振宁	邱伟伟	王泽明	苏晓楠	解沛轩
陆思聪	刘彦良	邹天明	王　洋	姚添宇	闫欣伟	王妍玮
黄鹏涛	吴立威	罗　鹏	赵　璐	王　潘	肖志博	吴海桑
代兴亚	柳嘉欣	周　严	蔡娅雯	任　勇	滕　昕	何家瑞
闫　伟	姜　悦	梁　鼎	周冰沁	罗　巧	张成晖	李　璇
余玮骏	陈　昌	崔润鹏	周芬芳	胡沛弦	柴　华	陈纯杰
栾梦凯	梁段璋	金国强	熊欣欣	巩延上	徐　洁	牟翘楚
王东方	吕新培	吴蒙蒙	韩宏庆	陶斯琴	王　倩	朱海洋
安　邦	李映雪	汪雄峰	邓　瑾	张　璐	马　戈	桑　祺
何允昌	李菲菲	许娅彤	刘明明	李兴山		

2014 年（76 人）

陈启明	鲁　畅	许　健	梁荣健	田　振	孙　贺	江鸿震
胡逸夫	汪烁枫	刘晓洋	唐亚慧	谢永超	钱明新	王　京
蚌绍诗	鲍家坤	暴天鹏	戴　威	戈文韬	何自凭	李亦宁
李　益	李志远	林引界	刘　晗	刘智灵	卢文博	吕　清
庞人铭	沈文祎	汤　潮	张元星	郭　岑	劳维旻	李书珍

鱼 翔	高 攀	李伯诚	李亮民	叶晗捷	鲍鲜杰	崔 哲
韩露冰	韩 潇	胡 捷	李 金	李世豪	王慧敏	王 磊
徐 淼	杨晓阳	陈 璐	李 晗	刘 尧	汤恩清	赵兵兵
朱煜奇	胡 越	刘 畅	刘 卓	张谷超	周建州	汝 楠
董永奇	杨 卓	刘彦均	谢宏祥	陈 莎	王泽军	孙辰朔
刘山松	陈怀玉	鲍 峰	周 杰	吴 楠	邹旭东	

2015 年（82 人）

陈啟柱	王 波	吴 帆	米 帅	王福洋	王华东	周 晗
张利伟	孙正卫	赵鸣远	李菁伟	梅胜利	仝玉恺	胡晓翔
秦元龙	张烈帅	黄 浩	郭甜甜	李 季	张 宁	申翔峰
柯文思	杨叶青	王晶晶	赵 晔	杨武魁	马子昂	刘文然
邵静宇	刘金祥	邓 飞	余永超	闫雪娇	陈教选	王海峰
孔惟嘉	宫 琦	郑宇哲	尹少鹏	张贺泽	韩海旭	崔 傲
张 超	叶永洪	付 睿	邱梓楠	侯恺哲	杨 柳	贺瑶函
刘 鹄	卫晓滨	苏英程	刘 莉	孙露露	赖伟良	闫子昂
刘弘辉	孙鸿儒	李 享	杨 骏	郑文勋	刘清晨	何 金
牟方厉	李林泽	兰国兴	拓朴筠	李 建	杨天祺	牛绿茵
王圣雨	戴东杰	唐骞璘	龚远峰	王楚原	尹丽丽	杨 刚
门 畅	程天润	彭曙光	阮 良	黄倩倩		

2016 年（89 人）

卞爱哲	雷泽阳	郑 翔	于行尧	黄 爽	王名冬	王 磊
菅梦楠	明振南	徐支勇	张小雷	刘 旭	曾邵雯	王 振
李洪阳	曾镜鸿	王鲁阳	邓文泉	王 翔	冯 晨	刘智灵
李志远	刘 晗	刘文正	徐 男	李心成	林志彬	肖厚元
许稼轩	李 鑫	黄 威	刘 洋	窦 珊	马平烁	刘 磊
张宏昌	岳 阳	邓瑞亮	何 芃	陆佳文	徐林子	王泽泰
闫 石	张 蓉	何秀强	李炬盼	李成龙	贾崴现	毛利轩
张若冰	谢鸣洲	徐凯源	桂子轩	朱磊克	李子焱	厉丹阳
韩纪飞	袁 鑫	王 硕	徐建波	朱正达	杨磊斌	张依曼
余丹妮	卢则鹏	潘何浩	张韵璇	顾 乡	蒲宇狄	南艺璇
梅晓文	郝传统	杨 煜	方 欢	李想之	宋绍铭	关雯方

秦亚琼　王凌锋　胡德林　汪　洁　肖　帅　陈达贵　张学恒
王子亮　贾　壮　杨振宇　刘思远　廖　源

2017年（49人）
王　冠　肖昱昕　韩广泓　路　畅　晏明皓　陈　曦　陈文昌
王事成　章博亨　徐艳艳　刘镇铭　秦钰超　周建业　周婧雯
王子卓　姚　荣　孙梦园　杨之旭　卫晓滨　吴垚垚　王嘉正
金　晟　刘礼杰　袁文帅　姜　峰　戚　阳　孙斌奇　方捷睿
董泽华　于　轩　马玉冰　王　潮　邴　研　张梦宇　张骁骏
崔晨星　江　河　张　垚　戴　鹏　夏国峰　张宏博　刘冰露
马浩程　李林泽　王海涛　樊一萍　张荣格　周　童　陈之润

2018年（45人）
刘　胤　霍可家　李云鹏　张宗刚　蔡　胜　邓　骅　商凯峰
郑　健　张　浩　贾广烈　冯文龙　冯天煜　杨佳然　张玉生
项芳琪　虞　沁　田　珊　喻　望　董　岩　肖厚元　王畅仁
张　瑞　刘德成　朱承泽　郁　枫　蒋文兰　薛　晨　王宇璐
李晓煦　谭杰翔　杨知乐　黄思宇　李道明　李范红　李　冉
刘昌毅　邹子恒　侯亦瑄　乔　榕　赵　洋　郑稀唯　李紫璇
王　哲　宋洋洋　杨之旭

2019年（42人）
秦兆铭　董宇光　戴汉奇　王　琦　林清泉　马绮铭　单文俊
刘家豪　吴田波　许舒翔　尹旭东　张芙作　章天任　赵德昌
周逸亮　汪锦籼　高守华　王泽众　邢　皓　张京辉　董家富
李　健　宋玉海　李沛阳　许　昕　张鹏宇　鲍思羽　鲁永浩
冉思文　易文峰　杨郁康　卞海洋　叶宏远　王圣杰　崔哲域
于艺旋　赖豪文　孟诗涵　万　川　焦小敏　赖宜贵　张晓然

二、全日制工程硕士研究生

2010年（26人）
王明松　刘合群　贺　鹏　高丽萍　李方昱　马建国　曾　旻
杜成立　赵　非　王　旭　玄建永　石小爽　马天乐　吴　畏
王松浩　黄　辉　于　鑫　高　田　李　骥　赵昊煜　马　茜
程　昊　章凌华　孙　羿　詹京晶　周林飞

2011 年(24 人)

王　号　张春龙　王佳丽　邓博雯　王　超　孟祥瑞　闫天翔
高福信　吴　勉　张　新　杨志博　陈　威　孙旭东　刘　腾
欧阳子博　白　原　李龙彀　高飞宇　廖一专　尹　宾　吴　过
魏华卓　史　磊　王春阳

2012 年(18 人)

胡源航　王东芝　蒲　潇　袁　新　迟广晟　辛学颖　李政芝
侯中杰　李晨阳　倪　辉　王　扉　田雨时　籍　焱　余　瑾
王　召　贾　卓　施友群　杨江峰

2013 年(20 人)

赵泽奇　但　乐　石　磊　杜远超　张雨心　宋靖东　赵　娜
刘站奇　巫俊杰　徐李阳　谭俊波　金　舟　陈连胜　律慧瑾
张嘉奇　魏开运　陈佳丽　郭震远　敖红波　张延博

2014 年(23 人)

黄　旭　刘毓帅　雷夏飞　米奕霖　苗长龙　杨志雄　李世东
吴驹东　尚　敏　童秋卉　杨春春　李　伟　林荣群　王　康
张宇伦　鲍　迪　蒋伟鑫　李　欣　梁　建　袁威强　许晨雪
张　宇　郝　婧

2015 年(43 人)

范　琦　黄　俊　高亭巍　陆伟峰　安王鹏　沈　元　付　强
秦延文　李　倩　李映萱　汤友华　邓宇驰　刘银艳　陈　辰
崔强强　李顺枝　李亚南　刘　帝　崔作鹰　崔宇浩　夏　博
朱鹏程　张如意　任英豪　李正平　李弭君　郭　沛　浦仲鑫
宋鹏鸣　沈　涛　潘俊俊　杨岱宗　冯治蒙　孟　涛　张婉璐
汪希源　兰　升　朱启昊　谢露露　闫　冰　付林松　张甜甜
董继来

2016 年(47 人)

李　达　高文强　李子寅　陈丹阳　尤海霞　许海华　王琛珏
田中元　杨　爽　肖志博　赵泽宇　王　鹏　程银柱　尹帮户
刘　兵　陈道昌　孙　杨　时光博　刘　水　高玉龙　周　卓
谢植淮　金　坤　孙井花　李　荣　龙如蛟　陈佳宁　孙　爽

薛旺宇	冯义晖	孙　凯	沈灿伟	董伉伉	王占宇	张　恒
徐晨耀	王晓亮	彭志强	章书豪	李　峰	王周平	张其源
崔　泽	周雅玲	夏伟浩	姜　鹏	李笑千		

2017 年（50 人）

尹明皓	孙钟柏	凌　勇	李晶晶	李钏溥	黄　晟	牛燕斌
宋　磊	李羚俊	王孝勇	赵珏昱	黄少平	严昌智	朱进京
于天宁	赵超杰	柴子枫	马　晔	桂　灏	余　帅	李　杰
程景岱	于延涛	戚怀宇	史运洲	徐志伟	戴圣哲	王　培
周开宇	牛家禾	黄熹之	李　萌	刘冀洋	梁加炀	陈　熙
陈洪鑫	潘　邦	连建彬	幸亚东	李俊科	阮　见	王艺如
李团辉	杨松林	张志远	龚桂良	赵雪芳	杨心萌	杨佳美
刘思成						

2018 年（82 人）

涂　强	何　超	张　驰	李峻琦	王亚伟	董九阳	青　鹏
朱呈炜	唐榕氚	程　溟	易　彤	高艺华	李泽阳	包　磊
杨　辰	龚德政	曹诗云	钟　立	陈　泉	周　畅	陈　旭
姜鑫烨	吴　刚	辛开发	夏　明	万小培	刘志宏	张希雅
苏　卓	李广涵	李永强	唐荣校	周子乐	孙绪福	钟婷婷
刘阳哲	徐丁丁	林晓光	许卓群	周　蔚	陈锦华	张　郑
周星如	张　皓	何佳宝	闵　波	司鹏达	张艺杨	路万通
周忻旸	黄　鑫	何　超	戴　晶	贾邵程	代立言	夏桑禹
高　旭	赵　磊	杨　帆	王西利	徐广远	张睿文	郑畅畅
常健新	曹　禹	陈　文	李婷伟	张　磊	吴天琦	吴　静
刘昌华	王志辉	王浩伟	姜添元	周容辰	翟宇鹏	李频捷
王晨骁	宋庆禹	王　超	李金泽	刘　奇		

2019 年（89 人）

尹从峰	王　晨	李华东	施俊逸	黄鲸维	何晓钰	王　丰
伏天韵	徐廷东	刘一沛	冯　涛	李博阳	陈谱陆	郑鑫兴
张宇哲	韩赟晖	荆　潇	林子豪	欧锦祥	潘鸿运	谭世琦
王逸飞	李府显	滕　青	徐荣阁	朱佳琳	田　野	刘　配
王若琳	李尹硕	欧阳湘凯	姜　磊	郑　琦	陈思遥	郑敬浩

蔡宇麟　董　博　黄　跃　马晓龙　高程前　魏郭依哲　丁锦瑞
王睿祺　石　磊　曹铭登　张云飞　王雅琪　严　川　胡　涛
舒大伟　孟祥松　孙中治　李宇童　江　帆　吕　鑫　李帅斌
李先壮　曹　鑫　梁作贤　李坤宜　安　昊　蔡金航　曹　翔
陈　浪　陈　崴　冈　嫱　江仕蕾　林澜波　刘　阳　田　宇
许　丁　杨　瑞　王萧诚　蒋正宜　贾若楠　王家豪　朱丽莹
周思瑶　薛安顺　杨毅远　黄　雷　杨耿聪　成　斌　余　然
胡小婉　王宇帅　罗　毅　左育莘　邹奇燃

三、在职工程硕士研究生

1998 年（11 人）

林铭锻　李亚杰　季志荣　刘　昕　吴安定　赵　颉　谢玉兰
汪红雨　蒋邵先　陈巧雅　陈玉萍

1999 年（53 人）

冯　焱　丁　毅　李震刚　仇妍蕾　刘　渤　赵　元　王　隆
叶　青　李　淞　郭　琦　苏建龙　宁树兴　陈望宇　费冬强
高　伟　崔东升　白益平　侯　虹　张跃峰　李　晓　刘换有
冯春环　雷　杰　沈　康　王　伟　李为民　王海波　白连科
刘　君　赵自文　张心忠　丁　军　杨　挺　张志明　李和森
周　民　张敦伟　付书堂　吕春林　邢起峰　秦文甫　董德新
司　斌　王世刚　高巧英　王立群　吉炳奇　卢　涛　傅　航
朱　强　张　平　龙海鹰　潘勇东

2000 年（36 人）

孙高岭　雷　蕾　冯　梅　张茂军　徐　欣　马　睿　马　雁
李丽君　徐　锋　李　蓓　闫　铭　许文敬　王　威　李　炜
高　琦　段艳丽　阿木古郎　梁　坚　游　海　郝　群　肖樟树
王　滨　任　伟　李　微　任　辉　姚传鼎　段宏伟　于学军
吴凌清　高越利　蒋　薇　王文霞　李树森　张爱民　郭玉泉
李　冰

2001 年（22 人）

吉晓峰　江豫京　王传宇　张　扬　许　聪　黄　晖　魏永强
邹雄宇　吕志鹏　郑现莉　吴　伟　陈小华　贾彩霞　吴景龙

王小乐　程文俊　黄　臻　雍　江　卢渊泓　韦晓泉　王义鹏
葛文奇

2002 年（62 人）

董剑安　成卫戍　薛春浩　徐一凡　谭　斌　付元训　李久龙
邹箭宇　陈景妹　徐小鹏　朱春磊　朱廷柏　丁　毅　丁　华
孙　永　王军德　付　军　严晓东　戴　昭　潘玉伟　张文华
邵立嵩　王文霞　王广平　于明荣　陈明显　姚瑞虹　张　萍
唐　轩　李　玮　李锦冬　张慧丽　施　锋　葛文奇　孙惠丽
刘　健　郭玉泉　李艳玲　翟季青　崔宏伟　周　东　何　辉
胡同普　严　莉　安丰彩　吕旭阳　李效忠　袁晓峰　马　艳
杨以明　高明民　李声和　张　红　迟　军　袁　丽　刘光华
张晓之　周稀乔　彭尚可　王　征　黎　明　郭天乐

2003 年（79 人）

程　爽　彭　爽　舒　皓　张　聪　王海鹏　陈德军　张志冰
卢渊泓　程瑞英　曲桂金　燕宪文　程文俊　姬　坤　姜奕光
刘海港　徐　刚　李　凯　姜福海　李炳秀　苑强波　李　岩
陆　屹　周　健　傅力军　郭　帅　郑树鹏　卢　群　李冬梅
韦晓泉　许小林　姚　勇　杨利升　刘　宁　许英姿　彭　劲
冯新春　张维澜　黄大为　狄　明　崔松江　邱永丹　赵　卓
张　澎　杜　勇　王　翔　骈啸川　夏雁鸣　雍　江　沈　彤
王允辉　白朝晖　张　斌　朱桂宝　韩生利　毛卫兵　冯庆一
郭文瑾　单兴中　黄　臻　王玮宏　王义鹏　彭　刚　孙红鹏
曹　红　聂明杰　钟　军　任　明　郑　伟　钮江川　范　靖
李树森　王　文　阳　力　邵　山　彭继文　欧阳绪荣　龙刚强
谢恒星　闫　艳

2004 年（67 人）

徐真真　焦惠茹　张艳婷　刘　威　王轶嵩　菅晓翔　王　庆
张清贵　姚小倩　张利峰　成　瑶　葛昕昊　李春波　于国栋
胡卫东　王　瑞　王向丽　王家刚　范增印　褚　艳　莫志松
周　侃　朱天民　曹崇育　胡利兰　武少峰　刘　岭　刘新发
母正晖　王春华　刘　真　张建海　李海成　张鹏雄　薛晓兵

任国桥	裴　涛	田瑞谦	陈　林	王旭东	崔　磊	付　刚
熊国灿	闫　锋	谭凌群	刘新乐	贾　琨	苏　娜	王钟巍
陈锋华	南金松	徐　鼎	王　伟	梅　琴	白艳琴	陈茂均
赵珍强	郑伟杰	刘廷军	吕　明	欧阳炜卓	赵　强	程光红
刘丁超	李　飞	耿晓卫	林　魁			

2005 年（57 人）

李小星	王　婧	滕　翔	李红玉	褚晓东	董　靖	张　程
商锡瑞	陈宏斌	马有峰	周海山	张　斌	张国忠	李　晖
于东勇	张东华	尹承辉	任绍勇	曾宪德	金　涛	魏光恩
原永禹	陈世颎	杨义章	张　涛	权晓宇	李文正	姜　峰
武　帅	张爱民	刘瑞卿	安计彦	唐晓晖	曹　宇	郝忠华
张广忠	姜　斌	王义顺	李　兵	陈紫銮	李成海	杨海强
李　堃	张庆海	周　军	苟兴华	刘　汧	蒙文凯	芦　海
郑关峰	曹卫民	孙士彬	刘海涛	胡景祥	张　洋	侯淮滨
王凤英						

2006 年（29 人）

李焱焱	李　响	李高峡	高小东	詹海良	崔国华	程波迪
马　亮	徐玉娟	庞　芸	白京华	王　琦	孙明立	赵大雨
任艳庆	董洪莹	张　祎	马汉军	殷海滢	李　明	魏凤巍
吴凌宇	喻卫丰	王世忠	钟传东	杨小锋	罗思晟	马　刚
徐福宾						

2007 年（33 人）

任　昂	路　瑶	刘继明	林路灿	孙彦芳	郭培贤	马晓杰
张　岚	赵永梅	杨利民	樊桂兰	晏　雯	李孟格	张清栋
姚午暐	赵建国	马丽平	王　莹	蒋　燕	章良艺	朱　磊
王萌萌	李　凌	李玉龙	刘　珂	赵福波	段志昭	蒋志锋
侯淮滨	王　奇	杨　健	沈　光	郭振宇		

2008 年（27 人）

马冬妍	谢　鹏	郝文杰	张　鹏	黄振尧	张佳宏	张亚斌
宋祎熙	李　峰	沈魏建	李美儒	胡小龙	洪　浩	许继涛
王　冰	岳　云	赵国胜	荀晓芮	王哲生	刘长启	王凤英

毛艳捷　刘　义　张立国　张　鼎　宋力强　赵志强

2009 年（57 人）

海日罕　杨　洋　郝　伟　张　晶　袁瑞泽　胡仁强　袁　通
辛　鑫　李晓博　范牛军　王欢欢　邵昀明　褚涵月　王　贺
姚　猛　余　冰　项焰林　苏中华　李　峥　李　威　肖佰旺
张　伟　魏海涛　黄一帆　闫军政　赵　鑫　栗　欣　张　森
吴宏伟　徐贤琳　黎轶凡　刘志刚　李　聪　刘本志　王永志
杜振强　尹琳峥　李国平　张二岩　陈红良　王晨皞　彭星广
程　伟　张　磊　梁　慧　李洪迪　赵立伟　田　臻　季在恒
张　通　赵建国　权　超　张俊斌　芦　宇　杜　宇　吴　杨
吴作智

2010 年（31 人）

冯思豪　王　疆　徐　超　任常斌　肖　何　王玮玮　刘　扬
岳　旺　郭瑞峰　李唯一　郝志强　刘浩源　庄付永　王春娣
路伟星　赵本利　徐霁淼　李　旭　金　鸣　周晓东　吴　冰
刘永红　王　权　司　礼　周欣磊　李末军　王　坤　郭海磊
郭　震　霍　达　曹军锋

四、工程管理硕士研究生

2013 年（3 人）

田君毛　潇黄睿　郝　成

2014 年（13 人）

董奇文　伍　箭　陈东明　林　炜　马　阳　任　猛　张宏生
李　瑞　郑　镔　黄　琪　刘　铮　毛智明　邰子龙

2015 年（25 人）

管西华　陆　欢　李　扬　雷　亮　刘宜东　曹　爽　孙露露
宫泊志　于学猛　杨　静　刘瑞超　关振鹏　牛丽泽　王　刚
杨　寅　路世广　杨　波　石宇飞　郭永伟　黄晓明　王　超
蒋　平　杨　雪　陈俊含　裴子健

2016 年（18 人）

张　磊　彭　浩　田双喜　薛　凯　周驹原　王蠓达　曹巧真
高新瑞　吕晓晨　刘昭颖　王常宝　陈　丰　靳晓强　雷凯淞

王东锋　夏朝萍　刘定邦　杨　玻

2017 年（15 人）

赵　桐　易文轩　张　晨　陈锦玉　杨廷超　李　宁　郭振宇
贾　玄　李　维　刘兴兵　王明哲　王腾飞　贾智超　田晓鹏
周子辰

2018 年（12 人）

刘　庆　姚雪涛　付艳艳　王卓宇　李海鑫　周景辉　徐　皓
王　权　赵建忠　李　超　张春雨　徐博文

2019 年（55 人）

孟凡洋　吴立英　张　焱　李　杰　施纪伟　王　静　范朴诚
肖佳丽　李超群　杨雪莲　谢　健　张宁池　范璟曌　肖占中
王洪宇　顾　凯　何晓萌　呼　婧　周文聪　陈禹衡　景晨丰
张卫锋　孙　晨　欧阳好婷　王海宁　李东宸　刘雪琴　钟少雄
罗　健　牛惠敏　冯　莹　汪雅雪　高　俊　吴　鹏　谭晓伟
王彧文　史德方　桂　熳　武艳奎　刘　轩　颜廷锴　郭佳美
黄月红　廖盼盼　陈　炜　岳　凯　范晓宁　高松元　刘子汉
穆敏强　高　鸣　袁文涛　毛绍华　张晓菊　邢思宇

附录 6

自动化系历届博士后名单

1986 年	张大鹏	哈 雷				
1989 年	钟宜生	杨力平				
1990 年	杨小京	陈 珂				
1991 年	刘业新	冯恩波	罗发龙			
1992 年	罗 晓	赵新力	黄西士			
1993 年	Bode	唐乾玉				
1994 年	梁应敞	张玉云	饶 岚	崔亚军		
1995 年	韩向利	赵明生	吴祚宝	周 杰		
1996 年	张和明	吴 锋	孙振东	陆文凯		
1997 年	戴琼海	冯占林	熊 锐	周 荻	姜 华	张文学
	王新龙	张新学	邓北星	李 健		
1998 年	孙富春	郑会永	俞新贞	李 清	周小波	章 珂
	冯太林	刘连臣	施 阳	王 玮	赵 众	
1999 年	张林鋗	范文慧	徐文胜	赵天奇	钟佩思	于 澈
	高 林	冯绍军	金 锋	吴群波	闫纪红	杨 楠
	杨尔辅					
2000 年	乔桂秀	柴旭东	黄双喜	董文杰	龚元明	苟凌怡
	谢金崇	李晓理	李 秀	刘兴高	文成林	吴 斌
	杨建军	赵 骥	王云莉	熊高君	孙应飞	李 岭
2001 年	周杰韩	李慧芳	董建华	叶 丹	赵 博	曾庆良
	吕铁军	魏 武	何 霆	赵银燕	薛月菊	李法朝
	梁 彦	马 飞	李 梢	胡 可	王玉振	李红信
	邓 湘	刘阶萍	顾元勋			
2002 年	李欣峰	胡 洁	张霄力	胡坚明	姜偕富	汪芙平

	罗亚波	董 春	丁文龙	张德礼	田凤占	王忠宾
	吕 琛	庄力可	陈德刚	李伟平	周 华	王 欣
	安鸿伟					
2003年	王爱民	曹军海	许 东	李小平	丁 嵘	郑亚林
	梁瑞鑫	王跃宣	李 飞	颜 波	张利军	王进旗
	张立勇	朱孝龙	张志鸿	邓廷权	王 峻	江永亨
	李 兵	李国成	董文辉	钟麦英	陈茂银	黄学文
	雷海军					
2004年	徐 华	胡耀光	刘 芳	刘华平	李秀改	左兴权
	连广宇	兰 勇	王新华	贾孟文	丁贵广	由 勇
	黄雪梅	向世明	唐 亮	崔培玲	韦凌云	
2005年	刘志硕	彭 强	付 青	袁守龙	马新军	史振威
	饶 元	王好谦	汪 莉	周靖林	林慧苹	
2006年	邵明文	陶 泽	李健瑜	刘巧歌	张 靖	郭庆来
	薛成海	沈喜生	任思成	么健石	杜彦华	宋庭新
	李 伟	董明宇	施大鹏	李 成		
2007年	铁 鸣	韩芳明	倪 旻	郝井华	高青风	刘 胜
	金 鑫	曾鹏鑫	牟昌华	张松海	马 峻	闻立杰
	肖秦琨	孙 波	宋 莹	张宇献	李 辉	吕 乐
	张春朋					
2008年	王 磊	郭剑锋	吴凤鸽	王 季	王 铮	季向阳
	谭宜勇	李莉莎	陈 阳	赵文虓	王 威	冯浩然
	王俊松	高昊江	薛 霄			
2009年	陈 文	陈 勇	王 瑜	孙翠莲	叶佳敏	彭开香
	吕 宁	姚 欣	程 健	刘宇驰	杨 铀	刘烨斌
	马 健	薛建国	陈 晨	张伟勇	高 浩	冒泽慧
	徐晓滨	郭关飞	胡海东			
2010年	苏 漠	彭 鹏	裴云飞	汤禹成	杨 飚	刘 琼
	肖利华	许 鋆	索津莉	汤万万	王瑞平	余 瑶
	王国林	吴 超	刘 慧	杜曼玲		
2011年	吕文祥	李一鹏	王 岩	何 鹏	江 涛	孙宏波

附录6 自动化系历届博士后名单

	汤 赐	潘海朗	庞中华	李慧颖	裴 欣	马志龙
	张大奇					
2012年	苏 薇	李 鹏	李 想	徐 旭	吴莉婷	张修宝
	徐 扬	王 欢	尹春霞	练岚香	郭子伟	刘 俊
	吴 仑	杨 楠	杨 燕			
2013年	于 潇	郑逢德	韩 冬	余轶南	罗 偲	毕 敬
	陈增强	马 林	张 璐			
2014年	臧 灏	韩 斌	颜成钢	朱 鹏	张邦成	王立敏
	杨德亮	刘雪会	范 静	田 沄	吕 鹏	高小永
2015年	沈剑平	余运俊	王晓璐	赵天奇	陈孝罡	徐海胜
	黄 高	丛 睿	程 远	周沧琦	韩金鲁	于 镝
2016年	邓晓娇	王本锋	王易之	胡 瀚	姚世勇	王松涛
	邓 磊	刘 切	吴高山	苏二龙	陶彦博	奚鑫泽
	尚 超	张 虎	徐 晶	隋秀峰	郭怡文	徐海胜
	陈艳华	万鹏飞				
2017年	叶振强	白胜闯	谢 浩	张 洋	连晓聪	李卫霞
	程志金	张 旭	韩侠辉	张 珊	曹 斌	窦 站
	陈志祥	葛凯麟	孙振源	李 杨	张雅琳	杨燕燕
	杨 子					
2018年	窦 环	孙 骁	程 超	杨 璐	赖新星	王 肖
	林元晟	葛晓贞	罗燕婷	郭雨晨	江 浩	丁文东
	何 雷	黄亚东	孙一勇	裴承全	高明亮	秦红伟
	乔 晖	张广运	MORIMITSU	HENRIQUE		
2019年	张 宇	王松涛	王 涛	常志琦	付向恒	姜博午
	吴嘉敏	王功明	时 明	刘金林	万 森	晏 松
	丁有爽	岳 云	王国利	颜廷海	鲁 睿	游 山
	敖亦乐	袁海辉	杜睿龙	季梦奇	张统帅	魏 磊
	朱 政	杨 弋				

附录 7

自动化系历届留学生名单

1975 年

阿克帕洛·库马·约瑟夫(多哥)

于里·比乔古(阿尔巴尼亚)

阿尔丹·吉古(阿尔巴尼亚)

1976 年

穆罕默德·阿卜杜拉·叶海亚·阿赫加里(阿拉伯也门)

阿卜杜拉赫曼·阿里·侯赛因·苏德米(阿拉伯也门)

穆罕默德·加伊德·阿里·阿什穆里(阿拉伯也门)

莫哈迈德·穆罕默德·艾哈迈德·阿尼西(阿拉伯也门)

穆罕默德·纳赛尔·塔里布(民主也门)

穆罕默德·艾哈迈德·欧麦尔·汗(民主也门)

艾哈迈德·欧麦尔·阿卜杜(民主也门)

泽菲(阿尔巴尼亚)

1977 年

保尔·尔·卡马拉(坦桑尼亚)

帕特里斯·哈桑(塞拉利昂)

1979 年

姆西盖拉·卡拉巴·卡林巴(扎伊尔)

马古杜·古阿马西(扎伊尔)

奇姆蓬博·卢阿卡邦达(扎伊尔)

耶伯勒·西莱斯丹(中非)

1980 年

阿瑞亚拉特纳·海瓦(斯里兰卡)

1981 年

加米尼·威杰辛格(斯里兰卡)

1983 年

阿卜杜拉扎克·阿里·哈拉纳(索马里)

金东戈·拜莱蒂(扎伊尔)

米依戈·比什古阿博(扎伊尔)

1986 年

巴努·布拉(扎伊尔)

1988 年

罗拉(保加利亚)

1989 年

韩英俊(朝鲜)

1990 年

金铉哲(朝鲜)

1993 年

李英席(朝鲜)

李学烈(朝鲜)

陈文忠(巴西)

谢毅挺(马来西亚)

1994 年

李广林(朝鲜)

梅克拉(乌克兰)

1995 年

马蒂亚斯(德国)

陈嘉训(美国)

金德勋(韩国)

吴兴元(韩国)

1996 年

尹宗圣(韩国)

奥克达维奥(高擎功)(墨西哥)

刘东岳(日本)

1997 年

李承炫(韩国)

土屋寿弘(日本)

1998 年

徐康虎(朝鲜)

1999 年

朴世熙(韩国)

2000 年

柯国(德国)

马科迪(德国)

孙基源(韩国)

2001 年

韩宇哲(朝鲜)

李顺日(朝鲜)

金瑜娟(韩国)

2002 年

邓玉宝(越南)

金煐喆(韩国)

索格罗(贝宁)

2003 年

全朱姬(韩国)

赵盈芳(新加坡)

郑训雄(印度尼西亚)

辛坎(巴基斯坦)

2004 年

梁俊文(马来西亚)

蚁龙(泰国)

伏林(加拿大)

金龙秀(朝鲜)

2005 年

赵昶佑(韩国)

孟成(美国)

陈奕诚(马来西亚)

2006 年

金胜帅(朝鲜)

安善铁(朝鲜)

郑胜基(韩国)

尹娜贤(韩国)

禹道熙(韩国)

金哲进(朝鲜)

邓玉宝(越南)

胡晓白(法国)

谢法颂(法国)

张文迪(法国)

尼可(法国)

2007 年

李逍怡(加拿大)

金周完(韩国)

金镐哲(韩国)

李宗京(韩国)

金楠浩(韩国)

谭哲民(朝鲜)

米蕾娜(厄瓜多尔)

阿科塔兹(法国)

何虎林(朝鲜)

2008 年

陈航(美国)

李铭基(韩国)

金范洙(韩国)

朴岐培(韩国)

白光革(朝鲜)

2009 年

金胜帅(朝鲜)

方逸扬(加拿大)

赵昶佑(韩国)

金丽雅(哈萨克斯坦)

2011 年

ROGE,XAVIER(法国)

龙晓斌(法国)

2012 年

KHAN,AZIZ(巴基斯坦)

那弟尔(阿尔及利亚)

2013 年

ZAIDI,SYED SHUJAAT ALI(巴基斯坦)

金镐哲(韩国)

2015 年

王美音(泰国)

2016 年

林纯泽(法国)

WANG,HE MING(加拿大)

许壮源(韩国)

阿里(伊朗)

纳梅(伊朗)

HAIDER,SYED NAEEM(巴基斯坦)

2017 年

QU,YANG KANG HONG(加拿大)

李汶轩(马来西亚)

MASHKOOR,MALIHA(巴基斯坦)

MAO SAN WEI,DAVID(巴西)

2018 年

周月如(伊朗)

SHAH,NAJEEB ULLAH(巴基斯坦)

李汶轩(马来西亚)

钟碧溪(加拿大)

王玥(加拿大)

王熠(加拿大)

许瑞坤(柬埔寨)

傅卓然(加拿大)

曾健理(马来西亚)

MUKATI,MUHAMMAD UMAIR(巴基斯坦)

莫翰(巴基斯坦)

BILAL,HAZRAT(巴基斯坦)

胡散(巴基斯坦)

李胜日(韩国)

2019 年

立波(巴基斯坦)

ASAADI,MOHSEN(伊朗)

高飞(喀麦隆)

斯文(埃及)

HU,SUSANNA(意大利)

李俊协(韩国)

郑裕潭(韩国)